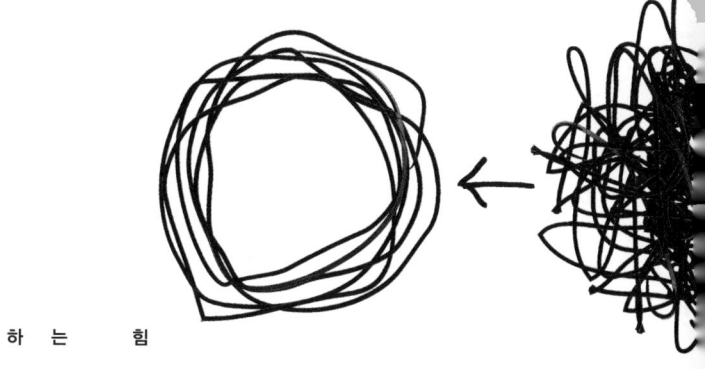

본질에 집중하는 힘
Essentialism

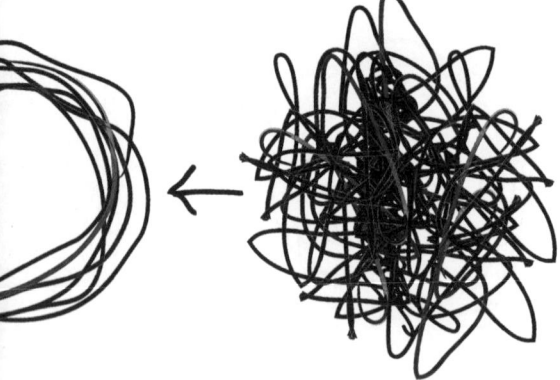

ESSENTIALISM: The Disciplined Pursuit of Less
by Greg McKeown

copyright ⓒ 2014 (as in Proprietor's edition)
Korean translation copyright ⓒ 2014 by RH Korea Co., Ltd.
This translation published by arrangement with Crown Business, an imprint of the Crown Publishing Group, a division of Random House LLC,
a Penguin Random House Company
Illustrations by Amy Hayes Stellhorn and her team at Big Monacle-www.bigmonacle.com through EYA(Eric Yang Agency)를 통한
The Crown Publishing Group 사와의 독점계약으로 한국어 판권을
'㈜알에이치코리아'가 소유합니다.
저작권법에 의하여 한국 내에서 보호를 받는 저작물이므로
무단전재와 복제를 금합니다.

에센셜리즘
본질에 집중하는 힘
Essentialism

그렉 맥커운 지음
GREG McKEOWN

김원호 옮김

알에이치코리아

차 례
CONTENTS

1부
에센셜리즘

에센셜리스트는
어떤 방식으로
생각하는가?

Chapter 1   **에센셜리스트**   11
가장 중요한 일들을 선별적으로 하는 사람

Chapter 2   **선택하라**   47
주도적인 선택이 가져다주는 엄청난 힘

Chpater 3   **구분하라**   56
중요한 것은 극소수에 불과하다

Chapter 4   **균형을 맞춰라**   66
내가 받아들일 수 있는 문제는 무엇인가?

2부
평가하기

어떻게 해야
본질적인 소수를
구분해낼 수 있을까?

Chapter 5   **생각의 공간을 마련하라**   83
여유로움이 가져다주는 놀라운 선물

Chapter 6   **제대로 살펴보라**   95
무엇이 정말 중요한지를 찾아보라

Chapter 7   **노는 것도 중요하다**   108
내면의 어린이를 포용해라

Chapter 8   **충분히 잠을 자라**   117
가장 소중한 자산을 지켜라

Chpater 9   **까다롭게 선택하라**   133
판단의 기준이 되는 확고한 원칙을 세워라

3부
버리기

비본질적인
다수를
버리는 방법들

Chapter 10   **명확하게 목표하라** 153
천 가지를 이루어내는 단 하나의 결정

Chapter 11   **용기를 내라** 167
우아한 거부의 힘

Chpater 12   **그만둘 일은 그만두라** 186
지금 손해를 봄으로써 더 크게 이긴다

Chapter 13   **인생의 편집인이 되라** 201
보이지 않는 예술

Chapter 14   **제한하라** 212
경계를 긋는 것이 주는 자유

4부
실행하기

본질적인
소수를
추구하는 방법들

Chapter 15   **완충장치를 마련하라** 229
돌발상황 고려하기

Chapter 16   **장애물을 없애라** 244
없앰으로써 더 많은 것을 얻는다

Chapter 17   **조금씩 전진하라** 254
작은 승리들이 만들어내는 힘

Chapter 18   **습관을 만들라** 267
일상 속 천재성

Chapter 19   **집중하라** 282
지금 중요한 것은 무엇인가?

Chapter 20   **에센셜리스트가 되자** 295
에센셜리스트로서의 삶

부록 세상을 바꾸는 에센셜리스트의 리더십 311
각주 322

1부
에센셜리즘

에센셜리스트는
어떤 방식으로 생각하는가?

에센셜리즘

에센셜리스트의 본질적인 논리는 무엇인가?

에센셜리즘은 무작정 더 많은 일을 하자는 개념이 아니다. 에센셜리즘은 우리 앞에 놓인 모든 것을 대하는 전혀 새로운 방법이며, 그것은 주로 사고방식의 전환에 관한 것이다. 하지만 이 새로운 사고방식을 자신의 것으로 받아들이는 일은 결코 쉽지 않다. 사람들 사이에 깊숙이 뿌리박힌 몇 가지 사고방식이 끊임없이 우리를 에센셜리즘의 반대 방향으로 잡아당기기 때문이다. 1부의 1장을 제외한 나머지 세 개의 장에서는 에센셜리즘과 반대되는 여러 궤변들을 다루고, 그 잘못된 궤변들에 대응하는 진실을 제시하려고 한다.

에센셜리스트가 되기 위해서는 반드시 극복해야 하는 세 가지 궤변이 있다. "나는 그것을 꼭 해야 해." "전부 다 중요한 거야." "모두 다 해낼 수 있어." 이 세 가지 궤변은 사람들 사이에 너무나도 강력하게 뿌리를 내리고 있어서 극복하기가 결코 쉽지 않다. 이러한 궤변은 바다요정 사이렌의 노래와도 같아서 사람들을 매혹시키지만, 거기에 매혹된 사람들은 아주 위험한 수렁에 빠져들게 된다.

에센셜리스트가 되기 위해서는 이러한 잘못된 함정에 빠지지 말고 다음 세 가지 진실을 받아들일 필요가 있다. "나는 선택할 수 있다." "정말로 중요한 것은 극소수에 불과하다." "모든 것을 다 해낼 수는 없다."라는 세 가지 진실 말이다. 이 세 가지 단순한 진실을 받아들일 때 우리는 정말로 중요한 것들을 추구할 수 있다. 그래야 스스로 만족하는 성공적인 삶을 살 수 있는 가능성도 높아진다.

진실과는 다른 궤변들을 버리고 에센셜리즘의 본질적인 논리를 받아들인다면, 에센셜리스트의 길은 매우 자연스러운 사고방식이자 행동양식이 되어줄 것이다.

Chapter 1

에센셜리스트
The Essentialist

가장 중요한 일들을 선별적으로 하는 사람

> 삶의 지혜는 중요하지 않은 것들을 버리는 데 있다.
> —— 린위탕 林語堂, 작가

샘 엘리엇은 실리콘밸리의 한 벤처 기업에서 일했다. 그런데 그 벤처 기업에서 유능하다는 평가를 받았던 그가 그 기업이 한 대기업에 인수된 뒤부터는 무척 바쁘게 움직이는 데도 어떤 일도 제대로 해내지 못했다.

그는 새로이 개편된 조직 내에서도 성실하다는 평가를 받기 위해 자신에게 쏟아지는 요청을 거의 무조건적으로 받아들였다. 그래서 하루 종일 이런저런 회의와 전화에 매달려 지내야만 했다. 그는 함께 일하는 모든 이를 만족시키고 자신에게 주어지는 모든 일을 완수하기 위해 애를 썼지만, 그럴수록 일은 제대로 되지 않고 스트레스만 쌓여갔다. 샘은 자신의 뜻과는 다르게 대부분의 업무 시간을 잡다한 일을 하는 데 사용했고, 그 결과 점점 일에 대한 만족도는 낮아지고 업무 성과는 주변 사람들의 기대에 미치지 못했다.

이와 같은 상황에 당혹감을 느끼고 있던 차에 회사는 그에게 명예퇴직을 권했다. 하지만 이제 막 오십줄에 들어선 그는 일을 완전히 접을 수가 없었다. 그래서 자신이 죽 해오던 일을 되살려 컨설팅 회사를 창업하면 어떨까 하는 생각이 들었다. 일단은 회사를 그만둔 다음, 다시 그 회사의 컨설턴트로서 일을 하는 방법을 생각해보았다. 그러나 그에게 퇴사를 하는 것은 그렇게 좋은 선택은 아니었다. 그러던 차에 누군가로부터 귀가 번쩍 띄는 조언을 들었다. "그냥 회사에 남아. 그리고 컨설턴트가 되어서 하려는 일만을 해. 다른 일은 전부 밀어놓고 말이지. 누구에게도 그런 생각을 말하지는 말고." 다시 말해 자신에게 정말 중요한 일만을 하고, 그 외의 업무들은 전부 신경 쓰지 말라는 것이었다.

샘은 그 조언을 받아들였다. 우선 중요하지 않거나 형식적인 업무들을 자신의 스케줄에서 제외시켰고, 함께 일하는 주변 사람들에게 '노No'라고 말을 하기 시작했다.

처음에는 이런 말을 하기가 쉽지 않았다. 하지만 점차 적응이 되자 다른 사람들이 업무 요청을 해왔을 때 스스로에게 물었다. '나에게 주어진 시간과 자원을 고려했을 때 현실적으로 이 일을 잘 해낼 수 있을까?' 그리고 '아니다'라는 판단이 서면 요청을 거절했다. 처음에 사람들은 실망한 반응을 보이기도 했지만, 놀랍게도 곧 그의 결정을 존중하는 태도를 보이기 시작했다.

이와 같은 사람들의 반응에 용기를 얻은 그는 조금 더 나아갔다. 업무 요청을 받아들일 때 좀 더 까다로운 기준을 세운 것이다. '내가 가지고 있는 시간과 자원을 고려했을 때 지금 꼭 해야만 하는 일인가?'라는 물음에 대한 답을 토대로 수용 여부를 결정하기에 이른 것이다.

이 물음에 대해 확실하게 '그렇다'라는 생각이 들지 않으면 그는 과감히 거절했다. 그럴 때마다 주변 사람들은 처음에는 실망스런 반응을 보였지만, 이내 그의 판단을 존중한다는 태도를 보였다.

이와 같은 변화에 더욱 고무된 그는 주변 사람들의 요청만이 아니라, 자신의 앞에 놓인 모든 일에 대해 동일한 판단기준을 적용하기 시작했다. 예전에는 시한이 임박한 업무나 프레젠테이션의 수행에 대한 요청이 들어오면 항상 재지 않고 일단 맡겠다고 나서곤 했지만, 이제는 자신이 그러한 일을 맡지 못하는 이유를 찾는다. 예전에는 이메일도 수신 즉시 확인하고 답신을 주었지만, 이제는 한발 물러서서 돌아가는 상황을 지켜본 후에 답신을 한다. 자신의 주된 업무와 별로 상관이 없는 화상회의, 자신의 업무에 필요한 의견이나 정보의 교환과는 상관이 없는 회의 등에 참석하는 것도 그만두었다. 심지어 자신이 별로 필요하지 않은 회의는 정례회의라 하더라도 참석하지 않기 시작했다. 그는 나에게 이렇게 말했다. "단지 참석요청을 받았다는 것이 회의에 꼭 참석해야 하는 이유가 되는 것은 아니니까요."

언뜻 이기주의나 방종으로 비춰질 수도 있었다. 하지만 이와 같은 선별적인 접근방식을 통해 샘은 상당한 여유를 갖게 되었고, 그 과정에서 창의력을 발휘할 수 있는 시간을 갖게 되었다. 그는 특정한 프로젝트에 자신의 역량을 집중할 수 있게 되었고, 시간에 쫓기지 않으면서 프로젝트를 추진하는 과정에서 나타날 수 있는 문제점을 미리 예측하고 사전에 대비할 수 있게 되었다. 이것저것 닥치는 대로 일을 처리하느라 허둥거리는 대신에, 중요한 일들을 제대로 수행할 수 있게 된 것이다.

정말로 중요한 일들에만 자신의 역량을 집중하는—그리고 그 외의 것들은 모두 버리는—방식을 통해 샘은 일하는 즐거움까지 되찾을 수 있었다. 그전까지의 샘이 다방면에서 조금씩 일을 해내던 사람이었다면, 이제부터의 샘은 정말로 중요한 부문에서 두각을 나타내는 사람이 된 것이다.

이와 같은 업무 방식을 몇 개월 동안 지속하면서 그는 회사에서 여유를 되찾았을 뿐만 아니라, 퇴근 후에도 개인적인 시간을 가질 수 있었다. "가족과의 생활도 되찾게 되었습니다. 일찍 퇴근하면서 말이죠." 이렇게 말하는 샘은 이제 퇴근 후에는 전화기에 신경을 쓰지 않고, 운동을 하러 가거나 가족과 외식을 하러 나간다.

업무 방식을 새롭게 바꾸며 그가 가장 놀랐던 것은 주변에서 별 부정적인 반응이 나오지 않았다는 점이다. 그의 상사도 그가 일하는 방식에 대해 힐난하지 않았고, 그의 동료들도 불만을 제기하지 않았다. 오히려 그 반대였다. 자신에게 의미가 있으면서 회사에도 정말로 중요한 프로젝트를 책임지려는 행동에 대해 그의 상사와 동료들은 존중하는 태도를 보였다. 또 그가 하는 일에 대해서도 그 어느 때보다 더 인정해줬다. 결국 업무 성과가 점점 높아지게 됨에 따라 샘은 회사로부터 높은 평가를 받게 되었으며, 그전에는 받지 못하던 많은 액수의 보너스까지 받게 되었다.

여기서 소개한 샘의 사례는 내가 이 책에서 말하고자 하는 에센셜리즘의 기본적인 가치를 잘 담고 있다. 모든 것을 다 하려는 것, 모든 사람의 요청을 수용하는 것, 이것을 중단해야 정말로 중요한 일들을 할 수 있다.

여러분의 경우는 어떠한가? 다른 사람들의 요청을 덥석 받아들인 뒤, 진척되는 일 없이 바쁜 상황에 대해 원망하고, "내가 왜 이 일을 받아들였지?"라고 후회하는 일이 얼마나 자주 있는가? 단지 다른 사람의 기분이 나쁠까봐, 혹은 그 사람과의 관계에 문제가 생길까봐 무작정 요청을 수락하는 일이 얼마나 자주 있는가? 혹시 "알겠습니다."라는 대답이 여러분의 사고회로에 내장되어 있는 자동응답은 아닌가?

혹시 업무 현장에서 언제나 시간이 부족해서 힘들어하고 있지는 않은가? 업무량에 비해 지원되는 자원이 부족하다고 여겨질 때가 있는가? 담당하고 있는 업무의 대부분이 비생산적인 일이라고 여겨질 때가 있는가? 언제나 무언가를 바쁘게 하고는 있지만, 진척되는 일이 없다고 여겨질 때가 있는가?

만약 이 질문들 가운데 어느 하나라도 그렇다는 대답이 나온다면 여러분은 이 책에서 소개하는 에센셜리스트가 되어야 한다.

Chapter 1 에센셜리스트

에센셜리스트가 된다는 것

독일의 가전기업인 브라운Braun의 디자인을 오랫동안 이끌었던, 디자인 거장 디터 람스Dieter Rams는 자신의 일과 관련된 대부분의 것들은 잡음에 불과하다는 생각을 가지고 있었다. 본질적인 것은 극히 일부분에 불과하며, 잡음을 걸러내고 본질을 찾아내는 것이 자신이 해야 할 일이라는 게 그의 평소 신념이었다. 스물네 살의 젊은 개발자로서 새로운 레코드플레이어 개발에 투입된 그는 이미 이러한 신념을 자신의 업무에 적용시켰다. 그 당시 레코드플레이어는 대개 나무로 된 덮개를 가지고 있거나, 커다란 가구에 수납되는 형태인 게 일반적이었다.

하지만 그는 답답한 나무덮개나 잡다한 장식을 모두 걷어내고, 투명한 플라스틱 덮개를 씌운 현대적인 디자인을 제안했다. 오늘날 우리가 알고 있는 일반적인 형태의 레코드플레이어를 처음으로 디자인한 것이다. 그러나 당시 그와 같은 파격적인 디자인을 접한 다른 동료들은 디터 람스의 레코드플레이어가 시장에서 철저히 외면당할 거라고 우려를 표했다. 언제나 그렇듯 비본질적인 것들을 제거하는 데에는 용기가 필요했다. 하지만 디터 람스의 레코드플레이어는 사람들로부터 인기를 끌기 시작했고, 얼마 지나지 않아 다른 경쟁 회사들도 투명한 플라스틱 덮개를 씌운 형태로 제품을 생산하기에 이르렀다.

디터 람스의 디자인 특징은 '더 적게, 하지만 더 좋게Weniger, aber besser'라는 세 단어의 독일어로 정리할 수 있는데, 내가 이 책에서 말하고자 하는 에센셜리즘의 개념을 이보다 더 정확하게 나타내기는 어려울 듯하다. 에센셜리즘이란 더 좋은 것들을 추려내어 그것들에 역량을 집중하는 방식을 의미한다. 상황을 보아가며 적당히 이러한 방식을 따르는 것으로는 소용이 없다. 확고한 신념으로 삼아야 성과를 만들어낼 수 있다.

에센셜리스트가 된다는 것은 단순히 더 많은 거부를 하는 것, 이메일 수신함에서 읽지도 않고 지우는 이메일의 숫자를 늘리는 것, 시간관리의 방식을 바꾸는 것 정도를 의미하는 게 아니다. 에센셜리스트가 된다는 것은 "지금 나는 제대로 된 중요한 일에 나의 시간과 자원을 투자하고 있는가?"라고 자신에게 계속 질문하는 것이다. 이 세상에는 우리의 시간과 자원을 투자할 수 있는 너무나도 많은 일과 기회가 존재한다. 하지만 대부분의 일과 기회는 사소한 것들일 뿐, 정말로 중요한 것은 극소수에 불과하다. 성공하는 에센셜리스트가 되기 위해서는 이 세상에 존재하는 그 많은 일과 기회 중에서 정말로 중요한 소수의 것을 가려내는 방법을 배울 필요가 있다.

내가 이 책에서 말하고자 하는 바는 동일한 자원을 투입해 더 많은 일을 하는 방법에 관한 것이 아니라, 제대로 된 중요한 일을 제대로 하는 방법에 관한 것이다. 적게 일하는 것, 그 자체가 좋다는 것은 아니다. 선별하여 정말로 중요한 일을 함으로써 가장 큰 기여를 하고 가장 큰 성과를 이끌어낼 수 있도록 가장 현명한 방식으로 시간과 자원을 투자하자는 말이다.

에센셜리스트와 비에센셜리스트의 차이를 그림으로 나타내보았다. 왼쪽과 오른쪽 모두 동일한 크기의 에너지를 쓰지만, 왼쪽은 에너지가 사방으로 분산되면서 어느 방향으로도 나아가지 못하고

Chapter 1 에센셜리스트

있다. 반면에 오른쪽은 한 방향으로만 에너지가 집중되면서 크게 나아가는 모습을 보이고 있다. 정말로 중요한 일을 선별적으로 골라내고, 그 일에 시간과 자원을 집중하면 해당 부문에서 큰 성과를 이끌어낼 수 있다는 점을 나타낸 것이다. 나는 이 책에서 모든 것을 다 해낼 수 있다는 사고방식을 버리고, 결단을 통해 정말로 중요한 것들을 선별하라고 주문할 것이다. 또한 중요한 것이 무엇인지를 판단하는 구체적인 방법론을 제시함으로써, 똑같은 판단을 일일이 되풀이하느라 시간과 자원을 낭비하지 않도록 할 것이다.

에센셜리스트는 정해진 방식을 수동적으로 따르는 게 아니라, 자신에게 가장 옳은 방식을 설계하며 살아간다. 에센셜리스트는 외부의 상황에 따라 자신의 업무를 선택하는 게 아니라, 정말로 중요한 것들과 중요하지 않은 것들은 정확하게 가려내어, 중요한 것들을 빠르게 진척시키기 위해 주변의 장애물을 제거한다. 내가 이 책에서 제시하려는 에센셜리즘이란 가장 큰 성과로 이어질 수 있는 것들을 선별하고, 문제를 최소화하면서 그러한 것들을 진척시킬 수 있는 체계적인 방법론이다.

에센셜리즘은 자기 자신의 선택에 대한 완전한 통제를 의미하며, 성공을 이루어내고 삶의 의미를 찾는 일에서 그전과는 완전히 다른 새로운 길을 제시해줄 것이다. 또한 에센셜리즘을 통해 우리는 일의 결과만이 아니라, 그 과정에서도 즐거움을 찾게 될 것이다. 하지만 이 모든 장점에도 불구하고 본질적인 일만을 찾아서 하는 방식을 따르는 데에는 감수해야 할, 혹은 해결해야 할 부수적 문제들이 너무나도 많다. 대다수 사람들이 비에센셜리스트의 길에서 헤매다

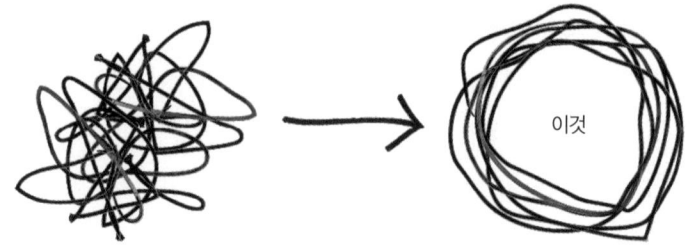

	비에센셜리스트	에센셜리스트
생각	무엇이든 의미 부여 '내가 하지 않으면 안 돼.' '모든 게 중요한 거야.' '어떻게 해야 전부 잘할 수 있을까?'	소수의 중요한 일만 생각 '중요한 것만 선택하자.' '정말로 중요한 것은 소수에 불과해.' '무엇을 포기해야 할까?'
행동	무조건 더 많이 일하기 가장 급해 보이는 일부터 맡아서 한다. 업무 요청이 들어오면 바쁘더라도 대부분 수락한다. 업무 마감 시한을 앞두고 밀어내기를 하는 일이 잦다.	체계적으로 판단하여 더 적게 일하기 중요한 일이 무엇인지 가려내기 위해 생각할 시간을 갖는다. 중요한 일이 아니라면 업무 요청을 거부한다. 중요한 일에 방해가 되는 사소한 일들은 처음부터 맡지 않는다.
결과	일과 삶에서 불만족 과도한 업무량으로 고통을 겪는다. 무언가에 의해 끌려다닌다는 느낌을 갖는다. 자신이 하는 업무에 대한 확신을 갖지 못한다. 항상 바쁘고, 지쳐 있다.	만족스러우면서도 인정받는 삶 가치 있는 일들을 선별적으로 한다. 주도적으로 살아간다는 느낌을 갖는다. 자신이 하는 업무에 대한 확신을 갖는다. 일하는 과정에서 즐거움을 느낀다.

기대하던 성과를 이루어내지 못하고 만족스러운 삶을 살지 못하는 이유도 바로 이 때문이다.

비에센셜리스트의 방식

캘리포니아의 어느 맑은 겨울날, 내 아내 안나는 병원에 있었다. 그녀는 무척 밝은 표정을 짓긴 했지만, 분명히 힘든 상태였을 것이다. 바로 전날에 우리의 소중한 딸을 출산했기 때문이다. 아기는 3.3킬로그램으로 매우 건강했다.[1]

 하지만 가족과 함께 평화롭게 보냈어야 할, 우리가 가장 행복했어야 할 그 시간, 나는 일에서 헤어나오지 못했다. 내 아내가 지친 팔로 우리의 예쁜 아기를 감싸고 있던 그 순간에도 나는 회의에 참석해야 한다는 이메일을 확인하고 있었다. 내 동료가 보낸 이메일에는 "금요일 1시나 2시는 아기를 출산하기에 좋지 않은 시간이야. 자네가 반드시 회의에 참석해야 한다고."라고 적혀 있었다. 물론 그 이메일을 쓴 동료는 재미있으라고 농담을 했던 것일 테지만(적어도 그렇게 믿고 싶다), 나는 회의에 참석해야 한다는 압박감을 가졌다.

 나는 그 상황에서 무엇을 해야 하는지 본능적으로 잘 알고 있었다. 지쳐 있는 아내와 새로 태어난 아기의 곁을 지키고 있어야 했다. 하지만 회의에 참석할 수 있느냐는 전화를 받았을 때 나는 두 번 생각하지도 않고 이렇게 대답했다. "그럼요."

 가족에게는 정말로 미안한 일이었지만, 나는 회의에 참석하기 위해 병원을 빠져나왔다. 병원에 누워 있던 아내와, 이제 막 태어난 우

Chapter 1 에센셜리스트

리의 아기를 두고서 말이다. 나중에 내 동료는 이렇게 말했다. "그런 상황에서도 회의에 참석을 하다니, 고객들이 자네를 대단하다고 여길 거야." 하지만 나는 그날 회의에 참석했던 어느 누구에게서도 그런 인상을 받지는 못했다. 오히려 안절부절못하던 나를 고객들이 불편하게 여긴다는 느낌을 받았을 뿐이다. 나는 무엇을 하고 있었던 것일까? 단지 함께 일하는 동료의 비위를 맞추기 위해 "그럼요."라고 대답했고, 그 결과 내 가족과 나 자신의 마음에 상처를 남겼으며, 심지어 고객들과의 관계까지 망쳐놓았다.

갓 태어난 아기와 아내를 병원에 남겨두고 참석했던 회의에서 나는 아무런 성과도 얻지 못했다. 설혹 어떤 성과를 얻었다 하더라도 내가 잃었던 것을 생각하면 결과적으로는 큰 손실이었다. 단지 함께 일하는 사람들로부터 비난을 피하기 위해 나는 가장 중요한 것을 희생시켰던 것이다.

그날의 일로부터 나는 다음과 같은 중요한 교훈을 얻었다.

삶의 우선순위를 정해놓지 않는다면, 다른 사람이 내 삶의 우선순위를 정할 것이다.

에센셜리즘

그날의 경험 이후, 나는 왜 똑똑한 사람들이 자신들의 일과 개인적인 삶에서 잘못된 선택을 하는지에 대해 관심을 갖게 되었다. 그러면서 다음과 같은 의문들에 대해 고민하기 시작했다. "왜 우리는 저마다 지닌 잠재력을 제대로 활용하지 못하는 방향으로 선택을 하는 걸까?" "어떻게 해야 우리 자신과 주변 사람들의 잠재력을 더욱 크게 활용할 수 있는 방향으로 판단하고 선택할 수 있을까?"

이러한 의문들에 대한 고민은 너무나도 진지한 것이어서, 나는 영국에서 재학 중이던 로스쿨을 그만두고 스탠퍼드 대학원에 진학해 공부와 연구를 새로이 시작했다. 내 전작인 『멀티플라이어』도 이 무렵에 2년이 넘는 기간을 들여 탈고했던 것이다. 그 책을 계기로 나는 아예 실리콘밸리에 전략과 리더십을 연구하는 회사를 설립했고, 그곳에서 일하며 전 세계적으로 큰 관심을 받고 있는 많은 기업의 임직원들을 대상으로 에센셜리스트가 되기 위한 방법을 조언해오고 있다.

지금까지 나는 과도한 업무량과 그로부터 주어진 압박에 스스로를 소진시키고 있던 많은 사람들을 만났다. 자기 주변의 모든 것을 완벽하게 처리해야 한다는 생각에 사로잡혀 힘든 시간을 보내고 있던 그 '유능한' 사람들에게 가끔 조언을 하기도 했다. 나는 강압적인 상사로부터 지시를 받으면서, 굳이 하지 않아도 되고 누구도 고마워하지 않는 일을 잔뜩 맡아서 정신없이 바쁘게 일하는 사람들이 너무나도 많다는 사실을 알게 되었다. 그리고 그런 상황을 지켜보면서 왜 그토록 많은 똑똑하고 유능한 사람들이 비생산적인 일에 파묻혀 힘든 시간을 보내고 있는지를 알아내기 위해 부단히 노력했다.

내가 알아낸 사실은 무척이나 놀라운 것이었다.

지금 이 순간 가장 먼저 떠오르는 사람이 하나 있는데, 그는 젊은 나이에 테크놀로지 분야에 뛰어들어 일을 시작했고, 그 일을 사랑했다. 뛰어난 능력과 열정으로 일찌감치 자신의 분야에서 두각을 나타내자 그에게 점점 더 많은 기회가 주어졌다. 그 역시 성공에 대한 강한 의지가 있어서 자신에게 주어지는 모든 업무를 마다하지 않고 즐거운 마음으로 신나게 일했다. 내가 그를 처음 알게 되었을 무렵, 그는 매우 활력이 넘치고, 잘 모르는 분야의 일이라 하더라도 새롭게 배워서 반드시 해내려는 모습을 보였다. 옆에서 보기에 그는 일에 빠져 사는 사람처럼 보였다. 하지만 어느 순간부터 그는 중요한 일과 중요하지 않은 일을 구분하는 능력을 잃고 말았다. 모든 일이 중요하다는 식이었고, 결국 늘 일에 치이며 부족한 시간으로 힘들어했다. 모든 일을 잘 해내려 했지만 어떤 일도 잘 해내지 못했던 것이다. 그런 그에게 나는 앞에서 소개했던 그림(20쪽 참고)의 왼쪽 그림을 그려주었다.

그는 아무런 말도 하지 않고 아주 오랫동안 그 그림을 쳐다보았다. 그러더니 뭔가를 알게 되었다는 듯이 강한 어조로 이렇게 말했다. "이게 바로 내 상황이네요!" 그의 말을 들은 나는 곧바로 오른쪽 그림을 그려주었다. "회사에 가장 큰 기여를 하거나, 가장 큰 성과로 이어질 수 있는 바로 이것을 알아낼 수 있다면 어떤 일이 일어날까요?" 내가 이렇게 묻자 그는 진지한 태도로 다음과 같이 대답했다. "그걸 알아내는 게 문제지요."

사실 야심이 있고 똑똑한 사람들도 그걸 알아내는 데 어려움을 겪고 있다. 일단은 우리 사회가 개인에게 좋은 행동에는(싫은 일을 거부하는 것) 징벌을 가하고, 개인에게 나쁜 행동에는(싫은 일을 수용하는 것) 보상을 하기 때문이다. 싫은 일을 거부한다면 당분간은 곤란한 상황에 처하게 되고, 싫은 일을 수용한다면 당분간은 칭찬과 보상을 받는 게 현실이다. 이와 같은 현실은 내가 '성공의 역설'이라고 부르는 아래의 상황을 만들어내는데[2], 성공의 역설은 전형적으로 다음과 같은 네 단계 과정으로 나타난다.

1단계 : 분명한 목표를 가지고 노력을 함으로써 상당한 성공을 이루어낸다.

2단계 : 성공 덕분에 업무를 '믿고 맡길' 사람이라는 좋은 평판을 얻는다. 더 많은 업무가 주어지면서, 그에 따라 더 많은 자원과 기회를 얻게 된다.

3단계 : 더 많은 자원과 기회를 얻지만, 그만큼 더 많은 업무를 처리하기 위해 자신의 시간과 노력을 투입해야만 한다. 필연적으로 시간과 노력이 이리저리 분산되고, 업무 현장에서 시간이 부족하여 힘들어하는 자신을 발견한다.

4단계 : 부족한 시간 때문에 가장 큰 기여를 하거나 가장 큰 성과로 이어질 수 있는 일을 제대로 하지 못하게 된다. 맨 처음의 성공이 결과적으로 성공을 방해하는 상황을 만들어내는 것이다.

성공의 역설이란 간단하게 말해 성공에 대한 추구가 실패의 촉매가 되는 상황을 의미한다. 맨 처음의 성공이 우리의 시간과 노력을 분산시키는 상황을 만들어내고, 그 때문에 다음의 성공에 필요한 정말로 중요한 일들을 하지 못하게 되는 것이다.

이와 같은 상황은 어디에서든 찾아볼 수 있다. 짐 콜린스Jim Collins는 자신의 책 『위대한 기업은 다 어디로 갔을까How the Mighty Fall』에서 한때는 월스트리트가 가장 선호하는 기업이었으나 나중에 실패에 이르게 된 여러 기업을 소개하면서, 그들에게 무엇이 문제였는지를 살펴본 바 있다.³ 그에 따르면, 실패하는 많은 기업의 결정적인 문제는 "무절제하게 더 많은 것을 추구했던 일"에 있다고 한다. "무절제하게 더 많은 것들을 추구하는 일"은 기업에서도 가장 큰 실패 요인이 되지만, 기업에서 일을 하는 사람들에게서도 마찬가지다. 왜 그런 것일까?

비에센셜리즘이 넘쳐나게 된 이유

비에센셜리즘이 만연하게 된 몇 가지 주된 이유를 최근의 시대적 경향에서 찾아볼 수 있다. 다음의 것들에 대해 생각해보자.

너무 많은 선택지

지난 10년 동안 우리 앞에는 전에 없던 새로운 선택지가 무수히 많이 생겨났다. 그 결과, 정말로 중요한 것이 무엇인지를 알아보는 일이 훨씬 더 어려워졌다.

피터 드러커Peter Drucker는 말했다. "몇백 년 후에 장기적인 관점에서 우리가 살고 있는 지금 이 시기를 바라볼 때, 미래의 역사가들이 주목하게 될 가장 중요한 현상은 신기술도 아니고, 인터넷도 아니고, 전자상거래도 아닐 것이다. 그것은 우리 인류가 처하게 된 상황의 전례 없는 급격한 변화일 것이다. 다수의 사람들이 수많은 선택지를 갖게 되었고, 그러한 사람들의 수는 빠른 속도로 증가하고 있다. 인류 역사상 처음으로 사람들은 스스로 자신의 삶을 관리해야 하는 상황에 처하게 되었는데, 우리 사회는 이와 같은 상황에 대한 준비가 전혀 되어 있지 않다."4

너무나도 많은 선택지가 갑자기 쏟아지는 바람에 우리는 그러한 선택지들을 관리할 수 있는 역량을 미처 마련하지 못했다. 무엇이 중요하고 무엇이 중요하지 않은지를 판단하지 못하고 있는 것이다. 몇몇 심리학자들은 이와 같은 상황을 두고 '판단의 피로감decision fatigue'이라는 개념을 적용하는데, 더 많은 판단을 내려야 할수록 판단의 질은 그만큼 더 떨어진다는 뜻이다.5

너무 큰 사회적 압력

빠르게 증가하고 있는 것은 가능한 선택지들만이 아니다. 기업이 내리는 결정에 대한 외부의 간섭 역시 빠르게 증가하고 있다. 우리 사회를 구성하는 각 요소가 얼마나 복잡하게 서로 연결되어 있고, 또 상충되는 정보가 얼마나 많이 우리에게 쏟아지고 있는지에 관해 많은 사람들이 언급해왔다. 그 결과, 기업들은 너무나도 큰 사회적 압력에 직면해 있다. 오늘날 기술의 발달 덕분에 사람들은 저마다

더 많은 것들을 향한 무절제한 추구

의 견해를 다른 사람들과 쉽게 공유할 수 있게 되었는데, 특정 시점에서 어떤 문제에 집중해야 하는지에 대한 견해 역시 쉽게 공유되고 있다. 지금은 정보의 홍수 시대이면서, 견해의 홍수 시대이기도 하다.

'뭐든지 다 할 수 있다'는 생각

뭐든지 다 할 수 있다는 사고방식은 새로운 것이 아니다. 이러한 사고방식은 오래전부터 사람들 사이에 이어져 왔고, 오늘을 살아가는 거의 모든 사람은 그 영향을 받고 있다. 광고에서도 이러한 생각을 쉽게 접할 수 있고, 특히 기업 내부에서는 직원이 지녀야 할 신념처럼 여겨지고 있다. 기업들이 직원들을 채용할 때 한 사람에게 온갖 직무능력과 다양한 경험을 요구하는 것도 바로 이러한 잘못된 생각 때문이다. 심지어 대학교마저도 자기 학교에 지원하는 고등학생들이 학습 이외의 다양한 활동을 경험했기를 바라고 있다.

하지만 어느 한 분야에서 바라는 성과나 가치에 대한 기대치가 크게 높아진 오늘날의 상황에서 이와 같은 생각은 오히려 해로운 것이 되었다. 사람들은 이미 여유시간이라고는 사라진 자신들의 스케줄에 더 많은 업무를 채워넣고 있고, 그 결과 과도한 스트레스를 받고 있다. 오늘날 사회 곳곳에서 일과 삶의 균형에 대한 이야기가 나오지만, 경영자들은 자신의 부하직원들이 휴일이나 퇴근 후에도 스마트폰을 켜두고 지내기를 바란다. 지나치게 많은 수의 '최우선' 사업들을 동시에 추진하다 보니, 휴일이나 퇴근 후라고 해서 마음 편히 쉴 수가 없는 것이다.

'가장 우선되는 것'이라는 뜻을 지닌 영어단어 'priority'가 처음 등장한 것은 1400년대의 일이다. 그 이후 500년 동안 'priority'는 단수로만 사용되었다. 그러다가 1900년대 이후 'priority'의 복수형인 'priorities'를 사용하기 시작했다. 하지만 나는 이것이 현실을 왜곡한 비논리적인 일이었다고 생각한다. '가장 우선되는 것'이 어떻게 여러 개일 수 있단 말인가. 하지만 사람들은 그러한 변화를 받아들였고, 기업들은 그 변화를 적극 이용하고 있는 실정이다. 어떤 사람은 자신이 예전에 일했던 회사에는 "최우선사업-1, 최우선사업-2, 최우선사업-3, 최우선사업-4, 최우선사업-5"라는 것도 있었다고 말했다. 그 회사의 경영자는 직원들에게 많은 사업이 중요하다는 인상을 남기고 싶었던 것 같은데, 사실 그와 같은 식으로는 무엇이 정말로 중요한 것인지 제대로 알려줄 수가 없다.

뭐든지 다 하겠다고 덤벼들면 결국은 우리가 바라는 계획이나 전략에 기반을 둔 판단을 내릴 수가 없다. 한정된 우리의 노력과 시간을 분명한 목적의식을 갖고 중요한 곳에 투입하지 못한다면 남들—직장 상사, 동료, 의뢰인, 심지어 가족 등—에게 끌려다니게 되고, 결국 우리 자신에게 의미 있고 중요한 것을 알아볼 수 있는 시각 자체를 잃고 만다. 스스로 목적의식을 갖고 선택하지 못한다면 다른 사람들의 목적의식이 여러분의 인생을 통제하게 될 것이다.

지금은 베스트셀러 작가로 유명해진 브로니 웨어Bronnie Ware는 한때 호주에서 임종을 앞둔 중환자들을 간호하는 일을 했다. 그렇게 간호사로 일하면서 브로니는 임종을 앞둔 사람들이 가장 후회하는 것을 기록해 책을 냈는데, 그녀에 따르면 임종을 앞둔 사람들은 "다

에센셜리즘

른 사람들이 기대하는 인생이 아니라, 용기를 내어 내 자신에게 진실한 인생을 살았어야 했다."는 후회를 가장 많이 했다고 한다.[6]

이와 같은 후회를 하지 않기 위해서는 적당히 상황에 따라 남들의 요청을 거부하는 것 정도로는 모자라며, 분명한 목적의식을 갖고 신중하면서도 전략적으로 비핵심적인 것들을 스케줄에서 지워나가야 한다. 또한 시간낭비적인 요소들을 지우는 것 정도로는 부족하며, 정말로 좋은 기회라고 여겨지는 것들까지 스케줄에서 지울 수 있어야 한다.[7] 외부의 압력에 굴복해 이리저리 끌려다니는 게 아니라, 오직 핵심적인 것에 여러분의 노력과 시간을 집중할 필요가 있다.

이 책은 여러분의 옷장을 체계적으로 정리하는 방법을 알려주는 책이라고 볼 수도 있다. 옷장을 정리하지 않고 아무렇게나 사용한다면 어떻게 될지 생각해보라. 아마 별로 입지도 않는 옷들이 아무렇게나 쌓여가면서 옷장은 금세 엉망이 될 것이다. 그래서 입어야 할 옷을 꺼내기가 어려울 정도로 옷장이 복잡해지면 급한 대로 몇 벌의 옷들을 치우기도 하겠지만, 그것 또한 임시방편일 뿐이다. 따라서 옷장을 체계적으로 정리하는 방법을 도입하지 않는다면 어떤 옷들을 버려야 할지 판단을 내리지 못해 입지 않는 많은 옷들이 쌓여갈 수도 있고, 갑작스럽게 옷장을 치우다가 정말 필요한 옷들을 버리고는 후회하게 될 수도 있다. 또 치우고 싶은 옷들이 있어도 어디에 어떤 식으로 치워야 할지를 생각하지 못해 그대로 엉망진창인 채로 옷장을 방치할 수도 있다.

체계적인 정리 방법을 도입하지 않으면 입지도 않을 옷들이 옷장에 쌓여가는 것처럼, 아무렇게나 업무 요청을 수용하다 보면 비생산적인 업무들이 우리의 스케줄에 쌓여갈 것이다. 이번 일만 처리를 해주면 다음에는 중요한 업무를 주겠지 하는 생각은 착각이다. 비생산적인 업무들을 쳐내는 체계적인 방법을 마련하지 않는다면 중요하지 않은 업무들은 끊임없이 우리의 스케줄에 올라와 있을 것이다.

일이나 생활에서 가장 중요한 것들을 선별적으로 추구하는 에센셜리스트는 다음과 같은 방식으로 자신의 옷장을 정리한다.

1. 평가하기

"앞으로 내가 이 옷을 입을 가능성이 있을까?"라고 막연하게 질문하지 않고, "내가 이 옷을 많이 좋아하나? 이 옷을 입으면 멋져 보일까? 이 옷을 자주 입게 될까?"라고 좀 더 엄격하게 질문한다. 만약 이와 같은 질문들에 대한 대답이 "아니다"라면 일단은 버려야 할 옷으로 분류한다.

일이나 삶에도 마찬가지다. "이 일은 내가 추구하는 목표에 최고 수준의 기여를 할까?"라는 질문을 해보고, "아니다"라는 답이 나온다면 거부해야 할 일로 분류하는 것이다. 이 책의 2부에서는 이에 관한 내용을 다룰 것이다.

2. 버리기

여러분이 옷장에 있는 옷을 '버리면 안 되는 것들'과 '버려도 되는 것들'로 나누었다고 해보자. 그런데 정말로 '버려도 되는 것들'을 버릴 수 있을까? 많은 연구에 따르면, 사람들은 자신이 이미 돈을 지불하고 소유한 물건에 대해서는 그 물건의 실제 가치보다 더 높은 가치를 매기려는 성향을 보인다고 한다. 이러한 매몰비용 편향 효과로 인해 '버려도 되는 것들'을 버린다는 게 그리 쉽지가 않다. 버려야 하는 물건 같은데 버리기가 어렵다면 다음 질문을 한번 해보라. "내가 이것과 똑같은 중고물건을 다른 사람으로부터 구입한다면 얼마를 지불할까?" 객관성을 지킨다면 물건의 가치는 처음 생각보다 크게 낮아질 것이다.

업무에도 내가 추구하는 목표에 최고로 기여하는 업무가 아니라는 판단을 내리는 것만으로는 부족하다. 그런 업무를 제외하는 것은 또 다른 차원의 문제이기 때문이다. 이 책의 3부에서는 비생산적인 업무들을 없애는 방법에 대해 다루려고 한다. 특히 비생산적인 업무들을 받아들이지 않으면서도 동료, 상사, 고객 등으로부터 존중받을 수 있는 방법에 대해서도 논의해볼 것이다.

3. 실행하기

옷장을 깔끔하게 정리된 상태로 유지하고자 한다면 옷장 정리를 위한 기본적인 방침을 마련해둘 필요가 있다. 버려도 되는 옷을 담을 커다란 가방을 준비하고, 버리는 옷을 받아주는 중고품 가게의 위치와 여는 시간을 체크해, 그 시간에 맞춰 다른 스케줄을 조정해두는 식으로 말이다.

업무에도 마찬가지다. 여러분이 행해야 하는 핵심적인 업무들―추구하는 목표에 최고로 기여하는 일들―이 무엇인지 파악했다면, 그와 같은 업무만을 선별적으로 행할 수 있도록 하는 체계적인 방법을 마련해둘 필요가 있다. 이 책의 4부에서는 이에 관한 내용을 다룰 것이다.

물론 우리의 인생은 옷장 안의 옷처럼 고정되어 있지 않다. 옷장 안의 옷들은 일단 한번 자리를 잡아놓으면 계속해서 그 상태로 머물러 있지만(어린 자녀들이 없다면 말이다!), 인생에서는 새로운 옷들―상황의 변화에 따른 새로운 요구들―이 계속 생겨난다. 게다가 그 옷장은 여러분 혼자서 사용하는 것이 아니다. 아침에 깔끔하게 정리를 해놓는다 하더라도 오후가 되면 다른 사람이 자기들의 옷들을 가득 채워넣을 수도 있다. 안타까운 일이지만, 이것이 우리 인생의 모습이다. 아침에 출근해 여러분만의 계획을 세우고 일을 시작하더라도, 벌써 오전 10시만 되면 일이 잔뜩 밀려들고 스케줄이 어긋나지 않는가? 그리고 오후 5시가 되면 아침에 세워놓은 계획보다 더 많은 업무들이 계획표에 새로이 올라 있지 않은가? 가족과의 평화로운 주말을 계획하지만, 막상 금요일이 되면 주말 동안에 처리해야 할 업무들이 남아 있고 예기치 못한 사고까지 발생하지 않는가? 내가 이 책에서 제시하는 방법은 이와 같은 상황에서 탈출하도록 도와줄 것이다.

이 책은 인생의 옷장을 정리하는 방법을 알려주는 책이다. 우리 인생의 옷장은 일 년에 한 번, 한 달에 한 번, 혹은 한 주에 한 번, 이렇게 주기적으로 정리하는 게 아니라, 일이 주어질 때마다 그것을 받아들일지 거부할지를 판단하고 수시로 정리해야 한다. 그리고 이 과정에서 우리는 수많은 괜찮아 보이는 일들 가운데 정말로 중요한 것만을 추려낼 줄 알아야 한다. 더 적은 수의 더 좋은 일들을 골라서 실천함으로써 우리 인생의 제한된 시간을 더욱 효율적으로 활용하고, 이러한 방식을 통해 우리가 이뤄낼 수 있는 최대한의 성과를 이뤄내야 하는 것이다.

이 책에서 나는 다른 사람들이 우리에게 기대하는 삶이 아닌, 우리 자신에게 진실한 삶을 사는 방법을 제시하려고 한다. 그리고 이렇게 하기 위해서는 일과 삶 양쪽에서 더욱 효율적이고, 더욱 생산적일 필요가 있다. 본질적인 것들을 가려내고, 그렇지 않은 것들은 과감히 버리고, 이렇게 하는 과정에서 부작용을 최소화하는 것, 이것이 내가 이 책에서 제시하려는 핵심적인 주제다. 다시 말해, 우리 인생의 모든 측면에 있어서 더 적은 수의 더 좋은 일들을 가려서 수행하는 체계적인 방법을 제시하는 것이 이 책의 목적이라 하겠다. 이 책의 전개에 대해 개괄적으로 설명하면 다음과 같다.

책의 전개

이 책은 네 개의 부분으로 구성되어 있다. 1부에서는 에센셜리스트가 되고자 하는 사람들이 지녀야 하는 본질적인 사고방식을 소개하며, 2부에서 4부까지는 그와 같은 사고방식을 하나의 시스템으로 바꾸는 방법을 소개한다. 이 시스템은 여러분이 처하게 되는 상황과 여러분에게 주어지는 일이 무엇이 되었든 언제나 여러분을 에센셜리스트의 길로 인도해줄 것이다. 이어지는 부분에서는 이 책의 개괄적인 전개를 미리 소개하려고 한다.

Chapter 1 에센셜리스트

에센셜리즘 : 에센셜리스트는 어떤 방식으로 생각하는가?

1부에서는 에센셜리스트의 본질적인 사고방식을 소개하려 하는데, 이 사고방식을 받아들이는 것은 에센셜리스트가 되는 가장 기본적인 과정이다. 다음의 세 가지 사고방식을 1부 세 개의 장에서 자세히 논하려고 한다.

첫째, 스스로 선택해야 한다. 우리의 노력과 시간을 어디에 사용할지는 스스로 정해야 한다. 이와 같은 선택을 포기한다면 가장 중요한 것들을 골라낸다 하더라도 무의미한 일이 된다.

둘째, 구분할 줄 알아야 한다. 우리에게 주어지는 업무들 가운데 대부분의 것은 잡일에 불과하며, 정말로 가치 있는 것은 극소수일 뿐이다. 따라서 별도로 시간을 내어 가장 중요한 것이 무엇인지 살펴보고 평가할 필요가 있으며, 여기에 투입되는 시간과 노력은 그것대로 가치가 있다.

셋째, 가장 중요한 것을 골라내야 한다. 모든 것을 제대로 할 수는 없다. 만약에 그렇게 할 수 있는 사람이 있다면, 선택에 대한 고민은 할 필요도 없을 것이다. 이제부터는 '어떻게 해야 저 일들을 전부 해낼 수 있을까?'라는 생각은 버리고, '내가 해결하고 싶어 하는 문제는 무엇인가?'라는 생각부터 떠올려보라.

모든 것을 다 제대로 할 수는 없다는 사실을 받아들이는 것이야말로 에센셜리스트로 가기 위한 첫걸음이다. 그리고 이 책에서 소개하는 방법론 역시 이러한 인식을 바탕으로 한다. 이 책의 2부부터는 에센셜리스트가 자신의 일에 접근하는 세 단계의 방법론을 논한다.

1단계 : 평가하기
본질적인 극소수의 일들을 찾아내기

에센셜리스트는 비에센셜리스트보다 더 많이 살펴보고 고민한다. 비에센셜리스트는 자신에게 주어지는 거의 모든 업무를 아무런 고민 없이 받아들이는 반면에, 에센셜리스트는 자신이 선택할 수 있는 다양한 선택지들을 체계적으로 평가한 후에 수용 여부를 판단한다. 에센셜리스트는 기본적으로 자신이 선택할 수 있는 수많은 업무들 가운데 가장 핵심적인 한두 개의 업무만을 받아들이고 그러한 소수의 업무에 전력을 다하기 때문에 자신이 받아들일 업무를 평가하는 일에 상당한 주의를 기울인다.

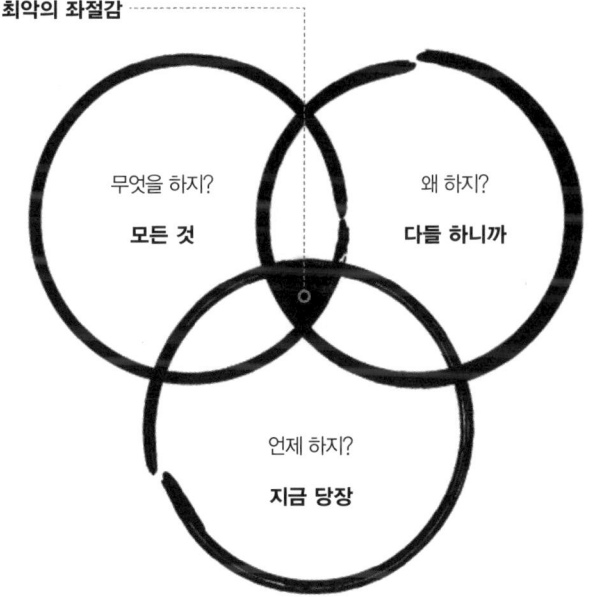

우리 두뇌는 매우 정교한 검색 엔진을 가지고 있다.[8] 만약에 우리가 단순히 '좋은 기회'를 찾고자 한다면 우리의 두뇌는 엄청나게 많은 좋은 기회를 떠올려줄 것이다. 하지만 "나에게 가장 큰 의욕을 불어넣어주는 것은 무엇인가?" "내가 가장 잘할 수 있는 것은 무엇인가?" "세상 사람들이 가장 중요하게 여기는 가치관에 부합하는 것인가?" 등과 같은 질문을 스스로에게 던진다면, 우리의 두뇌는 그러한 조건들에 맞도록 좋은 기회의 범위를 줄여서 떠올려줄 것이다. 사실 우리가 추구해야 하는 것은 엄청나게 많은 좋은 기회들이 아니다. 그보다는 최대한의 성과로 이어질 수 있는 극소수의 기회에 집중해야 한다. 가장 핵심적인 업무를 합당한 이유를 가지고 가장 적절한 때에 실행해야만 최대한의 성과를 이끌어내는 일이 가능해지기 때문이다.

에센셜리스트는 자신에게 주어지는 업무가 무엇인지 듣고, 숙고하고, 질문하고, 고민하는 등의 평가과정에 가급적 많은 시간을 투입한다. 하지만 평가 그 자체가 목적은 아니다. 이와 같은 평가과정의 목적은 수많은 업무들 가운데 핵심적인 극소수의 업무를 구분해내는 데 있다.

2단계 : 버리기
다수를 차지하는 비본질적인 일들을 없애기

대다수의 사람들은 타인의 기분을 좋게 해주기 위해, 혹은 열심히 한다는 인상을 남기기 위해 자신에게 주어지는 일을 모두 받아들인다. 하지만 큰 성과를 이루어내는 진짜 비결은 '아니오'라고 말하는 것이다. 피터 드러커는 이렇게 말한 적이 있다. "큰 성과를 내는 사람들은 '내가 할 일이 아니다'라고 판단되는 일에 대해서는 '아니오'라고 말을 하기 때문에 그렇게 될 수 있었던 것입니다."[9]

비핵심적인 일을 하지 않는다는 것은 누군가에게 '아니오'라고 말을 해야 한다는 것을 의미한다. 그리고 이는 종종 사회적인 기대를 거부한다는 것을 뜻하기도 한다. 때문에 비본질적인 일을 하지 않기 위해서는 용기와 더불어 정서적인 기술이 필요하다. 용기를 내어 비본질적인 일을 거부하는 것도 중요하지만, 주변 사람들의 감정이나 정서를 고려하는 것도 그에 못지않게 중요하기 때문이다. 이와 관련된 문제들을 다루는 것은 매우 까다로운 일이 될 수 있는

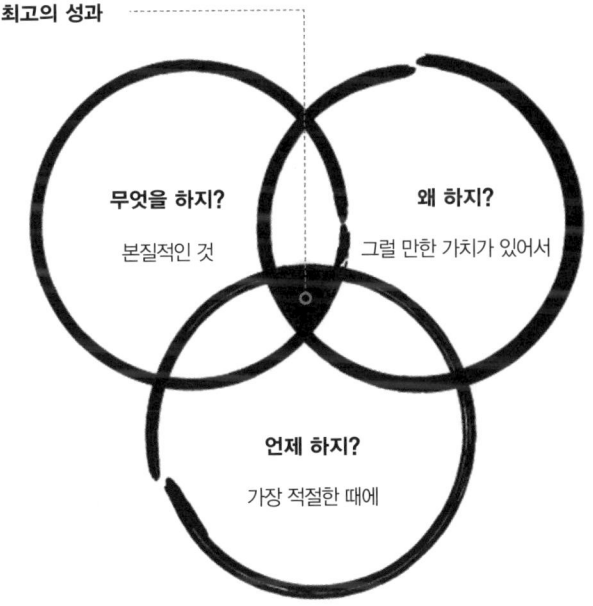

데, 3부에서는 이에 대해서도 다룰 것이다.

시간과 노력의 한계라는 현실 때문에 우리에게 요구되는 모든 일을 맡아서 수행할 수는 없다. 따라서 어떻게 해야 나에게 주어지는 모든 일을 시간 내에 처리할 수 있을까를 고민하기보다는, 어떤 일들을 선택하여 추진해야 할까를 고민해야 한다. 자신에게 부여된 선택의 권리를 스스로 포기한다면, 그 권리는 다른 사람들에게로 넘어간다는 사실을 기억하라. 어떤 일을 맡아서 할지 스스로 선택하지 않는다면, 결국은 다른 사람의 뜻에 따라 자신이 원하지도 않는 방향으로 일이 흘러가게 될 뿐이다.

3부의 주제는 비본질적인 일들을 받아들이지 않음으로써 핵심적인 일들에 여러분의 시간과 노력을 집중하는 방법을 소개하는 것이다. 그리고 여기까지 진행되었다면 그다음에는 핵심적인 업무만을 맡아서 행하는 여러분 자신의 시스템을 만들 차례다. 이것이 4부의 주제다.

3단계 : 실행하기
업무의 장애물을 없애고, 최대한 효율적으로 목표에 도달하기

직장에서 어떤 프로젝트를 완수하는 것, 커리어에서 다음 단계로 나아가는 것, 배우자의 생일파티를 준비하는 것 등 우리는 이루고자 하는 목표가 무엇이 되었든 그 과정은 힘든 일과 여러 가지 문제들이 가득할 거라고 생각한다. 그리고 최대한 노력하여 완수해야 한다고 생각한다. 하지만 에센셜리스트의 접근법은 다르다. 에센셜리스트는 무작정 노력하는 게 아니라 비본질적인 일들을 자신의 스케

줄에서 삭제함으로써 시간과 노력을 절약하고, 자신만의 시스템을 사용해 목표 추진과정의 여러 가지 장애물들을 없앤다.

평가하고, 버리고, 실행하는 세 단계의 과정은 특정 목표에 단편적으로 사용되는 수단이 아니라, 계속해서 순환되는 과정이어야 한다. 그리고 이것을 지속적으로 순환시킴으로써 우리는 추구하는 성과를 극대화할 수 있다.

시대가 요구하는 방식

프랑스의 대문호 빅토르 위고는 다음과 같이 말했다. "시대가 요구하는 사상보다 더 강력한 것은 없다." 같은 맥락에서 '더 적게, 하지만 더 좋게'라는 원칙은 오늘날 시대가 가장 요구하는 것이라고 생각한다.

우리에게 주어지는 업무들을 선별적으로 받아들이면 그야말로 모든 것이 달라진다. 이는 일과 삶에서 다음 단계로 도약할 수 있는 열쇠를 우리 스스로가 지니게 된다는 것을 의미한다. 비핵심적인 것들을 배제할 수 있다는 것, 더 이상 다른 사람들에게 휘둘리지 않아도 된다는 것, 우리 스스로가 선택할 수 있다는 것, 이러한 점들을 깨닫는 순간 우리에게는 엄청난 자유가 주어진다. 그리고 그러한 자유가 만들어내는 막대한 힘을 이용한다면 우리는 일과 삶에서 엄청난 성과를 이루어낼 수 있고, 더 나아가 이 세상에 크게 기여하는 삶을 살 수도 있다.

학교가 관료적이고 형식적인 업무를 없애고, 그 대신에 지역사회

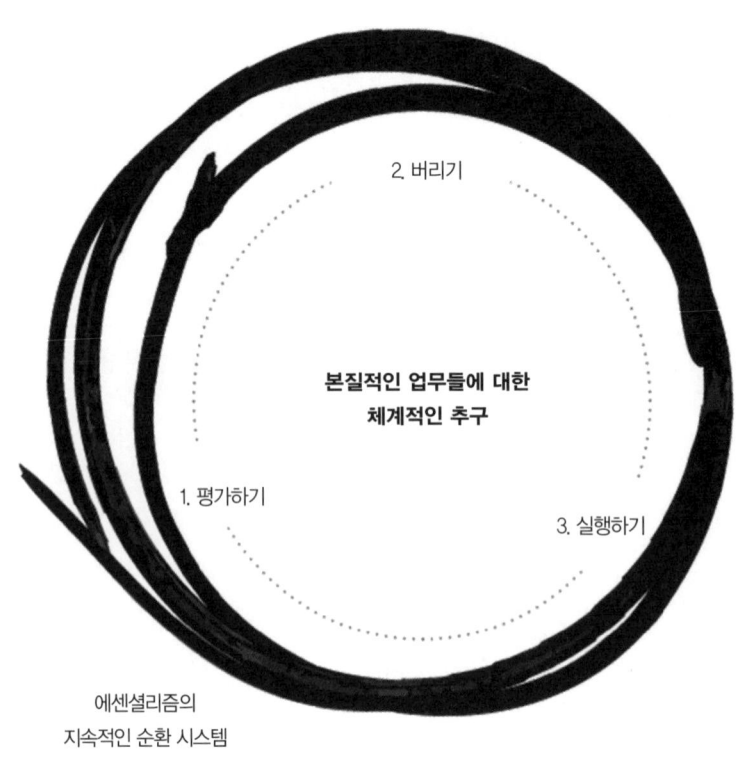

가 필요로 하는 중요한 프로젝트를 추진한다면 어떤 일이 생길까? 학생들에게 학습량을 줄여주고, 그 대신에 자신들의 장래를 위해 무엇을 해야 하는지에 대해 고민할 수 있는 시간을 더 준다면 어떨까? 고등학교를 졸업한 후에 아무 생각 없이 무의미하게 대학교로 진학하는 학생들의 수가 줄어들지 않을까?[10]

기업이 불필요한 회의를 없애고, 그 대신에 직원들에게 가장 중요한 프로젝트들을 추진할 수 있는 더 많은 시간적 여유를 준다면 어떤 일이 일어날까? 직원들이 별다른 내용도 없는 이메일과, 특별한 목적 없이 행해지는 프로젝트와, 비생산적인 회의로부터 자유로워진다면, 그래서 그들이 회사와 개인의 성공에 가장 큰 기여를 할 수 있는 핵심적인 업무들에 시간과 노력을 집중하게 된다면 어떤 일이 일어날까?

우리 사회가 사람들에게 더 많은 소비를 하도록 부추기지 않고, 더 많은 사색의 기회와 여유를 마련해준다면 어떤 일이 일어날까? 싫어하는 일을 거부하고, 필요하지 않은 물건은 사지 않고, 좋아하지도 않는 사람들에게 감동을 주기 위해 뭔가를 하는 것을 멈추는 데 대해 우리 사회가 높은 평가를 내린다면 어떤 일이 일어날까?[11]

더 많은 것을 갖는 것에 대해 높은 평가를 내리고 더 적은 것을 갖는 것에 대해 낮은 평가를 내리는 일을 멈춘다면 어떤 일이 일어날까?

얼마나 바쁘게 사는가를 중요성의 척도로 삼는 것을 멈추고, 오히려 음악을 듣고, 사색을 하고, 우리 인생의 진짜 중요한 사람들과 많은 시간을 함께하는 것에 대해 높은 가치를 매기기 시작한다면 어떤 일이 일어날까?

온 세상 사람들이 무작정 더 많은 것을 추구하는 것을 멈추고, 더 좋은 소수의 것들을 체계적으로 추구하기 시작한다면 어떤 일이 일어날까?

나는 사람들이 타인의 기대에 휘둘리는 삶이 아닌, 자기 자신에게 진실한 삶을 살 수 있기를 바란다.

나는 이 세상 모든 이들―아이, 학생, 엄마, 아빠, 직원, 경영자, 정치지도자 등등―이 자신이 가지고 있는 지성과 역량과 자원과 결단력을 더 크게 활용하여 진정으로 의미 있는 삶을 살기를 바란다. 또한 이 세상 모든 이들이 용기를 내어 자신의 사명을 찾고 추구할 수 있기를 바란다. 내가 이 책을 쓴 이유는 이에 관한 이야기를 하고 싶었기 때문이다.

자기 자신에게 진실한 삶을 살 수 있는 용기를 이끌어내려면, 우리의 인생이 얼마나 짧고 이루고자 하는 바를 이루기에 남은 시간이 얼마나 부족한지를 자각하는 것이 도움이 된다. 시인 매리 올리버Mary Oliver가 쓴 시 가운데 다음과 같은 대목이 떠오른다. "말해봐요, 당신이 진정 하고픈 일이 무엇인지/한 번뿐인 그토록 멋지면서 소중한 인생에서 말이에요."¹²

그토록 멋지면서 소중한 인생에서 여러분이 진정으로 하고픈 일은 무엇인가?

여러분의 인생에서 정말로 중요한 것들에 시간과 노력을 집중하라. 이것이 후회 없는 인생을 사는 방법이다. 자신의 인생에서 정말로 중요한 것들에 시간과 노력을 집중하며 산 사람이 "내 자신에게 덜 집중할 걸 그랬어. 다른 이들이 기대하는 것들, 덜 중요한 것들을 하면서 살아야 했는데."라고 후회할까?

다수를 차지하는 비본질적인 것들을 버리고, 극소수에 불과한 본질적인 것만을 추구하는 것은 어떻게 보면 '불공정한' 삶의 방식처럼 보이지만, 그래도 그렇게 살아야 하지 않을까?

여러분은 일이나 생활에 있어서 중요한 것들을 선별적으로 추구하는 사람, 즉 에센셜리스트가 되어야 한다. 이 책은 인터넷이 없던 시절로 돌아갈 것을 주문하는 책은 아니다. 단순히 이메일을 무시하고, 인터넷 연결을 끊고, 은둔자가 된다는 것이 에센셜리스트가 되는 길은 결코 아니다. 지금과 같은 시대에 그것은 퇴보일 뿐이다. 이 책은 현재와 미래에서 우리의 일과 생활에 '더 적게, 하지만 더 좋게'라는 원칙을 적용할 것을 제안하는 책이며, 나는 이것을 혁신이라고 부른다.

나는 여러분이 내 딸이 태어나던 무렵의 나보다 더 현명한 삶을 살기를 바란다. 에센셜리스트로서의 길은 분명히 여러분에게 좋은 결과를 만들어줄 것이다. 이 세상 사람들이 남들이 칭찬하는 비본질적인 일을 버리고, 자신에게 진실한 정말로 중요한 일을 추구한다면 우리가 살고 있는 이 지구가 어떤 모습으로 변할지 상상해보라.

오랜 세월이 지나 생의 끝자락에 서게 되었을 때 많은 사람들은 상당한 회한을 갖게 되겠지만, 에센셜리스트로서의 삶을 산 사람들은 분명 다를 것이다. 여러분에게 진실한 삶이란 무엇을 의미하는가? 그리고 미래에 생의 끝자락에 서게 된 여러분은 지금의 여러분이 어떤 삶을 살고 있기를 바랄까?

이 물음에 대한 답을 찾기 위해 여러분 자신의 내면을 들여다볼 준비가 되었다면, 에센셜리스트로서의 길을 따를 준비가 되었다는 것을 의미한다. 이제부터 그 길이 무엇인지 함께 알아보자.

선택하라
Choose

주도적인 선택이 가져다주는 엄청난 힘

> 선택할 수 있는 능력이야말로 우리를 인간으로 만들어준다.
> ― 매들린 렝글 Madeleine L'Engle, 작가

한 고층건물의 1층 로비에 앉아 있던 나는 내 손에 쥐어져 있던 한 장의 종이를 내려다보고 있었다. 때는 저녁이었고, 사람들은 드문드문 어둠이 내린 저녁의 거리로 빠져나가고 있었다. 대충 휘갈긴 글자들과 화살들로 가득 채워져 있던 그 종이는 내가 하고 싶은 일에 대해 방금 전 20분 동안 생각나는 대로 적은 결과물이었다. 그런데 그 종이에 적혀 있지 않은 무언가로 인해 나는 적잖이 충격을 받은 상태였다. 그 무언가란 내가 다니던 로스쿨이었다. 당시 나는 영국의 한 로스쿨에 입학해서 열심히 공부

를 하고 있던 중이었다.

내가 로스쿨에 입학했던 이유는 "거기에는 많은 선택지들이 있다."는 주위 사람들의 조언 때문이었다. 일단 졸업만 하면 변호사로 활동할 수도 있고, 법에 대해 글을 쓸 수도, 법을 가르칠 수도, 법률 상담가가 될 수도 있다는 것이었다. 어떻게 보더라도 많은 선택권을 가질 수 있는 길이었다.

하지만 나는 선택을 하지 못하고, 내가 할 수 있다던 모든 것을 하려고 했다. 낮에는 법을 공부했고, 저녁에는 경영학 대가들의 책들을 읽었고, 짬이 날 때면 글을 쓰기도 했다. 자신의 앞에 주어지는 모든 것을 하려는 사람들의 전형적인 모습을 보이고 있었던 것이다. 그 결과, 어떤 분야에서도 명백한 실패를 겪지는 않았지만 이렇다 할 성취를 이루어내지도 못하고 있었다. 나는 선택지가 많다는 것이 뭐가 좋다는 말인지 의문이 들었다.

그 무렵, 미국에서 일을 하고 있던 한 친구로부터 자신의 결혼식에 참석해달라는 전화를 받았다. 그는 나에게 미리 묻지도 않고 항공권까지 사서 부쳤다고 했다. 나는 감사히 그의 초대를 받아들였고, 생각지도 않게 미국으로 향했다.

친구 결혼식 참석차 미국에 머물면서 나는 가급적 많은 교사들과 저술가들을 만나려고 했다. 그리고 한 비영리 교육단체의 간사를 만날 기회도 있었다. 나와 만난 자리에서 그는 지나가는 말투로 다음과 같은 말을 해주었다. "만약 미국에 계속 머무실 거라면, 우리 단체의 일을 함께 해보시죠."

지나가는 말투였지만, 거기에는 묘한 힘이 들어 있었다. 분명 그는 구체적인 제안을 했던 것은 아니었다. 단지 "만약 미국에 계속 머물 거라면" 내게는 또 다른 선택지가 있다는 점을 알려준 것 정도였다. 그것은 실재하는 선택지였고, 나는 고민을 하기 시작했다.

나는 그의 사무실에서 빠져나와 엘리베이터를 타고 1층으로 내려왔다. 그때 내 손에는 누군가의 책상에서 집어든 종이 한 장이 들려 있었다. 나는 1층 로비에 앉아 "지금 내 인생에서 단 한 가지의 일만을 할 수 있다면 나는 무엇을 할 것인가?"라는 물음을 스스로에게 던지고, 그에 대한 대답을 종이에 적기 시작했다.

그런데 그렇게 적은 결과물에는 내가 재학 중이던 로스쿨은 빠져 있었다.

물론 그 전에도 나는 로스쿨에 다니지 않을 수도 있다는 생각은 가지고 있었으나, 그저 생각일 뿐이었다. 하지만 그 비영리 교육단체의 간사를 만나면서 나는 그동안 선택권을 스스로 포기하는 선택을 했다는 사실을 깨달았다. 매우 나쁜 선택을 했던 셈이다. 로스쿨을 적극적으로 선택했던 게 아니라 '로스쿨 이외의 것들'을 선택지에서 모두 지워버리니까 로스쿨만 남게 되었던 것이다. 그제야 나는 내가 스스로 선택하지 않는다면 남들이 나의 선택을 이끌어가게 된다는 말의 뜻을 제대로 이해했다.

그로부터 몇 주 후에 나는 정식으로 로스쿨 다니는 것을 그만두었다. 그리고 영국을 떠나 미국으로 건너왔다. 교사이자 저술가가 되기 위해서였다. 지금 이 책을 쓰고 있는 것도 그때 내렸던 선택의 결과이다.

그때 내렸던 선택은 내 인생의 항로를 바꾸어놓았고, 더 나아가 삶의 선택에 대한 새로운 시각을 갖도록 해주었다. 정말로 중요한 것은 우리 앞에 놓여 있는 선택의 대상이 아니라, 선택이라는 우리 자신의 행위이다. 우리가 선택의 대상에 대해서 언제나 통제할 수는 없어도, 선택이라는 우리 자신의 행위에 대해서는 언제나 통제할 수 있다는 점도 주목해야 한다.

여러분은 자신이 진정한 의미에서 스스로 선택했던 일이 별로 없었다는 사실을 깨닫고 충격을 받았던 적이 있는가? '나는 이 일을 할 수 없어'와 '나는 이 일을 꼭 해야 해'라는 두 가지 상충되는 생각이 동시에 충돌하면서 갈등했던 적이 있는가? 계속해서 선택권을 포기하다가, 결국에는 맹목적으로 다른 사람들이 내려주는 선택을 따르게 된 자신을 발견하게 된 적이 있는가?

만약 그렇다면, 여러분은 혼자가 아니다.

주도적인 선택이 가져다주는 엄청난 힘

아주 오랫동안 우리는 선택의 외적인 측면에는(우리 앞에 놓인 선택의 대상들) 큰 관심을 가져왔지만, 선택의 내적인 측면에는(선택이라는 우리 자신의 행위) 상대적으로 적은 관심을 기울였다. 그런데 이것이 옳은 상황인가에 대해서는 많은 고민을 해볼 필요가 있다. 우리 앞에 놓인 선택의 대상들은 외부의 힘에 의해 사라질 수도 있지만, 선택에 대한 우리의 의지는 결코 사라지지 않기 때문이다.

뭔가를 선택할 수 있는 능력은 누가 가져갈 수도 사라지는 것도 아니다. 단지 잊히는 것이다.

선택할 수 있는 능력을 잊어가는 과정

마틴 셀리그먼Martin Seligman과 스티브 마이어Steve Maier가 독일 셰퍼드 종의 개들에 대해 행했던 유명한 실험이 있다. 그들은 이 실험을 통해 '학습된 무력감'이라는 개념을 소개했는데, 이 실험은 우리 인간이 어떤 과정을 거치면서 선택할 수 있는 능력을 잊어가는지에 대한 실마리를 제시해준다.

셀리그먼과 마이어는 실험에 참가한 셰퍼드들을 세 개의 그룹으로 나누었다. 첫 번째 그룹은 셰퍼드들을 전기충격이 가해지는 곳에 가둔 뒤 전기충격을 멈출 수 있는 레버를 설치해놓았다. 두 번째 그룹은 셰퍼드들을 첫 번째 그룹과 똑같은 모양의 전기충격이 가해지는 곳에 가두었지만 작동되지 않는 레버를 설치해놓았다. 그러니까 두 번째 그룹의 셰퍼드들은 어떻게 하더라도 전기충격을 멈출 수가 없었다. 그리고 마지막 세 번째 그룹은 셰퍼드들을 전기충격이 가해지지 않는 곳에 가두었다.[1]

전기충격이 가해지자 첫 번째 그룹의 셰퍼드들은 레버를 내려

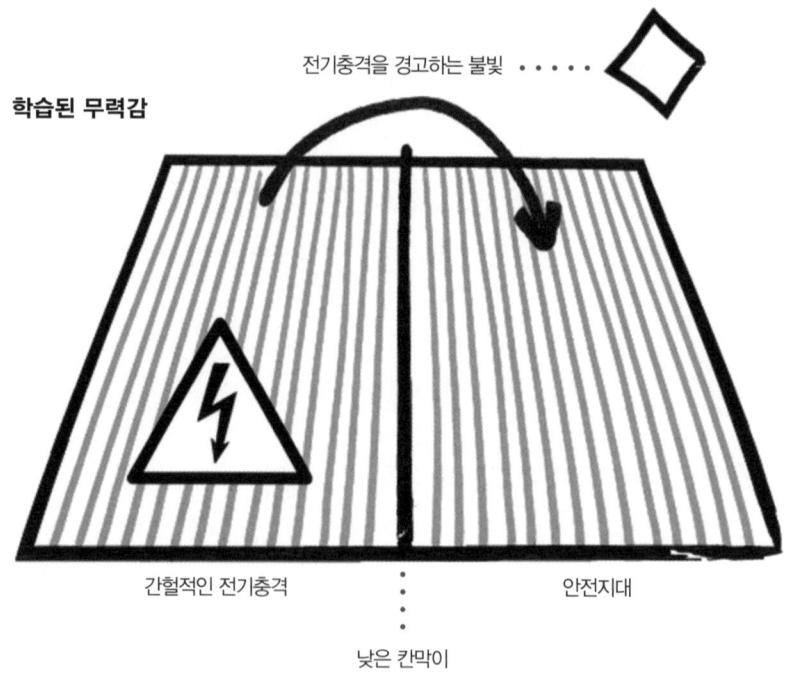

스스로 전기를 멈추었다. 그러나 두 번째 그룹의 셰퍼드들은 자신들이 레버를 당기는 것과 상관없이 계속해서 전기충격을 받아야만 했다. 그리고 세 번째 그룹의 셰퍼드들은 아무런 전기충격도 받지 않았다. 이러한 실험을 한 뒤 셰퍼드들을 한 마리씩 커다란 상자에 넣었다. 그 상자는 중간에 낮은 칸막이가 설치되어 있었고, 칸막이를 중심으로 한쪽에는 전기충격이 가해지고 다른 한쪽에는 전기충격이 가해지지 않도록 해놓았다. 이제 상자의 한쪽에 전기충격을 가했다. 그러자 흥미로운 일이 일어났다. 스스로 전기를 멈추었거나 전기충격을 받은 적이 없던 첫 번째 그룹과 세 번째 그룹의 셰퍼드들은 전기충격이 가해지자마자 칸막이를 뛰어넘어 안전지대로 몸을 피했다. 그런데 레버를 당기는 것과 상관없이 계속해서 전기충격을 받아야만 했던 두 번째 그룹의 셰퍼드들은 몸을 피하지 않고 가만히 있었다. 그대로 전기충격을 받으며 괴로워하고 있었던 것이다. 왜 그렇게 참고만 있었을까? 전기충격을 받는 것 외에는 선택할 수 있는 게 없다고 생각했기 때문이다. 무력감이 학습된 것이다.

무력감을 지속적으로 경험하다가 정말로 무력해지는 일은 우리 인간에게도 흔히 일어난다. 수학공부를 아무리 해도 점수가 오르지 않아서 아예 수학을 포기했다는 학생들의 이야기를 흔히 들을 것이다. 아무리 노력해도 달라지는 게 없다고 생각해 포기하는 것이다.

나는 학습된 무력감을 기업에서도 많이 발견할 수 있었다. 자신에게 아무런 선택권이 없다고 믿는 순간, 무력감을 갖게 된 직원들은 두 가지 반응 가운데 하나를 보인다. 우선 한 가지 반응은 수학을 포기하는 학생들이 그러는 것처럼 노력하기를 포기하는 것이다. 이와 같은 반응은 학습된 무력감의 명백한 표출이다. 그런데 다른 한 가지 반응은 이와 정반대. 포기하는 게 아니라 지극히 활동적이 되어 자신에게 주어지는 모든 기회를 받아들인다. 이들은 자신의 앞에 있는 모든 업무에 몸을 내던지고, 모든 문제를 기꺼이 해결하려 하고, 그야말로 모든 것을 자신이 전부 해내려고 한다. 언뜻 보면 학습된 무력감과는 상관이 없는 것 같다. 게다가 열심히 일을 한다는 것은 자신의 중요성이나 가치에 대해 확신하고 있다는 증거가 아니겠는가? 하지만 가까이 들여다보면 무작정 더 많은 일을 하겠다는 이와 같은 태도에 가려진 무언가가 있다는 것을 알 수 있다.

Chapter 2 선택하라

이러한 사람들은 자신에게는 기회나 업무에 대한 선택권이 없다고 믿는다. 그래서 무작정 '전부 다 해야 한다'고 믿는 것이다.

물론 선택이란 무척이나 어려운 일이다. 선택이란 하나, 혹은 그 이상의 것들을 거부하는 걸 뜻하며, 이는 불안감을 유발할 수도 있다. 일터 바깥에서도 선택은 어려운 일이다. 옷가게든, 음식점이든, 어떤 가게를 들어가도 그곳의 모든 것은 손님들이 '아니오'라고 말하기 어렵도록 설계되어 있다. 정치인들의 광고를 보더라도 그것은 우리가 그 후보를 거부하고 다른 후보에게 투표하는 것을 매우 불편하게 만들어놓는다. 장모님이 전화를 걸어 뭔가를 해달라고 부탁을 하면 거기에는 정말로 부탁을 수용하는 것 이외의 선택지는 없게만 느껴진다(물론 나는 기쁜 마음으로 장모님의 부탁을 수용한다는 점을 분명히 밝혀두고 싶다). 사실 이와 같은 세상에서 살아가면서 선택하는 능력을 상실한다는 것은 그리 놀라운 일도 아니다.

하지만 에센셜리스트로 들어서는 데 가장 중요하게 작용하는 것은 선택이다. 선택의 능력에 눈을 떠야 에센셜리스트가 될 수 있다. 주도적인 선택이 가져다주는 힘은 엄청난 것이며, 뭔가를 선택할 수 있는 능력은 우리 안에 내재되어 있다는 점을 인지할 필요가 있다. 미국의 철학자 윌리엄 제임스William James는 이런 글을 남긴 바 있다. "나의 첫 번째 자유의지로서의 행위는 자유의지를 믿는 것이 될 터이다."[2] 에센셜리스트가 되는 데 가장 중요하면서도 가장 먼저 해야 할 일은 선택하는 능력을 다시 일깨우는 것이다. 여러분 인생의 모든 영역에서 말이다.

비에센셜리스트	에센셜리스트
"내가 해야만 해."	"중요한 것을 선택하자."
선택의 권리를 스스로 포기한다.	선택의 힘을 내 것으로 만든다.

    선택하는 능력을 망각하는 순간부터 우리는 무력하게 된다. 그리고 결국은 다른 사람들의 선택이 요구하는 기능을 수행하는—혹은 자신이 과거에 내렸던 선택이 요구하는 기능을 수행하는—사람으로 전락하게 된다. 우리에게 내재된 선택의 힘을 포기하는 것은 스스로 비에센셜리스트의 길로 들어서는 것과 같다.

    에센셜리스트는 선택의 힘을 잘 알고 있을 뿐 아니라, 그 힘을 잘 활용한다. 선택할 수 있는 권리를 스스로 포기한다는 것은 그 힘을 다른 사람들에게 넘겨줌과 동시에 다른 사람들이 내린 선택을 맹목적으로 따른다는 것을 의미한다.

Chapter 3

구분하라
Discern

중요한 것은 극소수에 불과하다

> 우리가 하는 행동, 온갖 작용, 자원, 아이디어들은
> 가치나 영향력이 별로 없다.
> 극소수만이 값진 의미와 커다란 영향력을 갖는다.
> ― 리처드 코치Richard Koch, 작가

조지 오웰George Orwell의 유명한 소설 『동물농장』에 등장하는 캐릭터 가운데 복서라는 이름의 말이 있다. 복서는 매우 충직하고 성실한 캐릭터인데, 그는 모든 역경과 문제 앞에서 이렇게 말한다. "더 열심히 일을 할 거야." 복서는 극한의 상황에서도 자신의 철학에 충실한 삶을 살려 했으나, 기운이 다하고 부상을 입게 되자 결국은 도살장으로 보내진다. 복서는 비극적인 캐릭터이다. 그가 좋은 뜻으로 열심히 일을 할수록 동물농장의 불평등과 문제 상황은 더욱 악화될 뿐이었다.

현실 세계에서 우리는 복서와 같은 캐릭터가 될 수 있을까? 힘든 일을 겪을수록 오히려 더 열심히 더 오랜 시간 일을 하겠다는 의지를 세울 수 있을까? 맞닥뜨리는 모든 문제에 대해 "좋습니다. 제가 이 일을 맡아서 해결할 수 있습니다."라고 대답할 수 있을까?

어쨌든 우리는 어렸을 때부터 열심히 일을 하는 것이 성과를 만들어내는 비결이라고 배워왔고, 우리들 가운데 다수는 지금까지 높은 생산성을 이루어내고 많은 문제들을 해결했던 일에 대해 상당한 보상을 받아왔다. 그런데 이미 열심히 일을 하는 사람들이 더욱 열심히 일을 하면 성과는 끊임없이 높아지기만 할까? 아니면, 어느 순간부터는 더 열심히 일을 하더라도 생산성이 증가되지 않는 한계점이라는 게 있을까? 일하는 시간을 줄일수록(그 대신에 더 많이 생각할수록) 더 많은 성과를 낼 수 있는 그런 지점 말이다.

어렸을 때 용돈을 더 많이 벌고 싶어서 일을 했던 기억이 난다. 영국에서 열두 살짜리 아이가 돈을 벌기 위해 할 수 있는 일은 얼마 되지 않았는데, 그중 하나가 신문배달이었다. 하루에 한 시간 일을 하면 1파운드 정도 되는 돈을 받았다. 나는 그 돈을 벌기 위해 제대로 들지도 못할 만큼 무거운 신문가방을 메고 등교하기 전에 신문배달을 했다. (영국에서는 신문배달을 할 때 미국처럼 앞마당에 신문을 대충 던져놓는 식으로 해서는 안 된다. 우편함에 신문을 완전히 집어넣어야 배달한 것으로 인정받았다.) 그야말로 힘들게 일을 해서 벌어들인 소중한 용돈이었다.

하루 1파운드라는 돈을 벌기 위해 그렇게 힘들게 일을 하면서 나는 원하는 것을 얻기 위해 치르는 비용에 대해 다시 생각하게 되

Chapter 3 구분하라

었다. 무언가 사고 싶은 게 나타나면 그것을 사기 위해 내가 몇 시간 동안 신문배달을 해야 하는지를 생각하게 된 것이다. 나에게 1파운드의 돈은 한 시간의 힘든 노동을 의미했다. 그리고 당시 내가 갖고 싶었던 마이크로머신MicroMachine이라는 장난감을 사기 위해서는 엄청나게 많은 시간 동안 노동을 해야 한다는 결론에 이르렀다.

그러다 나는 돈을 모으는 속도를 더욱 높여야겠다는 생각을 했다. 내가 찾은 방법은 신문배달을 그만두고 토요일 아침에 이웃들의 자동차를 세차하는 것이었다. 자동차 한 대를 세차할 때마다 2파운드씩 받았고, 한 시간에 세 대의 자동차를 세차할 수 있었다. 그래서 내가 벌어들이는 돈이 한 시간에 1파운드에서 6파운드로 크게 늘어났다. 그때 나는 깨달았다. 어떤 유형의 일을 하느냐에 따라 보상이 크게 달라질 수 있다는 것을 말이다.

대학교에 다니면서는 한 상담소에서 일을 했는데, 처음에 내가 받게 된 기본급은 시간당 9달러였다. 그런데 그 상담소에서 일을 하면서부터는 단순히 시간당 얼마의 돈을 받는지에 관심을 갖기보다는, 내가 투입하는 시간과 내가 이루어내는 성과 사이의 관계에 관심을 갖게 되었다.

나는 스스로에게 물었다. "여기서 일을 하면서 내가 가장 값진 성과를 이루어낼 수 있는 방법은 무엇일까?" 그것은 상담을 취소하려는 고객들을 다시 설득하여 상담에 임하도록 만드는 것이었다. 이런 판단을 내린 다음부터 나는 상담을 취소하려는 고객들을 설득해 상담 취소를 막는 데 집중했고, 얼마 지나지 않아 취소율 제로에 이르게 되었다. 나는 상담을 하는 고객의 수에 따라 추가적인 보수를 받았기 때문에 상담에 대한 경험도 쌓으면서 더 많은 돈을 벌게 되었고, 그것은 상담소와 나 자신에게 모두 좋은 일이었다.

열심히 일을 하는 것은 중요하다. 하지만 노력의 증대가 언제나 성과의 증대로 이어지는 것은 아니다. 때문에 더 중요한 일을 선별적으로 할 필요가 있다.

스페인에 있는 세계적 레스토랑인 엘 불리 El Bulli를 이끌고 있는 페란 아드리아 Ferran Adria는 세계 최고의 요리사 가운데 한 명으로 통하는데, 그 역시 요리를 할 때 '더 적게, 하지만 더 좋게'라는 원칙을 따른다. 그에게서 이 원칙은 두 가지 방식으로 나타난다. 첫째, 페란 아드리아의 특기는 전통적인 요리에서 정수라고 할 만한 것들을 추려내어 재해석했는데, 그 결과 종종 사람들이 상상하지도 못했던 새로운 요리가 나왔다. 둘째, 음식점 엘 불리에 식사예약을 넣는 사람들은 연간 200만 명에 달하지만, 엘 불리는 하룻밤에 오직 50명만 예약을 받고, 그마저도 1년에 절반은 새로운 음식 연구를 위해 문을 닫는다. 게다가 이 책을 쓰고 있는 지금은 벌써 몇 년째 엘 불리가 영업을 하지 않고 있다. 페란 아드리아는 자신이 생각하는 가장 중요한 일, 즉 새로운 요리를 연구하는 일에 집중하기 위해 자신의 레스토랑을 요리연구소로 바꾸기를 원했고, 지금은 그 전환작업을 하고 있는 중이라고 한다.[1]

'더 적게, 하지만 더 좋게'라는 원칙을 받아들이는 것은 결코 쉽지 않은 일이다. 특히 과거에 무작정 더 많이 더 열심히 일을 함으로써 성취를 이루어냈던 경험이 있는 사람들이라면 더욱 그럴 것이다. 하지만 노력의 어느 시점을 넘어서면 아무리 노력을 해도 성과는 제자리걸음을 하는 일이 벌어진다. 기본적으로 노력과 성과는 정비례하고, 이렇게 되는 게 공정해 보인다. 그러나 항상 정비례하지는 않는 게 현실이다.

여러분은 아마도 '파레토 법칙'을 알고 있을 것이다. 1890년대에 이탈리아의 경제학자인 빌프레도 파레토Vilfredo Pareto가 발표한 법칙으로, 이것을 확장하면 20퍼센트의 노력이 80퍼센트의 성과를 만들어낸다는 개념까지 이어진다. 그리고 파레토 법칙이 발표되고 한참 뒤인 1951년에 품질경영운동의 창시자 중 한 명으로 통하는 조셉 주란Joseph Juran은 자신의 저서인 『품질관리 핸드북Quality-Control Handbook』에서 '핵심적인 소수의 법칙'이라는 개념을 소개했다.[2] 생산과정에서 제품의 품질수준을 획기적으로 높일 수 있는 극히 일부분의 요소들이 존재한다는 것이다. 조셉 주란이 제시한 개념을 가장 먼저 받아들인 것은 일본 기업들이었다. 당시만 하더라도 일본 기업들은 저품질의 값싼 제품들을 만든다는 평가를 받고 있었다. 하지만 제품의 품질에 결정적인 영향을 끼치는 소수의 요소들을 찾아내 그러한 요소들을 집중적으로 개선한 결과 '메이드 인 재팬'이 갖는 의미는 그전과는 달라졌다. 결국 일본 산업계에서는 품질혁명이 일어났고, 그것이 오늘날 일본이 경제대국이 되는 근간이 되었다.[3]

'무의미한 다수'가 아닌 '핵심적인 소수'에 집중함으로써 훨씬 더 큰 성과를 이루어낸다는 개념은 우리의 일과 삶 어느 분야에도 적용될 수 있다. 리처드 코치Richard Koch 같은 자기계발 전문가는 파레토 법칙(80/20 법칙)을 우리의 삶에 어떻게 적용할 수 있는지에 대한 책들을 다수 내기도 했다.⁴ 실제로 이렇게 함으로써 큰 성공을 이루어낸 사례는 쉽게 찾아볼 수 있다.

워런 버핏Warren Buffett만 하더라도 다음과 같은 유명한 말을 남긴 바 있다. "우리의 투자철학은 움직이지 않는 것이라고 말할 수 있습니다."⁵ 상대적으로 소수의 주식들에 투자하고, 일단 투자한 다음에는 오랫동안 주식을 보유한다는 의미다. 이와 관련하여 메리 버핏Mary Buffett과 데이비드 클라크David Clark는 자신들의 저서인 『워런 버핏 투자 노트The Tao of Warren Buffett』에서 이렇게 설명하고 있다. "워런 버핏은 투자를 처음 시작했을 때부터 자신이 투자판단을 언제나 정확하게 할 수는 없다고 생각했다. 그래서 자신이 확실하게 알고 있다고 여기는 분야에만 투자했고, 그와 같은 분야에 투자할 때는 한 번에 높은 비중을 투입했다. 그래서 한때는 전체 투자금액의 90퍼센트가 단 열 곳의 기업들에 집중되기도 했다. 때로는 뭔가를 하지 않는 것이 뭔가를 하는 것만큼이나 중요한 의미를 갖는다."⁶ 간단히 말해 워런 버핏은 단순히 좋다고 하는 투자기회들은 그대로 흘려보내고, 정말로 핵심적인 소수의 투자기회들에 자신의 자원을 집중했던 것이다.⁷

노력과 결과 사이의 관계는 흔히들 생각하는 것보다 훨씬 더 비선형적이라고—과학자들이 멱함수라고 부르는 비선형 관계를 따른다고—생각하는 사람들도 꽤 있다. 노력과 결과 사이의 관계를 멱함수에 대입해서 생각해보면 극히 일부의 행위가 나머지 행위들을 전부 합한 것보다 훨씬 더 큰 성과를 유발한다고 하겠다.

비에센셜리스트는
거의 모든 것이
핵심적인 것이라고
생각한다.

**에센셜리스트는
거의 모든 것이
비핵심적인 것이라고
생각한다.**

마이크로소프트에서 최고기술경영자로 일했던 나단 미어볼드Nathan Myhrvold 같은 사람은 이렇게 말한 적이 있다. "최고의 소프트웨어 개발자들과 평범한 소프트웨어 개발자들 사이의 생산성 차이는 10배, 100배, 1,000배 정도가 아니라, 10,000배 정도로 나타납니다." 이 발언에 대해서는 나중에 그와 직접 만난 자리에서 한 번 더 확인을 받은 적도 있다.[8] 정말로 10,000배의 생산성 차이가 있는지는 장담할 수 없지만, 핵심적인 노력과 그렇지 않은 노력의 성과 기여도는 일반적으로 생각하는 것보다 훨씬 더 크게 나타난다.

우리는 지금 극소수의 것들은 매우 높은 가치를 지니는 반면에, 그 나머지 거의 모든 것들은 별다른 가치를 지니지 않는 그런 세상에 살고 있다. 이것은 분명한 현실이다. "사실상 이 세상 모든 것들의 하찮음에 대해서는 누구도 별달리 말할 수 없을 것입니다."라는 존 맥스웰John Maxwell 목사의 언급처럼 말이다.[9]

모든 것이 의미가 있고 중요하다는 사고방식을 버려야 진정한 에센셜리스트의 길에 들어설 수 있다. 사실 우리가 추구하는 대부분의 좋은 기회들도 극소수의 핵심적인 기회들에 비하면 그 가치가 한참 떨어진다. 이와 같은 현실을 제대로 이해한다면 대부분의 가치 없는 기회들을 배제하고 극소수의 핵심적인 기회들을 추구하는 일이 당연하게 여겨질 것이다. 진정으로 핵심적인 기회들을 추구하기 위해서는 상당히 좋아 보이는 기회들마저 과감히 버릴 수 있어야 한다.

에센셜리스트들이 별도의 시간을 투입하여 자기 앞에 놓인 선택의 대상들을 살펴보고 평가하는 이유도 이 때문이다. 정말로 가치 있는 소수의 기회들을 찾아낸다면 이렇게 투입한 시간은 몇 십 배 보상받을 수 있기 때문이다. 에센셜리스트는 훨씬 더 큰 가치를 지닌 적은 수의 기회를 붙잡기 위해 살펴보고 평가한다.

비에센셜리스트	에센셜리스트
거의 모든 것이 핵심적인 것이라고 생각한다.	거의 모든 것이 비핵심적인 것이라고 생각한다.
기본적으로 모든 기회를 동등한 것으로 여긴다.	극소수의 핵심적인 기회와 대부분의 의미 없는 기회를 구분한다.

　많은 유능한 사람들이 모든 것이 중요하다는 사고방식을 버리지 못해 다음 단계로 나아가지 못한다. 하지만 극소수의 핵심적인 기회들을 선별적으로 추구하는 에센셜리스트들은 다르다. 이와 같은 에센셜리스트들의 방식을 처음부터 완전하게 받아들이기는 어렵겠지만, 서서히 작은 범위부터 실행해나가면 우리도 일과 삶에서 성공 가능성을 크게 높여주는 기본적인 판단기준을 갖게 될 것이다. 물론 이렇게 되기 위해서는 사고방식의 혁신적인 변화가 필요한데, 이 책이 그러한 변화를 이루어내는 데 도움이 될 것이다.

Chapter 4

균형을 맞춰라
Trade-off

내가 받아들일 수 있는 문제는 무엇인가?

> 전략이란 선택과 포기에 관한 것이다.
> 차별화를 위해 세심하게 무언가를 고르는 것이 바로 전략이다.
> — 마이클 포터Michael Porter, 하버드대 교수

여러분이 1972년으로 시간여행을 하여 S&P 500 기업들 각각에 1달러씩 투자를 한다고 상상해보라. 30년 후인 2002년에 어떤 기업의 투자수익률이 가장 높게 나타날까? GE일까? IBM일까? 아니면 인텔일까? 네드 데이비드 리서치Ned David Research의 분석결과를 토대로 한 경제전문지 「머니Money」의 기사에 따르면, 투자수익률이 가장 높은 기업은 의외의 산업 분야에서 나타났다.[1]

1972년부터 2002년까지 주가가 가장 많이 상승한 기업은 사우

스웨스트 항공사Southwest Airlines였다. 항공산업이라고 하면 낮은 마진율로 악명이 높은 분야인데, 그런 산업 분야의 기업이 최고의 주가상승률을 기록했다니, 놀라울 따름이다. 하지만 허브 켈러허Herb Kelleher 회장이 이끄는 사우스웨스트 항공사는 끊임없이 시장의 기대치를 뛰어넘는 실적을 보여왔고, 그와 같은 성과의 바탕에는 켈러허 회장의 에센셜리스트로서의 경영방식이 있었다.

나는 켈러허 회장의 강연에 참석하여 그의 사업전략을 직접 들은 적이 있다.[2] 그의 강연은 여러 가지 면에서 매우 훌륭했는데, 특히 그가 회사의 경쟁력을 위해 무엇을 선택하고 포기했는지를 이야기했을 때에는 귀가 번쩍 띄기까지 했다. 사우스웨스트는 최대한 많은 노선에 취항하려는 다른 항공사들과는 달리 이익이 많이 나는 노선들에 선별적으로 취항했다. 또한 항공료 인상의 요인이 되는 기내식 서비스를 과감히 포기했다. 좌석은 예약자들에 대해 미리 지정을 해주는 방식이 아니라 승객들이 선착순으로 선택하도록 했고, 항공산업의 상식과는 다르게 값비싼 퍼스트클래스 좌석은 포기하고 모든 좌석을 보통석으로 판매했다. 이와 같은 선택과 포기는 아무렇게나 이루어진 게 아니라 매우 정교한 전략에 바탕을 둔 것이었다. 사우스웨스트의 모든 사업방식은 비용을 낮춘다는 커다란 그림 안에서 이루어졌다. 그렇다면 사우스웨스트는 비인기 항공을 이용하고자 하는 고객, 돈을 더 내더라도 기내식을 먹거나 더 편안한 좌석을 이용하기를 바라는 고객들은 포기한 것일까? 그렇다. 포기한 것이다. 하지만 허브 켈러허는 사우스웨스트의 성공을 위해 무엇을 선택하고 무엇을 포기해야 하는지를 제대로 알고 있었다.

Chapter 4 균형을 맞춰라

그리고 그것은 커다란 성과로 이어졌다.

켈러허는 이렇게 말했다. "모든 기회를 다 살펴봐야 합니다. 그리고 이렇게 말할 수 있어야 합니다. '미안합니다만…… 우리는 그것을 안 합니다. 우리는 우리가 이루고자 하는 궁극적 목표에 기여하지 않는 수많은 것들은 하지 않을 것입니다.'라고 말입니다." 그의 에센셜리스트로서의 사고방식이 분명하게 드러나는 발언이다.

처음에는 사우스웨스트의 생소한 사업방식을 비난하는 이들도 많았고, 대다수 사람들은 그와 같은 방식이 성공으로 이어지지 못할 거라고 생각했다. 비록 항공권 가격이 저렴하기는 하지만, 일부의 제한된 공항들만을 이용할 수 있고, 기내식도 먹을 수 없는 항공사를 이용하려는 사람들은 그리 많지 않을 거라는 게 대다수 사람들의 생각이었다. 하지만 출범 이후 얼마 지나지 않아 사우스웨스트는 놀라운 성과를 나타내 보였고, 다른 항공사들이 사우스웨스트의 사업방식을 흉내내기에 이르렀다. 하지만 켈러허의 에센셜리스트로서의 방식을 제대로 이해하는 항공사는 아직 없었고, 하버드 비즈니스 스쿨 마이클 포터Michael Porter 교수의 표현에 따르면 다른 항공사들은 우왕좌왕하고 있을 뿐이었다.

사우스웨스트의 성공을 지켜보면서도, 다른 항공사들은 자신들의 기존 방식을 버리지 못했다. 그나마 사우스웨스트의 방식을 가장 적극적으로 도입하려 했던 항공사는 컨티넨탈 항공사Continental Airlines였는데, 그렇게 해서 탄생한 게 바로 컨티넨탈 항공의 자회사인 컨티넨탈 라이트Continental Lite였다.

컨티넨탈 라이트는 몇몇 부분에서 사우스웨스트와 똑같은 방식으로 운영했다. 우선 항공권 가격을 크게 낮췄고, 기내식을 제공하지 않았으며, 퍼스트클래스 좌석도 없앴다. 게다가 사우스웨스트와 경쟁하는 노선에서는 항공편을 크게 늘리기까지 했다. 하지만 기존의 비즈니스 모델 자체가 바뀐 것은 아니었기 때문에(컨티넨탈 라이트의 사업 비중은 모회사의 극히 일부에 불과했다) 낮은 가격을 유지할 수 있는 효율성까지 갖추지는 못했다. 그 결과, 없애지 않고 남겨놓은 서비스의 질이 크게 낮아질 수밖에 없었다. 사우스웨스트는 전략적인 선택으로 핵심적인 부분에서 경쟁력을 유지하고 있던 반면에, 컨티넨탈은 단순히 낮은 항공권 가격을 유지하기 위해 많은 것들을 희생시킨 것에 불과했다. 이와 관련해서 포터 교수는 다음과 같이 지적했다. "선택과 포기가 신중하게 이루어지지 않는다면 전략적인 우위는 지속될 수 없다."[3] 서로 양립할 수 없는 두 가지 전략을 동시에 추구한 결과 컨티넨탈은 점점 더 경쟁력을 잃게 되었다.

잘못된 선택으로 컨티넨탈이 치러야 했던 대가는 엄청났다. 항공 스케줄이 어긋나면서 연착이 지나치게 빈번해진 것이다. 포터 교수에 따르면, 컨티넨탈에는 항공기 연착이나 취소 때문에 하루에도 1,000건에 달하는 컴플레인이 쏟아졌을 정도였다고 한다. 결국 컨티넨탈의 최고경영자는 해고되었다. 이 사례에서 얻을 수 있는 교훈은 분명하다. 선택과 포기라는 현실을 무시하는 것은 한 기업에 최악의 전략이 된다는 것 말이다. 그리고 이러한 현실을 무시하는 것은 한 개인에게도 최악의 전략이 된다.

혹시 여러분 주변에도 해야 할 일이 뻔히 있는데도 다른 일을 계속해서 받아들이는 사람들이 있지 않은가? 지금 당장 약속된 회의에 가야 하는데도 계속해서 이메일을 열어보고 답장을 쓰고 있는 사람, 이번 주 금요일까지 급박하게 마쳐야 하는 중요한 프로젝트가 있는데도 추가적인 보고서 작성을 받아들이는 사람, 토요일 저녁에 친구와 공연을 보러 가기로 약속하고 표까지 예매해놓고는 비슷한 시간에 시작되는 사촌의 생일파티에 참석하겠다고 이중으로 약속을 잡는 사람, 이런 사람들 말이다. 이와 같은 사람들이 바로 선택과 포기의 현실을 무시하는 사람들이다. 자신의 앞에 있는 일을 전부 다 할 수 있다고 잘못 생각하는 것이다. 이와 같은 사람들은 분명히 약속된 회의에 늦을 것이고, 금요일까지 마쳐야 하는 프로젝트나 보고서 가운데 하나를 마치지 못할 것이고(아니면 둘 다 엉터리로 하거나), 토요일의 생일파티나 공연 가운데 하나는 가지 못할 것이다. 어떤 하나를 행하기로 했다면, 그 나머지의 것들은 거부를 해야 한다. 이것이 우리에게 주어진 현실이다.

이러한 현실은 직업적인 삶과 개인적인 삶 모두에 예외가 되지 않는다. 그리고 이러한 현실을 계속해서 회피한다면 우리도 컨티넨탈과 같은 상황에 처하게 될 것이다. 뜻하지 않는 방식으로 생각지도 못한 부분에서 커다란 손실을 겪게 될 수도 있다는 것이다.

리먼 브라더스Lehman Brothers에서 최고재무책임자로 일을 했던 에린 켈런Erin Callan이 「뉴욕 타임스」에 기고했던 글을 보면 여기서 말하는 손실이 무엇을 의미하는지에 관해 생각해볼 수 있다. 다음은 그 기고문 가운데 일부를 발췌한 것이다.

"처음에는 내 모든 것을 일에 바칠 생각은 없었다. 하지만 시간이 흐를수록 그렇게 되어갔다. 직업 경력이 1년씩 쌓일수록 일과 삶의 경계가 조금씩 바뀌었고, 새로운 경계를 당연한 것으로 받아들였다. 처음에는 월요일 아침의 업무 부담을 덜어낸다는 목적으로 일요일에 30분 정도의 시간을 내어 이메일과 스케줄을 정리하는 정도였다. 그러다 어느 순간 일요일에도 몇 시간씩 일을 하기 시작했고, 결국은 일요일에도 하루 종일 일을 하기에 이르렀다. 경계는 완전히 허물어졌고, 나에게 남은 것은 일뿐이었다."[4]

에린 켈런의 이야기에서도 알 수 있듯이 스스로 결단을 내리고 선택하지 않으면 다른 이들이—동료, 직장 상사, 고객 등—우리의 스케줄을 결정해버릴 것이다.

내가 현장에서 직접 겪은 바에 따르면, 기업에서 경영자 위치에 있는 사람일수록 선택과 포기의 현실을 더 많이 회피하는 경향을 보였다. 최근에 나는 기업가치가 400억 달러에 달하는 한 실리콘밸리 기업을 대상으로 컨설팅을 한 바 있다. 당연히 그 과정에서 그 기업의 CEO와 시간을 보낼 일이 많았는데, 그 CEO는 자기 회사의 임직원들이 추구해야 할 가치를 새롭게 정리했다면서 그것을 나에게 보여주었다. 그는 자신이 정리한 것을 모든 임직원에게 공표할 거라고도 했다. 그런데 그가 정리해놓았다는 것을 본 순간 나는 잠깐 멈칫했다. 거기에는 이렇게 적혀 있었다. "우리는 열정, 혁신, 실행, 리더십을 추구한다."

이 문구의 문제점은 분명해 보였다. 사실 누가 열정, 혁신, 실행, 리더십 같은 것들을 중요하게 여기지 않겠는가? 하지만 여기에는 직원들이 무엇을 가장 중요하게 추구해야 하는지가 나타나 있지 않았다. 즉, 여러 가치들이 상충할 때 직원들이 어떤 판단을 내려야 하는지에 대한 지침이 없었다. 이와 비슷한 사례로 어떤 기업은 "모든 이해관계자—고객, 주주, 자사 임직원—를 소중하게 대한다."는 것을 기업의 가치관으로 제시하고 있는데, 이 경우에도 이해관계자들의 이익이 서로 상충할 때 판단의 기준으로 삼을 수 있는 게 없다.

이와는 달리 존슨 앤드 존슨Johnson & Johnson의 경우는 임직원들이 추구해야 할 최우선의 가치를 명확하게 정해놓았던 것이 타이레놀 독극물 사태라는 최악의 위기를 빠르게 수습할 수 있었던 원동력이 되기도 했다.[5] 1982년 당시에 존슨 앤드 존슨의 진통제 시장점유율은 37퍼센트나 되었고, 타이레놀은 회사에 가장 큰 이익을 가져다주는 품목이었다. 하지만 타이레놀을 복용한 사람들 가운데 일곱 명이 사망에 이르렀다는 뉴스가 온 미국을 발칵 뒤집어놓았다. 누군가가 제품의 포장을 뜯고 독극물을 주입했던 것이다. 존슨 앤드 존슨으로서는 어떻게 대응해야 하는 걸까?

문제는 단순하지 않았다. 만약 기업의 최우선 가치관이 고객들의 안전이라면 즉각적으로 모든 제품을 회수하여 고객들의 안전을 보장해야 했다. 반면에 기업의 최우선 가치관이 주주들의 이익이라면 가장 먼저 홍보팀을 가동하여 타이레놀 제품 자체에는 문제가 없다는 점부터 언론에 알려야 했다. 또한 기업의 최우선 가치관이 무엇이냐에 따라 피해자들을 위로하고 희생자 유족들에게 보상을 해주는 일을 가장 먼저 할 수도 있었다.

다행히도 존슨 앤드 존슨에는 분명하게 선택된 최우선의 가치관이 있었다. 1943년에 당시 회장이던 로버트 우드 존슨Robert Wood Johnson이 회사가 추구해야 하는 최우선의 가치는 고객에게 있다고 분명하게 제시해놓았던 것이다.[6] 다른 기업들과는 달리 존슨 앤드 존슨은 자신들이 어떤 이해관계자들의 이익을 우선적으로 추구해야 하는지 분명하게 순서를 정해놓고 있었는데, 고객들이 최우선이었고 주주들은 맨 나중이었다.

그러한 가치관에 따라 막대한 손실에도 불구하고 존슨 앤드 존슨은 즉시 미국의 모든 판매점에서 타이레놀을 회수하기로 결정했다(일부 보도에 따르면, 당시 회수 조치로 인해 회사가 입은 손실은 1억 달러에 달한다고도 했다). 고객들의 안전인가, 1억 달러의 돈인가? 결코 쉬운 결정은 아니었을 것이다. 하지만 존슨 앤드 존슨은 명확한 판단기준을 가지고 있었고, 그로 인해 빠르게 행동에 나설 수 있었다.

선택과 포기의 현실을 피하려고 시도할 수는 있어도 그로부터 도망칠 수는 없다.

우선순위의 문제로 고심하던 한 기업에게 컨설팅을 했던 적이 있다. 그들은 다음 회계연도에 IT 부서에서 완수해야 하는 다섯 개의 최우선 프로젝트들을 선정하려고 했는데, 경영진 가운데 한 명이 생각이 너무 많은 게 문제였다. 그녀는 무려 열여덟 개의 '최우선' 프로젝트들을 제시하고 있었다. 나는 그녀에게 최우선 프로젝트들을 다섯 개로 줄여야 한다고 제안했고, 내 제안을 받아들인 그녀는 2주 동안 고심한 끝에 겨우 한 개를 줄였다! (나는 당시에 떨어져나간 그 한 개의 프로젝트는 어디에 문제가 있어서 그렇게 되었을지 지금도 궁금하다.) 그녀는 열일곱 개의 프로젝트들 중에서 한 개도 포기할 수 없다고 주장했고, 정말로 열일곱 개의 프로젝트들을 전부 다 추진할 것을 IT 부서에 요구했다. 그로부터 1년 뒤에 그녀는 원하던 성과를 이끌어내지 못했다. 놀라울 것도 없었다. 그녀의 논리는 "우리는 전부 다 할 수 있다."였지만, 그것은 결코 그렇지가 않았다.

선택과 포기의 현실을 회피하는 이유는 단순하다. 두 가지 다 좋아하는 것들이기 때문이다. 여러분은 더 많은 소득을 원하는가, 아니면 더 많은 휴가를 원하는가? 여러분은 지금 작성하고 있는 이메일 답장을 마치기를 원하는가, 아니면 회의에 늦지 않기를 원하는가? 더 빠르게 마치는 것을 원하는가, 아니면 더 완성도 높게 마치는 것을 원하는가? 원하는 것 두 가지가 앞에 놓여 있는 경우 우리는 둘 다 갖기를 원한다. 하지만 갖고 싶다고 해서 전부를 가질 수 있는 것은 아니다.

비에센셜리스트들은 이러한 문제 앞에서 언제나 물어본다. "어떻게 해야 전부 다 할 수 있을까?" 하지만 에센셜리스트들은 현실을 받아들이고 이렇게 물어본다. "내가 받아들일 수 있는 문제는 무엇인가?" 에센셜리스트들은 선택과 포기의 현실을 회피하지 않고, 주위의 상황에 억지로 끌려가기에 앞서 스스로 선택을 한다. 이와 관련하여 경제학자 토머스 소웰Thomas Sowell은 다음과 같이 지적했다. "최고의 해결책이라는 것은 없다. 선택의 문제만 있을 뿐이다."[7]

오래전에 피터 드러커는 『좋은 기업을 넘어 위대한 기업으로Good to Great』의 저자 짐 콜린스Jim Collins에게 위대한 기업을 만들거나 위대한 지식을 만드는 것 둘 중 하나를 선택해야 하고, 둘 모두를 할 수는 없는 일이라고 말했다고 한다. 짐 콜린스는 지식을 만드는 것을 선택했다. 그리고 이러한 선택의 결과 짐 콜린스의 사무실에는 단 세 명의 직원들이 근무하고 있을 뿐이지만, 지금까지 그가 쓴 책을 구입해 읽은 독자들은 전 세계에 걸쳐 수천만 명에 이르고 있다.[8]

뭔가를 포기한다는 것은 고통스러운 일이 될 수도 있다. 하지만 그렇게 해야 성공 가능성을 크게 높일 수 있다. 여러 가지 선택의 대상들 가운데 가장 핵심적인 것을 선택하고 그것에 시간과 노력을 집중함으로써 우리가 원하는 결과를 이끌어낼 가능성을 크게 높일 수 있는 것이다. 다만 사우스웨스트 항공사가 그랬던 것처럼 우리가 내리는 선택은 전략적이고 일관성이 있어야 한다.

얼마 전에 나는 비행기를 타고 보스턴에 간 일이 있는데, 비행기 안에서 하버드 대학교에 다니는 아들을 보러 간다는 부부와 우연히 대화를 하게 되었다. 부부는 아들이 하버드 대학교에 다닌다는 사실을 매우 자랑스러워했고, 나는 그 대학교에 보낼 수 있었던 특별한 비결이 있었느냐고 물어보았다. 그들은 이렇게 말했다. "아들에게 많은 것들을 해보라고 했어요. 하지만 어떤 것을 할 때 그것을 통해 아들이 두각을 나타낼 수 없다는 판단이 들면, 그에 관해 아들과 대화를 나눈 후 곧바로 그만두도록 했습니다." 그 부부는 처음부터 아들을 하버드 대학교에 입학시키겠다는 목표를 세웠는데, 그러한 목표를 이루어내기 위해서는 끊임없이 전략적인 선택을 해야 한다는 점을 잘 이해하고 있었다. 물론 모든 부모가 자녀들을 하버드 대학교에 보내야 한다는 말을 하려는 것은 아니다. 하지만 그 부부의 에센셜리스트로서의 사고방식은 배울 필요가 있다.

일상적인 생활에서도 마찬가지다. 우리 부부의 지인들 가운데 정말로 멋진 가정을 꾸리고 있는 부부가 있다. 우리 부부도 그들을 닮고 싶어서 비결이 무엇이냐고 물어보았는데, 그때 들은 대답이 자기들 부부는 놀이의 상대를 외부에서 찾지 않는다는 것이었다. 남편은 술집이나 골프클럽 같은 곳에 가지 않고, 아내는 독서모임 같은 곳에 가지 않는 식이었다. 그렇다고 해서 그들이 사교활동에 흥미가 없는 사람들은 아니었다. 다만 그들은 여가시간은 반드시 자녀들과 함께 보내기로 선택했던 것이다. 결국 그렇게 성장한 자녀들은 그들 부부에게 가장 좋은 친구가 되어 있었다. 동년배의 친구들과 골프를 치거나 『안나 카레니나』를 읽으며 시간을 보내는 즐거움을 포기하는 것 이상의 충분한 가치가 있었던 것이다.

에센셜리스트들은 선택과 포기를 인생의 당연한 요소로 받아들이며, 그러한 결단을 내려야 한다는 사실에 대해 아무런 부정적인 생각을 갖지 않는다. "내가 무엇을 포기해야만 하는 거지?"라고 묻는 것은 에센셜리스트들의 방식이 아니다. 그 대신에 에센셜리스트들은 "내가 바라는 큰 성취를 이루어내기 위해서는 무엇을 해야 하지?"라고 묻는다. 생각하는 방식부터 바꾸기 시작하면 그것은 나중에 커다란 변화로 이어질 수 있다.

작가인 데이비드 세더리스David Sedaris가 더 「뉴요커」에 기고했던 글이 생각난다. 그가 호주로 탐험여행을 떠났던 때의 일인데, 그 여

비에센셜리스트	에센셜리스트
'전부 다 할 수 있어'라고 생각한다.	'무엇을 선택하고 무엇을 포기해야 하는 걸까?'라고 묻는다.
'어떻게 해야 그것을 모두 할 수 있을까?' 라고 묻는다.	'큰 성취를 이루어내기 위해서는 무엇을 해야 하지?'라고 묻는다.

행에서 가이드 역할을 했던 친구가 자신이 다니고 있던 경영대학원에서 들었던 거라며 재미난 이야기를 하나 해주었다고 한다.[9] "불이 붙여져 있는 4구 버너를 떠올려봐." 그 친구는 이렇게 이야기를 시작했다. "하나의 불은 우리 가족이고, 또 하나의 불은 우리 친구야. 다른 하나의 불은 우리 건강이고, 마지막 불은 우리 일이지. 인생에서 성공하기 위해서는 이 네 개의 불 가운데 하나를 잠가야 한다는 거야. 그리고 정말로 커다란 성공을 위해서는 네 개의 불 가운데 둘을 잠가야 한대."

물론 이 이야기는 지나가는 우스갯소리일 뿐이다. 그리고 이 책에서 나는 우리의 가족과 건강과 일 가운데 어느 것을 포기하라는 말을 하는 것도 아니다. 다만 우리가 내려야 하는 선택 때문에 가족, 친구, 건강, 일 가운데 어느 것을 우선순위로 두고 어느 것을 제쳐두어야 한다면, 스스로에게 다음과 같이 물어볼 수 있어야 한다. "내가 받아들일 수 있는 문제는 무엇인가?"

선택과 포기의 현실은 부정적으로 볼 일도 아니고, 무시해서도 안 된다. 이것은 우리가 받아들여야 하는 것이고, 전략적으로 모든 것을 고려하여 접근해야 하는 중요한 것이다.

Chapter 4 균형을 맞춰라

2부
평가하기

어떻게 해야
본질적인 소수를 구분해낼 수 있을까?

살펴보고 평가하라

무의미한 다수와 본질적인 소수를 구분하라

역설적이게도 소수의 본질적인 것만을 추구하는 에센셜리스트는 비에센셜리스트보다 더 많은 선택지를 살펴보고 평가한다. 사실 비에센셜리스트는 자기 앞에 주어지는 모든 것에 반응하고 모든 것을 맡아서 하려고 한다. 너무나 바빠서 정작 주어지는 기회들을 제대로 살펴보지도 않은 채 말이다. 반면에 에센셜리스트는 어떤 일을 맡기에 앞서 자기가 맡을 수 있는지 충분히 점검한다. 이들은 본질적인 것들에 시간과 노력을 집중하기 때문에, 시간과 노력을 투입할 대상을 선택할 때 신중하고 전략적이다.

2부에서는 본질적인 것들을 판단해내는 데 필요한 다섯 가지의 요소들에 대해 논하려고 한다. 비에센셜리스트는 너무나 바빠서 자기 앞에 주어지는 여러 선택지를 살펴보고 평가하는 과정을 건너뛰려 하지만, 에센셜리스트에게 이 과정은 필수다. 진정 본질적인 소수의 기회들을 찾아내기 위해서는 생각할 수 있는 공간을 마련하고, 시간을 내어 보거나 듣고, 재미나게 놀고, 충분한 휴식을 취하고, 판단의 기준이 되는 확고한 원칙을 수립하는 등의 준비가 필요하다.

비에센셜리스트는 이와 같은 것들—공간 마련, 보고 듣기, 놀이, 잠, 선별의 원칙 등—을 무의미한 것으로 본다. 잘 봐주어도 '그냥 좋은 것' 정도로 볼 뿐이다. 오히려 나약함의 방증이나 시간낭비로 치부할 때도 많다. 지금까지 우리는 자신의 일에 열정을 가지고 있거나, 매우 성실하다는 평가를 받는 사람들이 이렇게 말하는 것을 많이 봐왔다. "물론 휴가를 내어 생각할 시간을 갖는 것, 저도 좋아합니다. 하지만 지금 당장은 그런 건 사치입니다." "놀이요? 그럴 시간이 어디 있습니까? 당연히 일을 해야지요!" 예전에 내가 취업을 했던 어떤 기업의 임원은 나에게 이렇게 말하기도 했다. "어제 잘 잤기를 바랍니다. 이제부터는 그렇게 할 여유가 없을 테니까요."

매일 야근을 하고, 매일 바쁘게 일하는 것이 생산성의 증거라고 믿는 사람들은 따로 시간을 내어 자기에게 주어지는 기회들을 살펴보고 평가하는 과정을 최소한으로 하려 할 것이다. 하지만 이러한 과정이야말로 비본질적인 일들에 파묻혀 무의미하면서도 힘겨운 시간을 보내는 것을 막아줄 예방약이다. 자기에게 주어지는 기회들을 살피고 평가하는 과정은 쓸데없는 여흥이 아니라, 에센셜리스트가 되어 성공의 가능성을 높이는 필수적인 절차다.

에센셜리스트는 자기에게 주어지는 기회들을 살펴보고, 그에 대해 듣고, 토론하고, 질문하고, 고찰하는 데 최대한의 시간을 쓴다. 물론 이렇게 하는 과정 그 자체가 목표는 아니다. 우리의 진짜 목표는 무의미한 다수로부터 가장 중요한 소수를 가려내는 것이다.

Chapter 5

생각의 공간을 마련하라
Escape

여유로움이 가져다주는 놀라운 선물

> 멋진 고독이 없다면 의미 있는 작품도 없다.
> —— 파블로 피카소 Pablo Picasso, 화가

프랭크 오브라이언 Frank O'Brien 은 마케팅서비스 회사인 컨버세이션스 Conversations 의 창업자로, 그의 회사는 Inc.500/5000(「Inc. 매거진」에서 매년 발표)에 의해 '미국에서 가장 빠르게 성장하고 있는 사기업' 가운데 하나로 선정된 바 있다. 요즘의 기업환경에서는 그야말로 미친 듯한 속도로 일하는 것이 일반적인 모습이지만, 그의 회사는 상당히 다른 방식을 가지고 있다.

한 달에 한 번씩, 그의 회사에서 일하는 전체 임직원 50명가량은 회의실 한 곳을 잡고 하루 종일 그곳에만 머문다. 전화기와 이메일

은 금지이고, 그날 해야 하는 특정한 업무도 없다. 그곳에서 그들은 자유로이 생각하거나 서로 대화하면서 하루를 보낸다. 혹시 직원들이 일하기 싫어하고 생산성이 떨어지는 어느 금요일을 잡아 이와 같은 시간을 보낼 거라고 생각하는가? 그렇지 않다. 그 회사는 매월 첫 번째 월요일을 잡아 이와 같은 시간을 보낸다. 그 회사에서 매월 첫 번째 월요일은 '두 낫 콜 먼데이Do-Not-Call-Monday'라고 불리는데, 그의 고객들도 매월 첫 번째 월요일에는 아무런 업무가 이루어지지 않는다는 것을 잘 알고 있다.[1]

그가 '두 낫 콜 먼데이'를 시작하게 된 이유는 직원들이 계속해서 바쁘게 실무만을 행하다 보면 업무에서 무엇이 정말로 중요한지를 생각해볼 수 없을 거라는 판단이 들었기 때문이다. 즉, 직원들에게 무엇이 정말로 중요한지를 생각해볼 수 있는 시간적 여유를 주고 싶었다는 것이다. 그는 다음과 같이 언급했다. "한번 숨을 가다듬고, 주위를 돌아보고, 생각할 수 있는 시간을 만들어주는 것은 매우 중요합니다. 혁신을 이루어내고 성장하기 위해서는 그런 과정이 필요합니다." 뿐만 아니라 '두 낫 콜 먼데이'의 부수적인 효과에 대해서도 다음과 같이 언급했다. "만약 몇몇 직원들이 너무 바빠서 그 회의실에 들어오지 못하는 일이 벌어진다면, 그것은 우리가 너무 비효율적으로 일을 하고 있거나, 아니면 직원들을 더 고용해야 한다는 것을 의미합니다." 그는 직원들이 생각할 겨를도 없이 바쁘면 오히려 기업의 성장이 저해된다고 판단했다.

의미 없는 다수로부터 정말로 중요한 소수의 것들을 가려내기 위해서는 생각할 수 있는 공간이 필요하다. 하지만 항상 시간부족에 시달리는 요즘 시대에 생각의 공간은 저절로 얻어지지 않는다. 관심을 갖고 공간을 만들어내야 한다. 내가 컨설팅을 했던 어떤 기업의 임원은 지금의 회사에 애초의 계획보다 5년이나 더 오래 머물렀다고 했다. 왜 그런 일이 일어났을까? 따로 생각할 시간을 내지 않고 일에 파묻혀 살다보니 시간이 그렇게 지나 있더라는 것이다. 그 임원은 자신의 업무로부터 한발 물러나 자신의 계획을 돌아볼 시간을 갖지 못했고, 결국 인생의 목표에서 어긋나게 되었다.

마찬가지로 내가 컨설팅을 했던 한 세계적인 대기업의 부사장은 자신이 회의에 사용하는 시간만 매주 35시간은 된다고 말했다. 그는 너무 바빠서 자신이 책임지고 있는 조직을 한 단계 더 발전시키기 위한 방법을 찾는 일에도 시간을 제대로 못 내고 있는 마당에, 개인의 커리어 전략을 구상할 수 있는 여유는 한 달에 한 시간도 내지 못한다고 말을 했다. 그는 끊임없이 이어지는 프레젠테이션과, 아무런 결정사항도 없이 대부분 끝나는 회의에 자기 시간을 소진하고 있었고, 그 결과 자신을 둘러싼 환경이 어떻게 변화하고 있고 그러한 변화 속에서 어떤 판단을 내려야 하는지를 생각할 수 있는 여유를 가질 수가 없었다.

본질적인 것과 그렇지 않은 것을 구분해내기 위해서는 먼저 우리 앞에 놓인 선택의 대상들을 살펴볼 필요가 있다. 비에센셜리스트들은 방금 들은 아이디어에 곧바로 반응하고, 방금 주어진 기회에 곧바로 달려들고, 방금 도착한 이메일에 곧바로 답신을 보내려고 하지만, 에센셜리스트들은 행동하기에 앞서 생각의 공간부터 마련하려고 한다.

Chapter 5 생각의 공간을 마련하라

비에센셜리스트	에센셜리스트
너무 바빠 자신의 삶에 대해 생각할 겨를이 없다.	생각의 공간을 만들어내고, 자신의 삶을 살펴본다.

디자인을 위한 공간

스탠퍼드 대학 디자인스쿨로부터(정식 이름은 Hasso Plattner Institute of Design at Stanford이다) 강의 하나를 만들어달라는 요청을 받아 그곳에 갔을 때, 나는 생각의 공간을 만드는 것이 얼마나 가치 있는 일인지 다시 한 번 확인할 수 있었다. 처음 그곳의 한 강의실에 들어갔을 때 내 눈길을 잡아끈 것은 일반적으로 우리가 알고 있는 형태의 의자가 없었다는 점이다. 대신 그 강의실에는 걸터앉을 수 있는 합성수지 재질의 육면체들이 놓여 있었는데 편하게 앉을 수 있는 디자인은 아니었다. 그 육면체는 스탠퍼드 디자인스쿨에서 직접 디자인한 의자로, 학생들이 오래 앉아 있지 못하도록 일부러 불편하게 디자인했다고 한다. 수업 시간 내내 의자에 앉아 바로 오른쪽이나 왼쪽의 학생들하고만 대화를 하는 게 아니라, 일어서서 강의실을 돌아다니며 가급적 많은 동료 학생들과 대화를 하라는 뜻에서 그렇게 디자인했다는 것이다. 스탠퍼드 디자인스쿨은 학생들이 더 많이 생각하고 서로 의견을 교환할 수 있도록 물리적인 공간을 새롭게 만들어낸 셈이었다.

그런가 하면 스탠퍼드 디자인스쿨에는 '암흑의 공간Booth Noir'도 있다. 이곳은 한 명에서 세 명까지 들어갈 수 있는 좁은 공간으로, 창문도 없고, 외부로부터의 소음도 완전히 차단되어 있다. 방해받지 않고 뭔가를 생각할 수 있는 공간인 것이다. 스콧 두얼리Scott Doorley와 스콧 위트호프트Scott Witthoft는 자신들의 저서인 『공간 만들기Make Space』에서 '암흑의 공간'에 대해 이렇게 설명하고 있다. "그것은 로테크low-tech가 아니라 노테크no-tech의 공간이다." 그 공간은 눈에 띄지 않도록 한쪽 구석에 있고, 두얼리와 위트호프트의 표현에 따르면 어디로도 이어져 있는 공간이 아니다.[2] '암흑의 공간'에 들어가는 이유는 단 하나다. 바로 생각하고 집중하기 위해서이다. 학생들은 외부로부터 차단된 그곳에 들어가 자신들의 주변을 좀 더 분명하게 보게 된다.

그런데 사람들은 집중한다는 것에 대해 너무 간단하게 생각하는 경우가 많다. 집중한다는 것을 특정한 무엇에 초점을 맞추는 것으로 단순하게 생각하는 것이다. 물론 특정한 어떤 것이 집중의 대상이 되기도 한다. 하지만 집중이라는 것은 행위 그 자체에 더 큰 의미를 둘 필요가 있다.

무언가에 온전히 집중하려면 현재로부터 벗어날 필요가 있다.

나는 집중이라는 것을 말할 때 특정한 무엇에 대해 배타적인 관심을 갖는 것이라고 생각지 않는다. 내가 말하는 집중이란 오히려 수백 가지의 질문들을 제기하고 수많은 가능성에 대해 고찰하는 것을 의미한다. 에센셜리스트에게 집중이란 단순히 특정한 무언가에 관심을 갖는 게 아니라, 무언가의 가능성에 대해 계속해서 고찰하는 것을 말한다.

얼마 전에도 스탠퍼드 디자인스쿨에 가서 제레미 어틀리Jeremy Utley를 만나 의견을 나누기도 했다. (이번에 찾은 곳은 다른 강의실이었는데, 그곳에는 아예 의자와 책상이 없었다. 대신 바닥부터 천장까지 온통 흰색 판이 덧대어져 있었고, 흰색 판에는 온갖 색상의 포스트잇이 붙어 있었다.) 그와 나는 함께 스탠퍼드 디자인스쿨에서 진행할 새로운 유형의 강의를 구상하고 있다. 그는 우리가 구상하고 있는 강의의 명칭을 '인생 디자인, 본질적으로Designing Life, Essentially'라고 하자는 제안을 하기도 했다.

우리의 강의는 학생들에게 자신들의 인생을 설계할 수 있는 공간을 만들어준다는 단 하나의 목적을 가지고 있다. 매주 수업시간을 이용해 학생들이 자신들의 인생에 대해 생각해볼 수 있도록 하는 것이다. 수업시간에 학생들은 노트북과 스마트폰을 사용할 수 없고, 오직 자신들의 생각에만 집중해야 한다. 그리고 저마다의 인생에서 수많은 좋은 것들 가운데 정말로 본질적인 소수의 것만을 가려내는 연습을 할 것이다. 물론 이와 같은 연습을 하기 위해 일부러 스탠퍼드 대학교의 강의를 신청할 필요는 없다. 누구라도 저마다의 생활에서 그렇게 하는 법을 배울 수 있기 때문이다.

집중을 위한 공간

내가 알고 있는 한 기업의 임원은 유능하고 열정적이지만, 상당히 산만하다. 시간만 나면 트위터, 지메일, 페이스북 같은 것들을 하고, 여러 개의 모바일 기기들을 이용하여 동시에 다수의 화상통화를 하는 것도 즐긴다. 그 자신도 이와 같은 습관이 문제라고 여겼는지, 한 번은 비서에게 자신의 사무실에 있는 모든 인터넷선을 뽑으라는 지시를 내린 적도 있다. 하지만 그는 무선 인터넷을 이용하여 여전히 산만한 시간을 보내고 있었다. 그러다 시한을 넘기면 안 되는 매우 중요한 프로젝트 하나를 맡게 되자, 결국 그는 다소 절박한 방법을 찾아냈다. 휴대전화를 집에 두고 인터넷이 안 되는 모텔에 묵으면서 일을 하기 시작한 것이다. 그렇게 8주 동안 자발적인 감금상태에서 일을 한 그는 프로젝트를 기한 내에 마칠 수 있었다.

일을 하기 위해 인터넷을 끊고 스스로를 모텔에 가두다니, 조금 안쓰러운 마음도 든다. 방법이 과격하기는 했지만 그의 의도가 무엇이었는지는 충분히 이해할 수 있다. 중요한 프로젝트에 최대한으로 집중하기 위해 무엇에 의해서도 방해받지 않을 자기만의 공간을 찾아냈던 것이다.

아이작 뉴턴의 경우를 생각해보라. 만유인력의 법칙과 세 개의 운동법칙을 담고 있는 명저『자연철학의 수학적 원리』는 그가 2년 동안 혼자서 연구하고 고민하며 쓴 책이다. 이 책은 그야말로 과학의 획기적인 발전을 이끌어낸 책이며, 현대 과학의 토대라고도 할 수 있다.

리처드 웨스트폴Richard Westfall은 뉴턴이 이루어낸 성과와 관련하여 다음과 같이 쓴 바 있다. "크게 유명해진 뒤에 사람들이 만유인력의 법칙을 어떻게 발견할 수 있었느냐고 물어보자 뉴턴은 이렇게 대답했다. '계속해서 그것에 대해 생각을 해보았습니다.' 정말로 그는 계속해서 생각을 했다. 그것도 혼자서, 거의 혼자서 생각을 했다."[3] 다시 말해 뉴턴은 외부의 방해를 받지 않고 자신의 연구에 집중했던 것이고, 그렇게 함으로써 우주에서 가장 핵심적인 법칙들을 찾아낼 수 있었다.

뉴턴의 이야기를 들은 나는 이 책을 쓸 때 그와 비슷한 방법을 이용하기로 결심했다. 월요일부터 금요일까지, 새벽 5시부터 오후 1시까지 하루 여덟 시간 동안, 누구의 방해도 받지 않는 나만의 시간적 공간을 만들어내는 방식으로 말이다. 이 시간 동안에는 이메일이나 전화를 받지 않고, 약속도 잡지 않고, 누구도 만나지 않는다는 나만의 규칙도 만들었다. 이 규칙을 항상 지킬 수 있었던 것은 아니지만, 그래도 반드시 지키기 위해 노력했다. 이렇게 하자 나에게는 엄청난 자유가 생겨났다. 탐구하고, 생각하고, 글을 쓸 수 있는 여유가 크게 늘어났던 것이다. 그 결과 나는 계획했던 것보다 더 빠르게 책을 마칠 수 있었고, 책을 쓰는 동안에도 상당히 많은 개인시간을 누릴 수 있었다.

여러분의 경우는 어떤가? 바쁜 중에도 개인적인 시간을 내어 어떤 생각에 빠져든 적이 있는가? 출근하는 전철 안에서 하루 일과를 떠올리거나, 회의 중간의 휴식시간에 현재 추진 중인 어떤 프로젝트에 대해 생각하는 것 같은 일을 말하는 게 아니다. 여러분만의 공간에서 그 어떤 방해도 받지 않고, 오직 뭔가에 대한 생각만을 하는 시간을 말하는 것이다.

물론 온갖 할 것들로 가득한 오늘날의 세상에서 오직 생각만을 한다는 것은 무척이나 어려운 일이다. 나와 알고 지내는 트위터의 한 임원은 내게 이런 말을 하기도 했다. "따분하다는 게 뭔지 기억해낼 수 있어? 더 이상 그런 것은 없다고." 맞는 말이다. 몇 년 전만 하더라도 연착된 비행기를 기다리거나, 종합병원에 가서 진료차례를 기다릴 때, 그냥 자리에 앉아 멍하게 있는 경우가 많았다. 하지만 지금은 공항이든 병원이든, 어디를 가더라도 사람들은 뭔가를 기다릴 때 스마트 기기를 꺼낸다. 물론 따분한 것을 좋아하는 사람은 없다. 그러나 이와 같은 유행으로 인해 우리는 생각하는 시간을 점점 더 잃어가고 있다.

세상이 더 빨라지고 바빠질수록, 스케줄표에 업무를 집어넣기에 앞서 생각하는 시간을 더 많이 가져야 한다. 그리고 세상이 더 시끄러워질수록 무엇에 의해서도 방해받지 않고 집중할 수 있는 자기만의 조용한 공간이 갖는 가치는 더욱 커진다.

아무리 바쁘다 하더라도 생각하는 데 쓸 수 있는 시간은 만들어낼 수 있다. 이것은 여러분 자신에게 달려 있는 일이다. 커뮤니티 서비스 기업인 링크드인LinkedIn의 최고경영자 제프 웨이너Jeff Weiner는 스케줄을 짤 때 하루 두 시간씩 비워놓는다. 처음에는 회의와 회의 사이에 30분씩 시간을 내어 회의의 내용이나 진행되는 다른 업무들에 대해 생각하는 것 정도였다고 한다.[4] 그리고 그렇게 할 때만 하더라도 그와 같이 비워놓는 시간이 낭비처럼 여겨졌다고 한다. 하지만 생각을 하는 것이 결국은 성과를 크게 높이는 최고의 방법

Chapter 5 생각의 공간을 마련하라

이라는 것을 알게 되었고, 더 나아가 생각하는 시간을 가짐으로써 자신의 인생을 주도적으로 이끌어갈 수 있게 되었다고 한다.

그는 나에게 이렇게 말했다. "새벽 5시부터 밤 9시까지 하루 종일 회의만 했던 날이 생각납니다. 회의 스케줄은 내가 짠 것도 아니었고, 그냥 남들이 참석해 달라는 회의에 전부 참석하다 보니 그렇게 되었죠. 그러던 어느 날, 내가 스케줄을 이끌어가고 있는 게 아니라 스케줄이 나를 끌고다니고 있다는 생각이 들었습니다. 좌절감마저 들었죠. 하지만 그 좌절감이 내가 살아가는 방식을 완전히 바꾸었습니다. 이제는 오히려 그런 경험에 대해 고마운 마음이 들 정도죠."

하루 두 시간의 여유를 이용하여 그는 다음과 같은 질문들을 떠올리고 그에 대한 답을 찾았다고 한다. 3년에서 5년 후에 내 회사는 어떤 모습일까? 기존의 인기 있는 서비스를 개선하고, 고객들이 좋아할 새로운 서비스를 찾아낼 가장 좋은 방법은 무엇일까? 경쟁우위는 더욱 높이고 경쟁격차는 줄일 수 있는 방법이 없을까? 게다가 두 시간의 여유는 그 자신에게 정서적인 충전의 기회가 되어주었는데, 그전까지의 그가 문제해결에 급급한 리더였다면, 지금은 사람들을 이끌어나가는 리더로 한 단계 성장했다는 평가를 받고 있다.

제프 웨이너에게 이와 같은 변화는 단순한 습관의 변화가 아니라 더 넓은 의미에서 철학의 변화였다. 무작정 더 많은 일을 하려는 방식이 그 자신과 회사에 어떤 결과를 만들어낼 수 있는지를 분명하게 알게 된 그는 그날의 좌절을 계기로 새로운 삶의 철학까지 갖게 되었다고 한다.

평가하기

독서를 위한 공간

생각을 위한 여유 시간을 갖는 것이 얼마나 가치 있는 일인지는 빌 게이츠Bill Gates의 사례를 통해서도 알 수 있다. 그가 사업과 봉사활동으로 바쁜 중에도 휴가를 내어 독서를 하며 생각하는 시간을 갖는다는 것은 널리 알려진 일이다. 일전에 나는 게이츠 부부의 재단에서 열린 한 간담회에 참석하여 빌 게이츠와 직접 만난 일이 있다. 그런데 그 간담회는 '생각의 한 주Think Week'로 불리는 그의 독서휴가 직후에 열렸다. 빌 게이츠가 독서휴가를 챙긴다는 이야기는 뉴스 보도를 통해서도 알고 있었지만, 마이크로소프트가 아직 규모가 작고 최고경영자가 할 일이 매우 많던 1980년대부터 독서휴가를 갖기 시작했다는 이야기는 그 자리에서 처음 듣게 되었다.[5]

그러니까 회사 역사상 가장 바쁘고 정신없던 시절에도 1년에 두 번씩은 시간을 내어 일주일 동안 휴가를 떠나 오직 책이나 논문, 언론기사를 읽고, 자신의 주변에 관해 생각하는 여유를 가졌던 것이다. 그리고 지금도 여전히 재단의 일로 바쁜 중에도 책을 읽고 생각을 하는 휴가시간을 갖고 있다.

독서나 생각을 위해 일주일을 온전히 내는 것이 불가능한 경우에는 그 규모를 크게 줄이는 방법도 있다. 내 경우에는 아침에 일어나자마자 20분 동안 인문서적을 읽는데(블로그의 글, 신문기사, 최신 소설 같은 게 아니라, 아주 오래된 인문서적이라야 의미가 있다), 이것이 생각하는 데 큰 도움이 된다. 그전의 나는 아침에 일어나자마자 이메일부터 확인했지만, 인문서적을 읽는 것으로 아침을 시작한 이후에는 그것이 내 생활의 중심을 잡아주면서 더 넓은 시야를 갖고 본질적인 것이 무엇인지를 더 정확하게 판단할 수 있게 되었다.

내가 즐겨 읽는 책들은 정신적인 분야의 것들이지만, 어떤 책을 읽는지는 개인의 취향에 따라 선택하는 게 좋다. 다만 독자 여러분에게 참고가 될까 싶어 내가 아침시간에 즐겨 읽는 책들을 뒤에 따로 소개해두었다.[6]

이 세상에는 좋은 책들이 무수히 많지만, 내가 추천하고 싶은 책들은 고전이면서도 시대를 넘어 지금 시대에 많은 가르침을 주는 책들이다. 이런 책들이야말로 정말로 중요한 것들이 무엇인지에 대한 많은 단서를 우리에게 제시해줄 수 있기 때문이다.

하루에 두 시간을 낼 수도 있고, 1년에 2주를 낼 수도 있고, 매일 아침 5분을 낼 수도 있다. 얼마의 시간을 내든, 중요한 것은 바쁜 생활 속에서도 온전한 자기만의 여유를 만들어내는 것이다.

평가하기

Chapter 6

제대로 살펴보라
Look

무엇이 정말로 중요한지를 찾아보라

> 정보 속에서 우리가 잃은 지식은 어디에 있는가?
> —— 토머스 엘리엇 Thomas Eliot, 시인·극작가

　　　　　　　　아카데미상 수상후보로 올랐던 〈실크 우드〉, 〈시애틀의 잠 못 이루는 밤〉, 〈해리가 샐리를 만났을 때〉 등의 영화 시나리오를 쓴 노라 에프론 Nora Ephron은 최고의 작가들 가운데 하나로 평가받는다.[1] 그리고 이런 성공 뒤에는 이야기의 핵심을 잡아내는 그녀의 능력이 있다. 아마 신문기자로 오랫동안 일하면서 단련된 능력이 아닐까 생각된다. 그런데 그녀가 그러한 능력에 맨 처음 눈을 뜨게 된 것은 고등학교 시절로 거슬러 올라간다.
　　노라 에프론이 다니던 학교에는 언론학 기초를 가르치던 찰리

심스Charlie Simms라는 교사가 있었다. 노라 에프론이 언론학 수업에 참석했던 첫날, 찰리 심스는 여느 언론학 교사들이 그러는 것처럼 언론기사란 어떠해야 하는지를 설명하면서, 언론기사의 첫머리에는 '누가, 언제, 무엇을, 왜' 등의 요소들이 반드시 들어 있어야 한다고 강조했다. 바로 핵심적인 정보 말이다. 그렇게 수업을 진행해나가면서 그는 학생들에게 자기가 어떤 이야기를 들려줄 테니, 그 이야기를 토대로 작성될 언론기사의 첫머리를 각자 써보라는 주문을 했다.

심스는 다음과 같은 이야기를 들려주었다. "우리 학교의 교장선생님 케네스 피터스는 모든 교직원에게 다음 주 목요일 세크라멘토에서 있을 교수법 세미나에 참석하라고 말했다. 세미나 강사들로는 인류학자 마거릿 메드, 대학총장 로버트 메이너드 허친스 박사, 캘리포니아 주지사 에드먼드 브라운 등이 참여할 예정이다."

학생들은 심스가 말하는 속도를 따라가기 위해 정신없이 타자기를 쳐댔다. 그리고 모든 학생이 저마다 작성한 기사 첫머리를 제출했다. 학생들은 '누가, 언제, 무엇을, 왜' 등의 요소들을 넣으려고 애를 썼다. "마거릿 메드, 메이너드 허친스, 브라운 주지사 등이 강연을 할……" "다음 주 목요일, 우리 학교 선생님들은……" 심스는 학생들이 제출한 것들을 훑어본 다음, 그것들을 옆으로 밀쳐놓았다.

그러고선 학생들 모두 잘못된 기사 첫머리를 작성했다고 말했다. 그는 이번 이야기를 토대로 작성될 기사의 첫머리는 "다음 목요일에는 학교 수업이 없을 예정입니다."라고 쓰여졌어야 한다고 지적했다.

평가하기

당시의 일에 대해 에프론은 이렇게 말했다. "바로 그 순간, 나는 언론기사란 사실을 그대로 전달하는 것만이 아니라, 중요한 점을 해석하여 전달할 수도 있어야 한다는 인식을 갖게 되었습니다. 누가, 무엇을, 언제, 어디서 같은 것들을 아는 것만으로는 부족하고, 어떤 상황이 무엇을 의미하는지를 이해할 수 있어야 하는 것입니다. 그리고 그것이 왜 중요한지도 이해할 수 있어야 하고요." 에프론은 다음과 같은 말을 덧붙이기도 했다. "그는 언론기사 작성만이 아니라, 제 삶에서도 매우 중요한 가르침을 준 셈입니다."

어떤 상황에는 중요한 무언가가 숨겨져 있다. 그리고 유능한 언론인이라면 여러 단편적인 정보들을 살펴보고 그것들 사이의 관계를 파악하여 중요한 무언가를 찾아낼 줄을 안다(내 대학교 학부전공이 언론학이라서 나는 특히 이 점을 중요하게 생각하고 있다). 제시된 정보들 사이의 관계를 분명하게 알아내고, 부분적인 정보들로부터 전체적인 그림을 그려내고, 그것이 누군가에게 어떤 의미를 갖는지를 이해하는 것은 언론인이 갖추어야 할 중요한 능력이다. 최고의 언론인은 정보를 단순하게 전달하는 역할에서 그치지 않고 더 나아가 사람들에게 정말로 중요한 무언가를 찾아내어 제시한다.

여러분은 혹시 자신감을 잃고 어디에 초점을 맞추어야 하는지를 몰라 허둥거린 적이 있는가? 넘쳐나는 정보 속에서 어떤 것이 의미가 있는지를 판단하는 데 어려움을 겪은 적이 있는가? 여러 요청들이 동시에 쏟아지는데, 무엇이 중요하고 무엇이 중요하지 않은지를 구분하지 못하고 현기증만 느낀 적이 있는가? 업무와 개인적인 삶에서 중요한 것들을 놓치고, 자신의 실수를 너무 늦게 알아버린 적이 있는가? 만약에 그렇다면 이어지는 다음의 내용들은 여러분에게 특히 더 중요한 의미를 가질 것이다.

큰 그림을 보라

1972년 12월 29일, 이스턴 항공사Eastern Air Lines의 401항공편이 착륙을 시도하던 중 사고가 일어나 100명이 넘는 승객들이 사망하는 일이 벌어졌다.[2] 이 사고는 미국에서 발생한 최초의 대형민항기 사고이자, 지금까지도 최악의 항공기 사고 가운데 하나로 기억되고 있다. 그런데 사고 원인을 조사한 결과, 매우 충격적인 사실이 밝혀졌다. 과연 무엇이 문제였던 것일까?

401항공편이 목적지인 마이애미에 다다르면서 조종사들은 착륙을 위해 랜딩기어를 내렸으나, 랜딩기어가 제대로 작동했다는 것을 표시하는 전등에는 불이 들어오지 않았다. 하지만 실제로 랜딩기어는 제대로 작동했고, 고장 난 것은 전등이었다. 이러한 사실을 모르고 있던 조종사들은 자동운항으로 전환하고 랜딩기어의 문제를 해결하는 일에만 관심을 집중했다. 그러는 사이 401편은 서서히 고도가 떨어졌고, 고도가 너무 낮다는 경보음이 울렸음에도 조종사들은 랜딩기어의 문제에만 신경을 썼다. 결국 401편은 갑작스럽게 땅과 충돌하게 되었다. 조종사들은 랜딩기어에 문제가 있었다고 생각했지만, 결과적으로 사고가 일어난 원인은 조종사들이 전체적인 상황에 대한 시야를 잃고—항공기의 고도가 너무 낮아졌다는 사실에 신경을 쓰지 않고—지나치게 지엽적인 문제에만 관심을 집중했기 때문이다.

여러분의 경우도 자신의 인생에서 지엽적인 문제에만 관심을 집중하지 말고, 전체적인 상황을 볼 수 있어야 한다. 일에서든, 개인적인 삶에서든, 여러분 자신이 스스로 인생의 유능한 언론기자가 되어야 하는 것이다. 여러분과 관련된 상황에서 기사 첫머리를 정확하게 정리할 수 있다면 자신이 놓치고 있는 중요한 것들이 무엇인지를 알아보게 될 것이다. 하루하루를 단순한 점들의 집합으로 보지 말고, 그 궤적이 의미하는 바를 찾으려고 하라. 또한 주어지는 상황에 수동적으로 대응하기보다는, 큰 그림을 보고 정말로 중요한 것들이 무엇인지를 찾아 그러한 것들에 시간과 역량을 집중하라.

무의미한 것들은 걸러내자

우리는 우리가 접하게 되는 모든 정보를 일일이 탐색해볼 수 없다는 것을 잘 알고 있다. 때문에 우리에게 쏟아지는 서로 상충되는 사실들, 선택의 대상들, 누군가의 의견들 가운데 의미 있는 것들을 일차적으로 걸러낼 줄을 알아야 한다.

얼마 전에 나는 「뉴욕 타임스」의 칼럼니스트 토머스 프리드먼 Thomas Friedman과 대화를 나눈 적이 있다. 그때 우리는 수많은 무의미한 정보들 중에서 본질적인 정보들을 걸러내는 방법에 대해 이야기했다. 한번은 그가 칼럼 작성에 필요한 정보를 얻기 위해 여러 사람과 점심식사를 겸한 미팅을 가졌다고 한다. 그런데 그 자리에 참석한 어떤 사람은 프리드먼이 자신들의 이야기에 귀를 기울이지 않고 있다고 생각했다. 물론 프리드먼은 사람들의 이야기를 전부 듣고 있었다. 다만 그는 진정으로 관심이 가는 정보들을 제외한 것들은 전부 걸러내고 있었는데, 그 모습이 귀를 기울이지 않는 것처럼 비쳐졌던 것이다. 프리드먼은 자신이 중요하다고 판단한 정보들에 대해서는 적극적으로 질문하면서 그것들 사이의 관계를 찾아내려고 했다.

프리드먼에 따르면, 최고의 언론인은 다른 이들이 듣지 않는 것을 들을 줄 알아야 한다고 했다. 그 점심미팅에서 그는 사람들이 하는 이야기에 대해 넓은 범위에서 접근했고, 사람들이 직접적으로 언급하지 않았던 무언가를 찾아내려고 했다.

에센셜리스트들은 예리한 관찰자이자 청취자이다. 그들은 모든 정보를 전부 다 받아들일 수 없다는 현실을 잘 알고 있고, 겉으로 드러난 것뿐만 아니라 이면까지도 들여다볼 줄 안다. 행간의 의미를 잘 파악하는 것이다. 소설 『해리 포터』에 등장하는 헤르미온느는 에센셜리스트의 방식이 무엇인지를 잘 설명하고 있다(소설 속 헤르미온느는 분명히 에센셜리스트가 아니지만, 다음의 대사에서만큼은 에센셜리스트의 방식을 잘 설명하고 있다).

"사실 나는 매우 분석적이야. 관계가 없는 세세한 것들은 그냥 지나치고, 다른 사람들이 지나치는 것들은 분명하게 지각하지."[3]

물론 비에센셜리스트들도 듣는다. 하지만 그들은 듣는 것과 동시에 무언가를 말하기 위해 준비하고, 중요하지 않은 여러 가지 것들로 관심을 분산한다. 비논리적인 것들에도 일일이 관심을 보이고, 큰 목소리에 집중하며 메시지를 잘못 받아들이는 것도 비에센셜리스트들에게서 나타나는 특징이다. 그들은 상대방의 이야기에 반응하는 데에만 지나치게 신경을 쓰다가 정작 중요한 점들은 놓친다. 영국의 작가 클리브 스테이플스 루이스Clive Staples Lewis는 "배가 침몰하고 있는데 소화기를 들고 뛰어다니는 사람들이 있다."는 은유적인 이야기를 한 적이 있는데, 비에센셜리스트의 모습이 그와 같다.[4] 핵심을 놓치고 무의미한 것들을 추구하는 것이다.

비에센셜리스트	에센셜리스트
가장 큰 목소리에 집중한다.	정말로 의미 있는 이야기에 집중한다.
들려오는 모든 목소리를 듣는다.	이야기되지 않은 것들을 들을 줄 안다.
들어오는 모든 정보에 일일이 반응을 보인다.	무의미한 정보는 걸러내고 본질을 짚어낸다.

너무나도 많은 사람이 너무나도 많은 분명한 목소리로 우리에게 무언가를 할 것을 주문하는 오늘날의 혼란스러운 일터에서는 자신이 추구하는 목표에 기여하지 않는 것들에는 주의를 분산하지 않는 것이 매우 중요하다. 이어지는 부분에서는 이렇게 할 수 있는 실제적인 몇 가지 방법들을 소개하려고 한다.

일지를 작성해보라

여러분 자신이 언론기자가 되어 자신의 삶에 대해 기록하는 것도 본질적인 것들에 집중하는 효과적인 방법 중 하나다. 언론기사처럼 먼저 제목과 주요 내용을 쓰고, 이어서 자세하게 내용을 쓰는 것이다.

안타깝게도 우리 인간은 잘 잊어버리는 존재들이다. 정말이지 놀라울 정도로 잘 잊어버린다. 여러분은 그렇게 생각하지 않는가? 2주 전의 목요일에 저녁식사로 무엇을 먹었는지 기억해보라. 아니면 3주 전의 월요일에 어떤 회의들에 참석했는지 기억해보라. 이와 같은 것들을 기억해낼 수 있는 사람들은 별로 없다. 따라서 잘 잊어버리는 우리 두뇌의 보조적인 저장장치로 일지를 작성하는 것이다. 누군가가 그랬다. 아무리 흐린 연필이라도 가장 강력한 기억력보다 더 낫다고 말이다.

나는 지난 10년 동안 내 생활에 대한 일지를 작성해오고 있는데, 이렇게 꾸준할 수 있었던 비결이 하나 있다. 바로 일지를 쓸 때는 쓰고 싶은 만큼보다 더 적게 쓰는 것이다. 일반적으로 처음 일지를 쓰기 시작하면 사람들은 첫 날에는 여러 쪽을 쓰려고 한다. 하지만 바로 다음날부터 일지 작성에 대한 의욕이 꺾이고, 그렇게 얼마 지나다 보면 일지 작성을 아예 포기한다. 내 경우는 일지 작성 초기에는 쓰고 싶은 내용이 많았음에도 일부러 조금씩만 썼다. 그렇게 조금씩 매일같이 쓰면서 일지 작성을 습관으로 만든 것이다.

일지를 쓴다면 90일 정도마다 한 번씩 해당 기간에 작성한 일지를 읽는데, 이때에는 제목과 일지 앞부분의 주요 내용만을 읽으면 된다. 3주 전에 참석한 예산안 회의 내용이나, 2주 전의 저녁식사에서 오간 이야기 같은 세세한 내용까지는 반복하여 읽을 필요가 없다. 이렇게 일지의 제목과 주요내용을 읽으면서 여러분 삶의 전체

평가하기

적인 흐름이나 경향을 파악하는 것이다. 여러분의 매일, 한 주, 지금까지의 인생에서 어떤 일이 일어나고 있는지를 살펴보라. 작고 점진적인 변화를 알아보는 것은 어려운 일이지만, 그러한 것들이 축적되면 커다란 변화로 이어질 수 있다.

현장에 나가보라

스탠퍼드 대학 디자인스쿨의 수업 가운데 '극단적으로 낮은 구매력을 위한 디자인Design for Extreme Affordability'이라는 수업이 있는데, 그 수업에 참여했던 학생들 가운데 제인 첸Jane Chen이라는 학생이 있었다. 한번은 그 수업에서 학생들에게 영아용 인큐베이터를 디자인해 오라는 프로젝트를 내준 적이 있는데, 보통 개당 2만 달러의 제조비용이 들어가는 것을 그 1퍼센트의 비용으로 만들 수 있도록 디자인하라는 조건이 달려 있었다. 제인의 설명에 따르면, 전 세계 개발도상국들에서는 연간 400만 명의 저체중 영아들이 충분한 체온을 유지하지 못해 생후 28일 이내에 사망에 이른다고 한다.[5]

제인과 그녀의 팀이 이 프로젝트에 대해 단순히 제조비용 개념으로 접근했다면 값싼 전기 인큐베이터를 디자인하려 했을 것이다. 언뜻 보면 괜찮은 해법 같지만, 개발도상국에서의 저체중 영아 사망률을 낮춘다는 목적에는 잘 부합되지 않는 해법이다. 제인의 팀은 자신들이 무엇을 해야 하는지를 결정하기 위해 네팔로 날아가 그곳의 상황을 직접 살펴보기로 했다. 그리고 그곳에서 그들은 80퍼센트의 아기들이 병원이 아닌 집에서 태어나며, 많은 시골 마을의 경우는 전기가 공급되지 않는다는 사실을 알게 되었다. 결국 제인과 그녀의 팀은 전기를 사용하지 않는 영아용 인큐베이터를 디자인하기로 결정했다. 무엇을 해야 할지가 결정되자 팀은 빠르게 움직일 수 있었고, 최종적으로 그들은 임브레이스 네스트Embrace Nest라는 저가의 영아용 인큐베이터를 개발하고 더 나아가 임브레이스라는 비영리단체까지 설립했다. 임브레이스 네스트는 침낭과 같은 모양을 하고 있고, 그 안에 끓는 물에 넣어 데우는 방식의 보온물질을 넣어 사용하는 비전기식 인큐베이터인데, 한번 보온물질을 넣으면 여섯 시간 이상 따뜻함을 유지해준다고 한다. 제인 첸과 그녀의 팀원들은 직접 현장에 나감으로써 상황을 정확하게 판단할 수 있었고, 본질적인 문제들에 집중했으며, 자신들이 목표로 했던 바를 이루어낼 수 있었다.

통상적이지 않은 것들에 주의를 집중하라

메리엄 시먼Mariam Semaan은 레바논 출신으로, 기자상 수상 경력도 있는 유능한 언론인이다. 최근에 스탠퍼드 대학원에서 언론학 박사과정을 수료한 그녀는 주로 미디어 혁신과 디자인적 사고design thinking에 관해 연구했다. 나는 그녀에게 무의미한 수많은 정보들 속에서 진짜 이야기를 잡아내고, 기자상까지 받을 수 있었던 비결이 뭐냐고 물어본 적이 있다. 그때 그녀의 대답은 참으로 놀라웠다. 그녀는 상황을 파악하고 핵심적인 정보를 짚어내는 것은 학습될 수 있는 기술이라고 말하면서, 이때 중요한 것은 지식이라고 했다. 어떤 이야기의 본질을 짚어내기 위해서는 해당 사건의 관련 배경, 전체적인 맥락에서 해당 사건이 갖는 의미, 다른 분야와의 연관성 등에 관해 깊은 이해를 가지고 있어야 한다는 것이었다. 그리고 그녀는 어떤 사건이 일어나면 해당 사건과 관련된 모든 기사를 읽고, 남들이 관심을 갖지 않거나 놓치고 있는 정보들까지 살펴본다고 했다. 그녀는 이렇게 말했다. "내 목표는 이야기라는 거미줄을 완전하게 이해하는 것이었습니다. 그리고 그 속에서 이야기의 전형적인 진행과는 맞지 않는 특이한 부분이나 행동들을 찾아내려고 했죠."

매리엄은 또 이렇게 말했다. "발생한 상황에 대해 남들과는 다른 관점을 찾는 것이 중요합니다. 그래야 해당 상황에 대한 전혀 새로운, 기발한 시야를 갖게 되니까요." 이를 위해 그녀는 롤플레잉 기법을 종종 활용했다고 한다. 어떤 상황과 관련된 사람들의 동기, 이유, 관점 등을 더 잘 이해하기 위해 다양한 사람들의 입장이 된다는 것이다.

질문을 명확히 하라

노련한 정치인들을 보면 사람들이 무엇을 물어보더라도 대답을 절묘하게 회피한다. 사실 까다로운 질문을 회피하는 것은 대다수 사람들이 자주 활용하는 기술이다. 여러 가지 사실들을 정리하여 실제적인 대답을 하는 것보다는 모호하고 의미 없는 대답으로 적당히 넘어가는 편이 당장 쉬운 경우도 많기 때문이다. 하지만 진실을 회피하다 보면 점점 더 잘못된 정보와 무의미한 행위의 소용돌이로 빠져들게 될 뿐이다. 이러한 소용돌이로부터 빠져나오기 위해서는 질문을 명확하게 할 필요가 있다.

금문교를 조망할 수 있는 미국 최고의 호텔 가운데 하나인 카발로 포인트 호텔에서 경영 시뮬레이션 게임 대회가 열린 적이 있다. 그 대회에 세일스포스닷컴 Salesforce.com의 일레이 코헨 Elay Cohen 부사장을 포함한 여섯 명으로 구성된 팀이 참가하고 있었다. 경영 시뮬레이션 게임이란 가상의 시장상황에서 여러 가지 경영판단을 내리면서 진행되는 시뮬레이션 게임을 의미하는데, 그 대회에는 모두 여섯 팀이 참가하고 있었다. 그런데 일레이의 팀은 좀처럼 게임을 진행시키지 못하고 있었다. 주어지는 시장상황에 대해 누군가가 대답을 내놓으면 다른 사람들이 더 많은 견해들을 언급했고, 심지어 팀원들 사이에 무질서한 논쟁까지 벌어졌기 때문이다. 나는 일레이 팀의 코치로 그 게임에 참가했는데, 팀원들 사이의 무질서한 논쟁을 지켜보다가 결국은 끼어들고 말았다. "여러분이 찾으려는 대답의 질문이 정확히 무엇인지 알고 있나요?" 팀원들은 어느 누구도 대답을 하지 못한 채 가만히 있었다. 하지만 누군가가 엉뚱한 대답을 했고, 팀원들은 다시 혼란스러운 논쟁에 빠져들었다.

나는 다시 끼어들어 그들에게 똑같은 질문을 던졌고, 드디어 팀원들은 자신들이 이루고자 하는 진짜 목표가 무엇이고 그러한 목표를 이루기 위해서는 무엇을 해야 하는지에 대해 논의하기 시작했다. 그제야 목표와는 상관없는 무의미한 논쟁을 그만두게 된 것이다. 그들은 그때까지 자신들이 내놓았던 아이디어와 의견을 다시 살펴보았고, 그것들 사이의 여러 가지 상관관계를 파악해나가기 시작했다. 그렇게 게임에 임하다 보니 어느 순간 그들은 게임에서 점수를 따게 되었다. 그들은 행동계획을 수립했고, 필요한 결정을 내렸고, 역할을 분담했다. 그날 게임이 끝났을 때 일레이의 팀은 큰 점수차로 1위에 올라 있었다.

Chapter 7

노는 것도 중요하다
Play

내면의 어린이를 포용해라

> 현명해 보이는 사람도 가끔은
> 터무니없는 생각을 신봉할 때가 있다.
> —— 로알드 달 Roald Dahl, 작가

뮤지컬 〈메리 포핀스〉의 종반부를 보면 매우 엄하고 재미라고는 모르던 아버지 뱅크스가 '갑자기 직장에서 해고되어' 집으로 돌아오는 모습이 나온다. 그런데 그와 같은 일을 당하고 귀가한 그는 평소와는 완전히 다른 즐거운 모습으로 아이들과 놀아주기 시작한다. 너무나도 달라진 모습에 그의 집에 고용되어 일하던 어떤 사람은 뱅크스의 머리가 돈 것 같다고 얘기하고, 그의 아들은 "우리 아빠가 아닌 것 같아."라고 말한다. 정말로 뱅크스는 그전과는 다른 사람이 되어서 아이들을 위해 연을 고쳐주

평가하기

고 노래를 부르며 먼저 놀러가자는 제안까지 한다. 지루하게 이어져오던 은행원이라는 직업으로부터 해방되면서 그의 내면에 있던 어린아이가 깨어나고, 그후 완전히 다른 사람이 된 것이다. 그 자신이 변하자 모든 것이 달라졌다. 집안 전체의 분위기가 활기를 띠게 되었고, 음울하던 가족들의 표정은 행복, 가족애, 기쁨 등으로 밝아졌다. 물론 이 이야기가 실제 가족의 이야기는 아니지만, 우리의 삶에서 즐거움을 찾는다는 것이 얼마나 강력한 효과를 발휘하는지를 잘 보여주는 이야기임에는 분명하다.

 노는 법을 학교에서 정식교육과정으로 가르쳐주지는 않는다. 그것은 자연스럽게 본능적으로 터득하게 되는 것이다. 엄마와 까꿍놀이를 하면서 해맑게 웃는 아기의 모습을 떠올려보라. 친구들과 게임을 하면서 온갖 상상력을 동원하는 어린이들의 모습을 생각해보라. 미하이 칙센트미하이 Mihaly Csikszentmihalyi 교수가 정의한 '몰입'의 상태에 빠져 낡은 종이상자들로 자기만의 왕국을 만들고 있는 한 아이를 떠올려보라.[1] 하지만 모두 어른이 되어가면서 놀이란 하찮은 것이라는 생각을 강요받게 된다. 놀이란 시간 낭비이고, 불필요하며, 유치하다는 것이다. 놀이에 대한 부정적인 관념 가운데 상당 부분은 학교에서 만들어지는데, 사실 상상력이 접목된 놀이가 가장 큰 역할을 할 수 있는 곳이 학교라는 점에서 이는 매우 안타까운 현실이다.

 영어 'school'은 그리스어인 'schole'에서 파생된 단어로 '자유로운 시간'이라는 의미를 지니고 있다. 하지만 산업혁명에 의해 새롭게 태어난 지금의 학교 시스템에서는 '자유로운 시간'은 없다. 그와 더불어 배움의 즐거움도 상당 부분 사라졌다. 평생을 창의성 교육에 투신한 교육학자 켄 로빈슨Ken Robinson 경은 오늘날의 많은 학교가 놀이를 통해 아이들에게 창의성을 일깨워주는 대신에 오히려 창의성을 죽이는 교육을 행하고 있다고 주장한다. 그는 이렇게 말한 바 있다.

"우리는 우리의 교육에 패스트푸드 방식을 집어넣었습니다. 그 때문에 우리의 영혼과 활력이 메말라가고 있지요. 패스트푸드가 우리 육체의 활력을 고갈시키고 있는 것처럼 말입니다. 상상력은 우리 인류가 이루어낸 모든 성취의 원천입니다. 하지만 우리의 아이들과 우리 자신에 대한 교육을 지금과 같이 방치한다면 우리의 상상력은 총체적으로 위태롭게 되고 말 것입니다."[2] 나도 로빈슨 경의 말이 옳다고 생각한다.

놀이는 하찮은 것이라는 관념은 어른이 되어 직장에 취업을 하면 더욱 굳어진다. 놀이를 권장하는 직장은 거의 없다. 오히려 놀이를 억누르는 직장이 대부분이다. 가끔 일부 기업경영자들이 직원들이 잘 놀아야 창의성이 깨어난다는 발언을 하는 경우가 있지만, 정말로 그와 같은 발언에 걸맞은 기업문화까지 갖춘 기업은 거의 보지 못했다.

사실 이와 같은 상황은 어쩌면 당연한 것이다. 현대의 기업들은 산업혁명에 의해 태어났으며, 최고의 가치는 대량생산을 통해 최대의 효율성을 이끌어내는 것에 있기 때문이다. 게다가 현대적인 기업들의 초기 경영자들은 효율성을 높이는 방법을 군대로부터 배우려고 했다. 그런데 군대는 놀이와는 전혀 관계가 없는 조직이다(실제로 군대용어는 여전히 기업들에서 일상적으로 사용되고 있는데, 전방이나 첨단 같은 용어도 그렇고, 무엇보다 회사를 뜻하는 단어인 'company'는 군 부대의 단위를 지칭하기도 한다). 이미 산업화시대가 지나간 지 오래지만, 군대식의 사고방식이나 구조나 시스템은 오늘날의 거의 모든 기업에서 여전히 지배적인 문화로 존속되고 있다.

나는 즐거움을 위해 행하는 모든 유형의 행위―연날리기가 될 수도 있고, 음악감상이 될 수도 있고, 캐치볼이 될 수도 있다―는 놀이의 범주에 들어간다고 생각한다. 놀이를 어떤 목적을 위한 수단 정도로 생각하는 사람들도 있는데, 그렇다면 놀이는 언제나 비본질적인 것으로 여겨질 수밖에 없다. 하지만 놀이는 그 자체로 본질적인 행위이다. 범미 놀이연구소National Institute of Play, NIP의 설립자 스튜어트 브라운Stuart Brown은 6,000명가량의 사람들을 대상으로 그들의 놀이역사를 연구한 결과 놀이에는 건강, 인간관계, 교육, 혁신역량 등 그야말로 우리 인간과 관련된 모든 것을 향상시키는 효과가 있다는 결론을 얻어냈다. "놀이는 우리 두뇌의 유연성, 적응력, 창의력 등을 높이는 힘을 가지고 있습니다." 스튜어트 브라운의 말이다.[3]

비에센셜리스트	에센셜리스트
놀이를 하찮은 것으로 생각한다.	놀이를 본질적인 행위로 생각한다.
놀이를 비생산적인 시간낭비로 본다.	놀이가 탐구력을 높인다는 것을 안다.

놀이가 두뇌에 끼치는 영향

우리의 인생에서 놀이가 갖는 가치는 매우 크다. 동물계에 대한 연구들을 보면 놀이는 동물들의 인식능력을 높여줌으로써 한 종의 생존에서 매우 중요한 의미를 갖는다. 북미 회색곰들의 행동을 15년 넘게 연구해온 밥 페이건Bob Fagan은 가장 많이 노는 곰들이 가장 오래 생존하는 경향을 보였다고 발표했다. 그는 그 이유를 이렇게 답했다. "예측할 수 없는 문제들과 모호함이 지속되는 세계에서 놀이는 변화하는 환경에 적응할 수 있는 곰들의 능력을 높여줍니다."[4]

그런가 하면 신경학자 자크 팽크셉Jaak Panksepp은 『감정신경과학: 인간감정과 동물감정의 기초Affective Neuroscience: The Foundations of Human and Animal Emotions』에서 이렇게 쓰고 있다. "한 가지는 확실하다. 놀이를 하는 동안에 동물들은 특별히 더 유연하고 창의적인 방식으로 행동한다."[5]

스튜어트 브라운은 모든 동물종 가운데 인간이 가장 많이 노는 종이라고 말했다. 우리는 놀이를 하도록 되어 있고, 놀이를 통해 발전해왔다. 놀이를 할 때 우리는 가장 순수한 인간성을 표출하게 된다. 우리들 대부분에게 놀이의 기억이 가장 좋은 기억으로 남아 있고, 놀이를 할 때 살아 있다는 것을 가장 크게 실감하는 이유가 무엇일지 한번 생각해보라.

놀이를 할 때 우리의 두뇌는 새로운 아이디어를 떠올리고 기존의 오래된 아이디어를 새로운 관점에서 바라보게 되는 등 더욱 탐구적으로 변하게 된다. 더 많이 물어보고, 새로운 것들을 배우고, 빠르게 적응하는 것도 놀이의 과정에서 나타나는 모습이다. 특히 놀이는 에센셜리스트가 되고자 하는 사람들에게 다음과 같은 세 가지 방식으로 실질적인 도움을 준다.

첫째, 놀이는 가능한 선택의 범위를 더욱 넓혀준다. 놀이는 우리가 보지 못했을 새로운 가능성을 발견하도록 도와주고, 새로운 관계를 계속해서 넓혀나갈 수 있도록 도와준다. 또한 우리의 두뇌를 더욱 개방적으로 만들어주고, 시야를 더욱 넓게 해준다. 기존의 가설들에 대해 도전하고, 낯선 생각을 받아들이고, 의식의 흐름을 더욱 원활하게 하여 새로운 이야기를 만들어내는 것도 모두 놀이의 긍정적인 효과다. 아인슈타인은 이렇게 말했다. "내 자신과 내 사고의 방법을 돌이켜보면 좋은 지식을 흡수하는 능력보다는 상상하는 능력이 나에게 더 큰 의미가 있었다는 결론에 이르게 됩니다."[6]

둘째, 놀이는 스트레스를 낮추는 효과 좋은 약이다. 스트레스는 생산성을 저해할 뿐 아니라, 창의성이나 탐구에 대한 의지를 꺾는 영향까지 있어서 놀이를 통해 스트레스를 낮추는 것은 매우 의미 있는 일이다. 일단 스트레스에 빠져들면 모든 것이 엉망이 되었던 경험을 다들 가지고 있을 것이다. 갑자기 열쇠를 찾을 수 없고, 여기저기 자꾸만 부딪히고, 중요한 보고서를 식탁에 올려놓았다는 사실을 기억해내지 못하게 되는 식으로 말이다. 최근의 연구에 따르면, 스트레스를 받으면 우리의 두뇌는 인지를 담당하는 부분의(해마체) 활동이 줄고 감정을 담당하는 부분이(편도체) 더욱 활성화된다고 한다. 이렇게 되면 맑은 정신으로 뭔가를 생각할 수가 없게 된다.[7]

나는 이와 같은 작용을 내 아이들에게서 종종 발견한다. 아이들이 스트레스를 받으면 이러저런 것들을 잘 못하게 되는데, 그런 모습을 보이면 공부나 일을 멈추고 노는 시간을 가지라고 한다. 그렇게 놀이를 시작하면 곧바로 긍정적인 효과가 나타나는 게 눈에 보인다. 스트레스가 사라지면서 창의성이나 탐구력이 높아지기 때문이다.

셋째, 정신의학자 에드워드 할로웰Edward Hallowell은 두뇌과학 분야의 전문가인데, 그에 따르면 놀이가 인간의 경영능력을 높여준다고 한다. 그는 다음과 같이 쓴 바 있다. "두뇌의 경영능력이라고 하면 기획, 판단, 계획수립, 예측, 업무배분, 결정, 분석 같은 것들을 들 수 있는데, 기업을 잘 운영하고자 하는 경영자라면 갖추고 있어야 하는 능력이다."[8]

놀이는 우리의 두뇌에서 조심성 있게 따져보는 부분과 과감하게 도전하는 부분을 동시에 자극한다. 그래서인지 역사적인 발견이나 통찰은 종종 놀이의 과정에서 생겨나곤 한다. 이와 관련하여 할로웰은 다음과 같이 썼다.

"콜럼버스가 지구는 둥글다는 통찰을 얻은 것도 놀이를 하던 중에 그랬던 것이고, 뉴튼이 사과나무를 쳐다보다가 중력에 대한 개념을 얻은 것도 놀이를 하던 중에 그랬던 것이다. 왓슨과 크릭은 분자모형을 가지고 놀다가 DNA의 이중나선구조를 알게 되었고, 셰익스피어의 경우는 평생 동안 약강 5보격의 언어유희를 즐겼다. 상상실험을 통해 많은 통찰을 얻었던 아인슈타인의 사례는 놀이가 두뇌에 끼치는 영향을 분명하게 보여주는 사례라 하겠다."[9]

일터에서의 놀이

몇몇 혁신기업은 놀이가 지닌 가치를 알아보고 그를 적극적으로 이용한다. 소셜 네트워크 서비스 기업 트위터에는 즉흥연기 동아리가 있는데, 이는 한때 그 자신이 코미디언이었던 딕 코스톨로Dick Costolo 회장이 주도하여 설치한 동아리이다. 그는 스탠딩코미디 같은 즉흥연기가 직원들의 두뇌를 더욱 개방적으로 만들어주고, 더 나아가 유연하고 참신하고 창의적으로 생각하게끔 만들어줄 거라고 믿고 있다.

사무실의 물리적인 환경을 재미나게 꾸미는 기업들도 있다. 아이디오IDEO 같은 기업은 예쁘게 생긴 마이크로 버스를 회의실로 이용한다. 구글Google은 본사 건물에 분홍색 플라밍고에 둘러싸인 공룡화석 모형을 설치해놓았으며, 이 외에도 많은 재미난 조형물을 설치해놓고 있다. 영화사인 픽사Pixar를 가보면 아티스트들의 작업공간을 마치 옛날 서부시대의 술집처럼 꾸며놓았는데, 특히 거기에는 영화 〈스타워즈〉 캐릭터 피규어들 수천 개가 장식되어 있어 장관이다(직접 픽사 스튜디오를 방문한 적이 있는데, 그 광경이 매우 인상적이었다).

내가 알고 있는 한 여성은 출판업계에서 성공한 사람인데, 사무실 책상에 항상 이지 버튼Easy Button이라는 장난감을 놓아둔다. 어떤 부하직원이든 업무관계로 그녀의 책상을 찾았다가 자리를 떠나면서 버튼을 누를 수 있고, 그러면 장난감에서 다음과 같은 녹음된 음성이 나온다. "그거 쉬운 거잖아! 별것 아니네!" 그런가 하면 같은 출판사에서 일을 하는 또 다른 여성 임원은 자신의 자리 주변에 동화책의 그림들을 액자에 넣어 걸어두고 있는데, 그 그림들이 어렸을 때의 즐거운 추억을 떠올리게 해주어 좋다고 한다.

이지 버튼 같은 데스크 토이, 플라밍고들에 둘러싸인 공룡화석, 업무공간을 가득 채우고 있는 수천 개의 피규어들, 이와 같은 것들을 가벼운 유희 정도로 보는 사람들도 있지만, 그 긍정적인 효과는 결코 가볍지 않다. 비에센셜리스트들은 이와 같은 유희를 매우 사소한 것으로 보는 반면에, 에센셜리스트들은 이와 같은 유희를 창의력과 탐구력의 중요한 동인으로 본다.

놀이는 에센셜리스트가 되기 위한 수단으로서의 의미도 크지만, 그 자체로도 매우 중요한 의미를 지닌다.

놀이가 이처럼 중요한 것이라면 어떻게 그것을 우리의 일터와 생활로 끌어들일 수 있을까? 이에 관해 놀이전문가 스튜어트 브라운은 어린 시절 놀이에 대한 좋은 기억을 끄집어내라고 제안한다. 어렸을 때 가장 좋아하던 놀이가 무엇이었는가? 지금의 시점에서 그와 같은 유사한 놀이는 무엇이 있는가?

평가하기

Chapter 8

충분히 잠을 자라
Sleep

가장 소중한 자산을 지켜라

> 매일 밤, 잠자리에 들 때면 나는 죽는다.
> 그리고 다음 날 아침, 잠에서 깨어나면 다시 태어난다.
> ─ 마하트마 간디 Mahatma Gandhi, 사상가

조프 데이비스 Geoff Davis는 공황에 빠진 채 침대에 앉아 있었다. 방금 머릿속에서 폭탄이 하나 터진 듯한 느낌을 받았기 때문이다. 그는 땀에 흠뻑 젖어 있었고, 아무것도 생각해낼 수 없었다. 그는 정신을 집중하려고 노력했다. 무슨 일이 있었던 걸까? 주위의 모든 것은 조용했다. 어쩌면 저녁에 먹은 음식에 문제가 있던 것일지도 몰랐다. 그는 다시 잠을 자려고 애를 썼다.

다음 날 밤에도 똑같이 머릿속에서 폭탄이 터지는 느낌을 받았다. 그리고 며칠 후에는 한낮에 그와 같은 일이 일어났다. 사실 그는

얼마 전에 인도로 출장을 다녀왔는데, 어쩌면 말라리아 예방주사를 맞았던 데다가 베나드릴을 복용했기 때문에 그와 같은 이상 반응이 나오는 것일 수도 있다고 생각했다. 베나드릴은 그가 인도 출장 후의 시차적응 문제로 잠을 잘 이루지 못해 수면유도제로 복용하고 있던 약이었다. 하지만 상황이 더욱 나빠지면서 그는 자신의 몸에 이상이 있다는 것을 받아들일 수밖에 없었다. 자신의 인생에서 특별히 스트레스를 받을 일은 없었지만, 그것은 분명히 스트레스의 결과로 나타나는 신체의 이상이었다.

조프 데이비스는 세상에 기여하고 싶다는 높은 뜻으로 열심히 일을 하고, 그 결과 높은 성취를 이루어낸 전형적인 인물이다(그의 할아버지가 미국 평화봉사단의 초기 리더들 가운데 한 명이었다는 가계 내력을 지니고 있었다). 커다란 뜻을 품고 열정적으로 많은 일을 했던 그는 저소득층을 위한 마이크로 크레디트micro credit(제도권 금융회사와 거래할 수 없는 저소득자와 저신용자를 지원해주는 소액 대출사업) 단체인 키바Kiva의 이사를 역임했고, 언스트앤영Ernst and Young이 선정한 올해의 혁신적 사업가로 뽑혔으며, 세계 경제 포럼World Economic Forum에 의해 젊은 글로벌 리더로 선정되기도 했다. 지금까지 그는 한 투자펀드를 공동으로 설립하여 높은 성과를 내기도 했고, 마이크로 크레디트 단체를 책임지면서 전 세계 1,200만 저소득 가구들에 도움을 주기도 했다. 그는 마흔 살이 되기도 전에 자신의 분야에서 커다란 성공을 이루어낸 상태였다.

조프는 끊임없이 전 세계를 다니며 일을 했는데, 그 때문에 수면장애를 겪어야 했다. 그의 회사는 미국 시애틀에 본사를 두고 있었지만, 샌프란시스코, 인도, 케냐 등에도 사무실을 개설해놓았다. 그의 일정을 보면 런던으로 날아가 몇 개의 회의들에 참석하고, 며칠 동안 인도의 여러 도시들을 돌아보고, 제네바로 날아가 투자자들을 만나고, 다시 시애틀로 돌아와 하루를 머무는 식이었다. 지난 3년 동안 그는 자기 시간의 60~70퍼센트를 출장을 다니면서 보냈고, 일일 수면시간은 평균 4~6시간에 불과했다.

그렇게 바쁘게 일을 하다 보니 그의 나이 서른여섯 살이 되자 몸이 버틸 수 없을 정도가 되었다. 수면장애가 발생했고, 몸의 곳곳에서 문제들이 일어났다. 저혈압이 생겼고, 똑바로 일어서는 게 어렵게 되었으며, 음식물을 제대로 소화시키지 못해 식이요법을 하기에 이르렀다. 저혈압 때문에 일어서면 갑자기 어지러움을 느끼는 것은 물론이고, 병원 응급실에 두 번이나 실려가기도 했다. 그는 앞으로 일을 줄여야겠다고 생각하면서도 실제로는 그렇게 하지 않았다. 일을 줄이면 남보다 뒤처질 것이라 여겨졌기 때문이다. 하지만 결국은 건강이 그의 발목을 잡았다. 회의에 참석하기 직전에 기운이 너무 없어서 회의를 포기하기도 했고, 극심한 어지럼증으로 강연을 취소하기도 했다. 그는 자신의 상태가 조직에 해가 되는 것은 아닌지를 생각하게 되었다. 그리고 해가 된다는 결론을 내렸다.

결국 조프는 정밀진단을 받았고, 그 결과 의사로부터 두 가지 가운데 하나를 선택하라는 제안을 받았다. 평생 동안 약을 먹으며 신체이상의 징후들을 다스리든가, 아니면 한두 해 정도 모든 일을 내려놓고 휴식을 취하면서 건강을 회복하든가 하라는 것이었다. 조프는 처음에는 그 어떤 것도 선택하지 못했다. 그는 철인 3종 경기에서 빼어난 성적을 거둘 정도의 강한 체력을 가지고 있었기에 자신의 몸에 심각한 이상이 있다는 것을 받아들일 수가 없었다. 때문에 자신의 건강 이상을 가볍게 보았고, 의사에게는 한두 달 쉬는 것으로 충분하다고 말했다. "보세요, 한번 지켜보시라고요!"

그는 두 달의 휴식을 갖기로 했다. 그런데 당혹스럽게도 그 휴식 기간에 그의 몸은 완전히 망가졌다. 하루에 열네 시간씩 잠을 자면서도 피로가 풀리지 않았고, 깨어 있는 동안에도 무기력하게 시간을 보냈다. 어떤 날들은 침대에서 일어나지도 못했고, 6주 동안은 몸을 움직일 수조차 없었다. 그는 거의 기다시피 의사를 다시 찾아갔고, 훨씬 더 긴 시간 동안 휴식을 취해야 한다는 사실을 받아들였다.

휴식기간에 들어가면서 그는 자신의 삶에서 스트레스를 유발하던 모든 것을 없애기로 했다. 키바의 이사직에서 물러났고, 자신이 설립한 회사에서도 떠났다. 그는 이렇게 말했다.

"일을 그만두기로 했던 결정은 무척이나, 무척이나 힘들었습니다. 다른 사람들에게 얘기를 하고 회사를 빠져나오는데 눈물이 나더군요. 집으로 돌아와서는 아내에게 '내 소중한 일들을 이렇게 떠나게 될 줄은 몰랐어.'라고 말을 했습니다."

그 후 그는 병원에서 제안하는 치료 과정을 충실히 따르기 시작했고, 그렇게 하는 것을 자기 삶의 최우선순위로 올려놓았다. 식단도 바꾸었고, 가족과 함께 프랑스 남부로 가서 1년 정도의 시간을 보냈다. 좋은 기후의 환경에서 치료를 받고 생활방식까지 바꾸자 몸 상태는 다시 좋아졌다. 여유를 되찾은 그는 자신의 삶과 경험에 대해 다시 생각해보기 시작했다.

그로부터 2년 6개월 후, 조프 데이비스는 세계 경제 포럼과 함께 젊은 글로벌 리더 행사를 이끌기 위해 탄자니아에 가 있었다. 행사 일정 중 어느 날 저녁에 자유발언시간이 있었는데, 조프가 지난 몇 년 동안 어떤 시간을 보냈는지를 잘 알고 있던 동료 한 명이 그에게도 뭔가 발언해줄 것을 제안했다. 마이크를 잡은 조프는 잠시 회상에 젖더니 자기가 다음과 같은 단 하나의 교훈을 얻기 위해 막대한 대가를 치렀다면서 이렇게 말했다.

"그 교훈이란 자신의 자산을 지키라는 것이었습니다."

우리의 가장 소중한 자산

이 세상에 기여를 하거나 성공을 이루어내는 데 가장 소중한 자산은 우리 자신이다. 우리가 자신의 지식, 신체, 정신 같은 것들에 대해 인색하게 투자한다면, 우리는 무언가를 해내는 데 있어 가장 중요한 도구를 점차 잃어갈 것이다. 사람들이 자기 자신이라는 도구를 잃게 되는 가장 흔한 원인들 가운데 하나는 바로 수면부족이다. 이미 어떤 분야에서 성공을 거둔 야심 있는 사람들이 특히 그렇다.

오직 성공이라는 결과 하나만을 바라보고 조급하게 달려든다면 조프 데이비스가 그랬던 것처럼 커다란 신체적 위기를 겪을 수도 있다. 이는 지나치게 빠르게 자신을 소모시키는 것이다. 우리는 우리 자신에 대해서도 경력개발이나 사업확장과 마찬가지로 전략적으로 접근할 필요가 있다. 완급을 조절하고 건강상태까지 관리를 해야 계속해서 앞으로 나아갈 수 있기 때문이다.

조프 데이비스는 휴식을 취하는 동안 재미난 진리 하나를 깨우쳤다고 한다. 경쟁적이고 도전적인 사람에게 열심히 일을 하는 것 자체는 어려운 일이 아니다. 자신을 극한까지 밀어붙이는 것은 오히려 쉬운 일이다. 그들에게 진짜 어려운 일은 일의 속도를 조절하는 것이다. 조프는 다음과 같이 말했다.

"체력이 충분히 강하여 뭐든지 할 수 있다고 생각하더라도 조심해야 합니다. 정말로 무언가를 제대로 해내고 싶다면, 어떤 기회들에 대해서는 거부를 하고 휴식을 조금씩 취해둘 필요가 있습니다."

내 경우도 젊었을 때는 잠은 최소한으로 자는 것이 좋다고 생각했다. 그야말로 잠은 필요악이었다. 또 잠자는 시간을 줄이면 더욱 생산적이 될 수 있고, 심신이 나약한 사람이나 잠을 줄이지 못한다고 생각했다. 나는 정신력만 강하면 잠을 조금만 자더라도 문제가 없다고 생각했고, 잠을 줄일 수 있다고 하는 여러 가지 방법들을 직접 시도해보기도 했다. 어떤 책에서는 네 시간마다 20분씩 잠을 자면 추가적으로 잠을 자지 않아도 된다고 해서 그렇게 해보기도 했다. 처음 얼마간은 참을 만했다. 하지만 이렇게 적은 시간의 수면으로는 기술적으로는 깨어나서 활동을 한다 하더라도 실제로는 상당한 부작용을 유발한다는 점을 절실히 깨달았다. 낮에 무언가를 하려고 해도 두뇌가 제대로 돌아가지 않았던 것이다. 생각하고, 계획하고, 우선순위를 판단하고, 큰 그림을 보는 일이 무척이나 어려웠고, 그 결과 본질적인 것들을 구분해내지 못했다.

네 시간마다 20분씩 잠을 자는 방법은 금세 포기했다. 하지만 잠을 적게 잘수록 더 많은 일을 이루어낼 수 있다는 생각은 여전히 가지고 있었고, 그런 내가 새로이 찾은 방법은 일주일에 하루는 밤을 새우는 것이었다. 하지만 이번 방법도 별로 성과가 없었다. 그러던 어느 날, 잠을 줄이는 것이 항상 좋은 방법은 아니라고 생각하던 내 아내가 책 한 권을 건네주었다. 그 책은 잠에 대한 내 생각을 완전히 바꾸어놓았다. 그 책에 따르면, 잠이란 생산성의 적이 아니라, 최상의 성과를 낼 수 있도록 해주는 동력이었다. 그 책에는 잠을 여덟 시간 정도씩 충분히 잤던 여러 성공한 사람들의 사례가 소개되어 있었는데, 그들 중에는 빌 클린턴Bill Clinton 전 미국 대통령도 포함되어 있었다. 빌 클린턴은 자신의 인생에서 가장 큰 실수들을 잠을 적게 잤을 때 범하게 되었다고 한다. 그 글을 읽은 이후로 나 역시 잠을 여덟 시간씩은 자려고 노력해오고 있다.

여러분의 경우는 어떤가? 지난 주에 일곱 시간 이하의 수면을 취한 날이 있는가? 혹시 며칠 동안 계속해서 일곱 시간 이하의 수면을 취했는가? "나는 신경 쓰지 말아요. 여덟 시간씩이나 잘 필요가 없으니까. 하루에 네다섯 시간만 자도 아무런 문제가 없습니다." 혹시 이와 같은 생각을 하고 있지는 않은가? (만약 그렇다면 이번 장을 진지하게 읽어보기 바란다.) 물론 잠을 적게 자면서 일을 하는 사람들도 있기는 하다. 하지만 그런 사람들은 언제나 피곤한 상태로 있기 때문에 제대로 힘을 내야 할 때 곤란을 겪을 수가 있다.

잠자는 시간을 비생산적인 것으로 보는 비에센셜리스트는 바쁘게 일은 하지만, 종종 판단력과 활력이 떨어진 상태로 있기 때문에 오히려 생산성이 낮다. 반면에 에센셜리스트는 깨어 있는 시간 동

Chapter 8 충분히 잠을 자라

안 최고의 성과를 내기 위해서는 잠자는 시간이 중요하다는 점을 받아들인다. 에센셜리스트는 체계적이면서도 전략적으로 잠자는 시간을 배려해 일정을 수립하고, 그 결과 더 많이 일하고, 더 큰 성취를 이루어내며, 더 많은 것들을 추구한다. 에센셜리스트는 '가장 중요한 자산을 보호함으로써' 일상에서도 활력이 넘치고, 창의적이며, 뛰어난 문제해결능력을 발휘한다.

하지만 비에센셜리스트는 언제 어디서든 피로가 모든 것을 망칠 수도 있다는 위험을 모른 채 잠자는 시간을 하찮게 여긴다.

에센셜리스트는 내일 더 큰 성취를 이루어내기 위해서라면 오늘 한 가지의 일을 더 적게 하는 편을 선택한다. 이것이 바로 현명한 선택과 포기다. 이와 같은 선택과 포기가 점점 쌓이면서 미래의 커다란 성취로 이어지는 것이다.

비에센셜리스트	에센셜리스트
다음과 같이 생각한다:	다음과 같은 것들을 알고 있다:
한 시간 덜 자면 그 시간만큼 생산성이 높아진다.	한 시간 더 자면 다음 날 몇 시간 동안 훨씬 더 높은 생산성으로 일할 수 있다.
충분한 수면은 실패로 이어진다.	충분한 수면은 높은 성과를 위한 것이다.
충분한 수면은 사치다.	충분한 수면은 최우선의 것들 중 하나다.
	충분한 수면은 창의성을 낳는다.
충분한 수면은 게으름을 낳는다.	충분한 수면은 두뇌활동과 심리상태를 최상으로 유지하도록 해준다.
충분한 수면은 근면함의 방해물이다.	

평가하기

잠에 관한 잘못된 믿음

'소중한 자산을 지키는 것'이 그토록 중요한데도, 왜 우리는 자산을 지키는 데 꼭 필요한 잠을 그토록 쉽게 포기하는 걸까? 많은 사람들이 젊었을 때의 내가 그랬듯, 더 적은 시간을 잘수록 더 큰 성취를 이루어낼 수 있다고 믿기 때문이다. 하지만 이와 같은 믿음은 잘못된 것이며, 다수의 연구결과들이 충분한 수면이 더 높은 생산성으로 이어진다는 사실을 알려주고 있다.

K. 안데르스 에릭손K. Anders Ericsson이 바이올리니스트들을 대상으로 했던 연구는 말콤 글래드웰Malcolm Gladwell이 '1만 시간의 법칙' 사례 중 하나로 소개하면서 크게 유명해졌는데, 에릭손이 밝혀낸 바에 따르면 최고의 바이올리니스트들은 보통 수준의 바이올리니스트들보다 더 많은 시간 동안 집중해서 연습을 했다고 한다.[1] 최고의 성과를 이끌어내기 위해서는 시간과 노력을 전략적으로 집중해서 투입해야 한다는 에센셜리스트들의 논리를 뒷받침하는 연구결과라 하겠다. 또한 에릭손의 연구결과는 최고의 경지에 올라서는 데에는 천부적인 재능보다는 개인의 노력이 더 중요하다는 것을 밝혀냈다는 점에서 고무적이기도 하다. 다만 비에센셜리스트들도 이 연구결과를 보고 "무작정 더 많은 시간 동안 열심히 하면 성공할 수 있다."는 해석을 내릴 수도 있는데, 이는 상당히 위험한 해석이다. 무작정 더 많은 시간 일을 하게 되면 성과는 급격히 위축될 수밖에 없기 때문이다.

사실 에릭손의 연구에서 널리 알려지지 않은 사실이 하나 있는데, 최고의 바이올리니스트들과 보통의 바이올리니스트들을 갈랐던 두 번째로 중요한 요인이 바로 수면시간이었다는 점이다. 에릭슨의 연구에 따르면, 최고의 바이올리니스트들은 하루 평균 8.6시간 잠을 잤는데, 이는 미국인들의 평균 수면시간보다 한 시간가량 긴 시간이다. 또한 최고의 바이올리니스트들은 매주 2.8시간의 낮잠을 자는 것으로 나타났는데, 이 역시 미국인들의 평균보다 두 시간가량 긴 것이었다. 에릭슨 및 그와 함께 연구를 진행했던 사람들은 최고의 바이올리니스트들은 충분한 수면을 통해 훨씬 더 높은 집중력을 발휘했다는 점을 지적하고 있다. 즉, 최고의 바이올리니스트들은 더 많은 시간 동안 연습을 할 뿐 아니라, 연습시간에는 충분한 수면을 바탕으로 더 높은 집중력을 발휘하기에 그와 같은 경지에 이를 수 있었던 것이다.

「하버드 비즈니스 리뷰」에 실렸던 논문 가운데 찰스 자이슬러Charles Czeisler 교수가 쓴 '수면부족: 성과의 살인범Sleep Deficit: The Performance Killer'이라는 논문이 있다. 이 논문은 수면부족이 높은 성과를 저해한다는 결론을 제시하고 있는데, 자이슬러 교수는 수면부족을 알코올의 과다 섭취에 견주었다. 그에 따르면, 24시간 동안 수면을 취하지 않거나(하룻밤을 새우거나), 한 주 동안 하루 네다섯 시간의 수면만을 취하면 혈중 알코올 농도 0.1퍼센트에 해당하는 정도의 무기력함을 나타내 보인다. 술에 잔뜩 취해서 일을 하는 사람에게 "정말 훌륭한 직원이야! 하루 종일 취해 있잖아!" 이렇게 말하는 사람이 과연 있을까? 하지만 우리는 수면시간을 줄이면서 일을 하는 사람들을 끊임없이 칭송하고 있으니, 이상한 일이다.[2]

수면이라고 하면 보통은 신체의 휴식과 연관지어 생각하지만, 최근의 연구들을 보면 수면은 두뇌와 더욱 관련이 있는 것으로 나타난다. 실제로 독일 뤼벡 대학교에서 행했던 한 연구를 보면 밤에 충분한 수면을 취하는 것이 문제해결능력을 높이는 것으로 나타났다.

뤼벡 대학교의 연구는 과학 전문지 「네이처」에 실리기도 했는데, 그 연구는 100명이 넘는 피실험자들에게 비전통적인 방식으로 풀어야 하는 숫자 퍼즐을 주고 그것을 풀도록 하는 식으로 진행되었다. 퍼즐은 숨겨진 암호를 찾아내야만 풀 수 있었다.[3] 피실험자들은 두 개의 그룹으로 나뉘어 한 그룹은 여덟 시간의 숙면을 취하도록 했고, 다른 한 그룹은 숙면을 취하지 못하도록 했다. 그런 다음 피실험자들에게 숫자 퍼즐을 풀도록 했다. 결과는 예상을 넘어섰다. 숙면을 취했던 그룹이 그렇지 못했던 그룹보다 정답을 찾아내는 비율이 두 배나 높았던 것이다. 이와 같은 결과가 나오게 된 이유는 무엇일까? 연구자들에 따르면, 우리의 두뇌는 잠을 자는 동안 정보를 부호화하고 재구성한다. 따라서 잠을 충분히 잘수록 문제들을 해결하는 데 필요한 더 많은 정보와 지식을 준비하게 되는 셈이라 할 수 있다. 말 그대로 하룻밤 사이에 이렇게 되는 것이다.

그런데 새벽잠이 없거나 밤잠이 없는 사람들에게도 좋은 소식은 있다. 몇몇 연구에 따르면, 잠깐의 낮잠도 창의성을 높이는 데 도움이 된다. 미국 국립과학원의 회보에 실렸던 한 논문을 보면 아무리 짧은 시간을 자더라도 렘REM 수면이 일어날 정도로만 잔다면 여러 정보들을 통합하고 재구성하는 능력이 높아진다고 한다. 다시 말해, 짧은 시간의 숙면으로도 세상을 바라보는 시야를 넓히고 판단력을 높일 수가 있다는 것이다.

Chapter 8 충분히 잠을 자라

충분한 잠을 자야 우리가 가지고 있는 능력을 최대한으로 활용할 수 있고, 그래야 적은 시간 일을 하더라도 더 많은 것을 이루어낼 수 있다. 아직도 잠을 줄여가며 일을 하는 것을 자랑으로 여기는 문화가 남아 있기는 하지만, 정작 그러한 문화가 강하게 자리잡고 있는 산업계에서 가장 큰 성공을 거둔 것으로 평가받는 몇몇 인사들이 공개적으로 "나는 평소 매일 여덟 시간씩 챙겨서 잡니다."라고 말을 해준 덕분에 잠을 적게 자는 것이 성공의 비결이라는 관념은 조금씩 사라지고 있는 추세다. 이와 같은 인사들은—이들이야말로 진정한 에센셜리스트다—자신들의 충분한 수면습관이 강력한 경쟁우위를 만들어준다고 생각하는데, 이러한 생각은 옳은 것이다.

아마존닷컴Amazon.com의 제프 베조스Jeff Bezos도 이러한 사람들 가운데 한 명인데, 그는 이렇게 말했다.

"저는 항상 위기의식을 갖고 정신을 맑게 하려고 합니다. 그리고 하루 종일 기분이 좋습니다. 단, 여덟 시간의 잠을 자는 경우에 말입니다."

넷스케이프Netscape의 마크 앤더슨Mark Andreessen은 한때 아무리 늦게까지 일을 하더라도 아침 7시에는 잠자리에서 일어나는 것으로 유명했는데, 그 당시에는 이렇게 말했다. "하루 종일 집으로 돌아가 침대에 눕는 게 간절하지요." 하지만 그는 지금은 완전히 달라져서 하루 여덟 시간의 숙면을 취하려 하며, 자신의 수면 시간에 대해 다음과 같이 말하기도 했다. "일곱 시간을 자면 기운이 없습니다. 여섯 시간이면 영 정신을 못 차리죠. 다섯 시간이면 그건 큰 문제입니다. 그리고 네 시간만 자면 좀비가 되죠." 그는 주말에는 하루 열두 시간 이상의 수면을 취한다고 한다. "그렇게 자는 것과 안 자는 것은 일하는 능력에서 큰 차이를 만들어냅니다." 그의 말이다.

지금 소개한 사람들의 이야기는 '수면은 성공한 기업가들의 새로운 지위적 상징이다Sleep is the New Status Symbol for Successful Entrepreneurs'라는 제목의 「월스트리트 저널」 기사에 나온 것이다.[4] 낸시 제프리Nancy Jeffrey가 작성한 이 기사에는 다음과 같은 내용이 나온다.

"잠은 스트레스에 지쳐 있는 미국에서는 매우 희소한 상품이며, 이제는 새로운 지위적 상징이 되었다. 한때 긴 시간의 숙면은 나약한 실패자의 상징으로 치부되었으나—1980년대만 하더라도 성공한 사람들 사이에서는 '잠이라는 건 바보들의 것이다.'라는 말과 더불어 '패배자들이나 점심을 먹는다.'라는 말이 유행하기도 했다—지금은 창의적인 경영자들에게는 재충전을 위해 꼭 필요한 수단으로 그 가치를 인정받고 있다."

낸시 제프리의 표현에 더해 나는 '충분한 숙면은 핵심적인 것을 추구해야 하는 에센셜리스트에게 있어 재충전의 필수적인 수단'이라고 말하고 싶다.

그런가 하면 리먼 브라더스에서 최고재무책임자로 일했던 에린 켈런이 「뉴욕 타임스」에 기고했던 글을 보면 다음과 같은 내용이 나온다.

"지난 2005년에 있었던 부부동반 회사 파티에서 내 동료 한 명이 당시 내 남편에게 주말에 내가 무엇을 하면서 지내느냐고 물었던 적이 있다. 그 동료는 나를 어떤 일에 대해서든 의욕이 넘치는 사람으로 생각하고 있었던 것 같다. 그녀는 내 전 남편에게 농담조로 이렇게 물었다. '카약을 타나요? 아니면 암벽타기나 하프 마라톤?' 하지만 내 남편은 심드렁한 말투로 이렇게 대답했다. '아니요. 그냥 자요.' 실제로 그랬다. 특별히 일이 바쁘지 않는 한 나는 다음 주를 위한 에너지 충전을 위해 잠을 자며 주말을 보냈다."[5]

만약 여러분의 회사에 충분한 수면을 부정적으로 보는 분위기가 아직도 남아 있다면, 여러분이 먼저 나서서 그와 같은 분위기를 바꾸어보라. 충분한 수면이 유발하는 많은 긍정적인 효과들—창의성 제고, 생산성 제고, 의료 관련 비용의 절감 등—은 기업의 수익성을 크게 개선할 수 있는 잠재력을 지니고 있다. 이와 같은 긍정적인 효과들을 생각해보면 직원들에게 충분한 수면을 보장하는 것을 기업의 주요 정책으로 삼는 것도 그렇게 무리한 방침은 아니다(실제로 많은 기업이 직원들의 음주행태를 규제하고 있는데, 부족한 수면이 술에 취한 것과 같은 상태를 유발한다는 연구결과를 생각해보면 충분한 수면을 보장한다는 것이 그렇게 이상한 생각은 아닐 것이다). 하버드 대학교의 찰스 자이슬러 교수 같은 경우는 출장 등으로 야간비행기를 타고 돌아온 직원들은 바로 다음날 오전에 출근해서는 안 된다고 했고, 몇몇 기업들의 경우는 전날 야근을 한 직원은 다음날 오전에 늦게 출근하는 것을 허용해주고 있기도 하다. 이와 같은 기업의 경영자들은 충분한 수면을 취하는 것이 '자산을 지키는' 매우 중요한 방법이라는 점을 잘 알고 있는 것이다.

이 책의 자료조사를 위해 구글 본사를 방문한 적이 있는데, 당시 나는 그곳에 있는 직원들의 낮잠공간인 냅팟nap pod에도 가보았다. 그 공간은 온통 하얀색으로 되어 있었고, 다수의 냅팟들이 마련되어 있었다(그 낮잠공간은 1970년대 인기 시트콤인 〈모크와 민디Mork and Mindy〉에 나오는 세트장 같은 느낌이었다). 냅팟 하나의 넓이는 0.6평 정도로 한 사람이 잠을 자기에 충분한 공간이었는데, 다만 바닥이 완전히 평평하지는 않았다. 또한 냅팟은 공간이 완전히 밀폐되지는 않아서 그 안에 사람이 있다는 것 정도는 바깥에서 알아볼 수 있었다. 나는 냅팟에 직접 누워보기도 하고, 여기서 깊은 잠에 빠져든다면 어떻게 될까 궁금해하기도 했다. 그런데 그런 나의 궁금증은 금세 풀렸다. 내가 냅팟에 누운 지 30분이 지나자 냅팟 바닥에 진동이 울리면서 이제 일어나야 할 시간이라는 것을 알려주었던 것이다.

거기서 잠깐 낮잠을 잤던 것만으로도 나는 잠이라는 것이 얼마나 중요한지를 새삼 느낄 수 있었다. 그 잠깐의 잠만으로도 내 정신은 더욱 맑아졌고 생각은 더욱 명확해졌기 때문이다.

냅팟을 이용하고자 하는 구글의 임직원들은 미리 신청을 해야만 했다. 그렇다면 냅팟을 이용하는 구글 임직원들의 수는 얼마나 될까? 나는 내가 구글 본사를 찾았던 그 주의 냅팟 이용자 수를 찾아보았다. 처음에는 많은 수의 임직원들이 냅팟을 이용하고 있을 거라고 생각했으나, 실제로 찾아보니 한 부서에 있는 50명가량의 직원들 중 고작 한 명만이 냅팟을 이용했던 것으로 나타났다. 그럼에도 불구하고 나는 냅팟과 같은 시설이 존재한다는 그 자체만으로도 큰 의미가 있다고 생각한다. 임직원들에게 잠이 얼마나 중요한지를 알려주는 일종의 징표가 되기 때문이다.

지금까지 우리는 하찮거나, 평범하거나, 그럭저럭 좋아 보이는 다수와, 본질적인 소수의 것을 구분해내는 방법에 대해 논의해왔다.

말 그대로 이는 우선순위를 가려내는 것이고, 여기에는 중요해 보이는 것들 중에서도 더 중요한 것들을 찾아내는 것도 포함되어 있다. 에센셜리스트가 되기 위해서는 이 세상의 대부분의 것은 중요하지 않으며 정말로 의미 있는 것은 극소수에 불과하다는 점을 알고, 그러한 의미 있는 극소수의 것들을 찾을 수 있어야 한다. 하지만 잠을 부족하게 잔다면 의미 있는 극소수의 것들을 판단해낼 수 있는 능력이 크게 떨어지게 된다. 즉, 수면부족이 우선순위를 판단하는 능력을 크게 낮추는 것이다.

충분한 잠은 선택의 대상들을 평가하는 능력과 세상과 소통하는 능력을 높여준다. 그리고 깨어서 활동하는 동안 소수의 본질적인 것들을 훨씬 더 잘 추진할 수 있도록 해준다.

우리에게 최우선은
우선순위를 판단하는 능력을
지켜내는 것이다.

Chapter 9

까다롭게 선택하라
Select

판단의 기준이 되는 확고한 원칙을 세워라

> 내면의 작용은 외부 기준의 필요에 의해 움직이게 된다.
> —— 루드비히 비트겐슈타인 Ludwig Wittgenstein, 철학자

TED 프로그램의 인기강사인 데릭 시버스Derek Sivers의 강연인 '단순한 예스는 이제 그만. 완전한 확신이 아니면 거부하라No More Yes. It's Either HELL YEAH! Or No'를 들어보면, 선택의 대상들 앞에서 어떻게 판단을 내려야 하는지를 알려준다. 이 방법의 핵심은 판단의 대상이 되는 상황을 극한으로 가져가는 것인데, 무언가를 할 때 확신이 완전히 드는 경우에만 그것을 받아들이는 것이다. 이른바 데릭 스타일이라는 것으로, 완전한 확신에서 조금이라도 부족하다면 그것은 받아들이거나 추진하지 않는다. 그런

가 하면 소셜 네트워크 서비스 기업인 트위터의 어떤 임원 한 명은 나에게 이렇게 말을 한 적이 있다. "확실하게 그렇다는 답을 못 내겠다면 거부해야 합니다." 이는 에센셜리스트가 추구해야 하는 원칙 가운데 하나이며, 탐구과정의 중요한 방법이기도 하다.[1]

데릭 시버스는 이와 같은 원칙대로 살고 있다. 자신의 일을 도와줄 직원을 채용할 때 그는 마음에 확실하게 드는 지원자가 없다면 채용공고를 다시 낸다. 그리고 이 과정은 마음에 확실하게 드는 지원자가 나올 때까지 이루어진다. 여러 건의 강연요청이 들어오더라도 정말로 마음에 드는 강연자리가 아니라면 그는 모든 요청을 거부하고 차라리 집에서 쉬는 편을 택한다. 그리고 집에서 쉬는 시간을 더욱 생산적으로 활용한다. 자신이 거주할 지역을 고를 때에도 그는 상당히 괜찮은 곳이라는 생각이 들었던 지역들이 나타났음에도(시드니와 밴쿠버 같은 곳들) 확실하게 마음에 드는 지역이 나타날 때까지 계속해서 찾아다녔고, 그렇게 찾은 곳이 바로 뉴욕이었다. 그런 다음에 그는 뉴욕으로 이사를 갔다.

다시 옷장 이야기로 돌아가보자. 옷장을 들여다보면서 '내가 이 옷을 언젠가는 입게 되겠지?'라는 막연한 생각으로 옷장정리를 한다면 우리의 옷장은 잘 입지도 않는 옷들로 가득 들어차 매우 정신없는 상태가 될 것이다. 하지만 '나는 이 옷을 정말 좋아하는가?'라는 생각으로 옷장정리를 한다면 불필요한 옷들이 사라지면서 옷장은 깔끔한 상태가 될 것이다. 인생의 다른 분야에도 분명한 원칙으로 구분하고—큰 것인지 작은 것인지, 중요한 것인지 사소한 것인지—선택하는 것이 중요하다.

90퍼센트 법칙

얼마 전에 내 동료와 나는 우리가 진행하는 스탠퍼드 디자인스쿨 강의인 '인생 디자인, 핵심적으로'에 지원한 100명가량의 학생들 가운데 24명의 수강학생들을 선발하는 작업을 했다. 우선 우리는 '모든 수업에 출석해야 한다'는 것을 가장 기본적인 우선조건으로 정했고, 그다음에는 '인생의 행로를 바꿀 정도의 것들을 경험할 준비가 되었는가?'와 같은 몇 가지 추가적 조건도 정했다. 이와 같은 조건들을 기준으로 각각의 학생들에게 점수를 매겼는데, 점수는 1점부터 10점까지 분포하게 되었다. 내 동료와 나는 9점과 10점의 학생들은 무조건 선발하고, 7점 미만의 학생들은 무조건 탈락을 시키기로 했다. 그다음 7점과 8점의 학생들은 좀 더 자세히 평가하여 선발 여부를 결정하기로 했다. 그런데 7점과 8점의 학생들을 평가하고 그들 가운데 몇 명을 추가적으로 선발하는 데 애를 먹다가, 문득 이런 생각이 들었다. "무언가가(혹은 누군가가) 절대적으로 좋은 것이 아니라 그냥 좋은 수준이라면—7점이나 8점이라면—그 대답은 '아니오'가 되어야 한다." 그것은 나에게는 커다란 깨우침이었다.

    이것을 90퍼센트의 법칙이라고 생각해도 좋다. 그리고 이것은 앞으로 여러분이 내리게 될 어떤 분야에서의 선택에도 적용할 수 있는 원칙이다. 어떤 선택의 대상에 대해 평가를 하게 된다면 가장 중요한 평가의 기준을 하나 선정한 다음, 그것을 기준으로 선택의 대상에 대해 0점부터 100점까지 점수를 매겨보라. 만약 어떤 선택의 대상에 90점 미만의 점수가 매겨진다면 그건 0점과 다름없다 판단하고 바로 거부하라. 이와 같은 방식을 통해 판단을 내리지 못해

머뭇거리거나, 혹은 60점이나 70점짜리의 선택들에 발목이 잡히는 더 나쁜 상황을 피할 수 있다. 60점이나 70점은 가치 있는 선택의 대상이 아니다. 여러분이 만약 어떤 시험에서 65점의 점수를 받았다고 생각해보라. 그 점수에 대해 만족할 수 있겠는가? 인생의 중요한 선택에서도 마찬가지다. 60점이나 70점 정도의 낮은 선택의 대상에 여러분의 소중한 시간과 노력을 쏟 이유는 없다.

이와 같은 방식을 제대로 활용하기 위해서는 2부에서 소개된 그 어떤 분야에서보다도 선택과 포기의 현실을 명확하게 인식할 필요가 있다. 어지간하면 선택해도 괜찮을 정도로 좋아 보이는 선택지가 바로 앞에 있다 하더라도, 조만간 완벽한 선택지가 나타날 거라는 믿음을 갖고 까다롭게 선택해야 하기 때문이다. 물론 그렇게 기다리는 완벽한 선택지가 조만간 나타나지 않을 수도 있다. 하지만 완벽한 선택지가 가까운 미래에 나타나지 않는다 하더라도 다른 사람들, 혹은 주변의 상황이 여러분이 해야 할 것들을 선택하도록 방치하지 않는다는 것 자체에 큰 의미가 있다. 중요한 것은 주변의 상황이나 남들의 요구에 의해 움직이지 않고, 여러분 자신의 선택에 의해 움직이는 것이다.

우리 삶의 모든 부분에서 선택과 포기의 판단을 까다롭게 행하는 것의 이점은 명백하다. 우리가 선택의 기준을 너무 느슨하게 가져간다면 선택의 대상들이 지나치게 많아진다. 반면에 선택의 기준을 까다롭게 가져가고 선택의 대상들에 대해 구체적인 점수를 매긴다면 충동적이고 감정적으로 선택하는 게 아니라, 좀 더 의식적이고, 논리적이고, 이성적으로 선택을 하게 된다. 물론 선택의 기준을 까다롭게 가져가기 위해서는 그를 위한 원칙을 마련해야 한다. 하지만 이와 같은 수고를 회피한다면 그로 인해 우리가 치러야 하는 비용은 막대해질 수 있다.

비에센셜리스트는 일과 삶에서의 선택을 내리는 데 구체적인 기준이 없다. 예를 들면 직장에서 어떤 프로젝트를 맡을 때에도 그저 다음과 같이 생각할 뿐이다. "부장이 하라고 하면, 당연히 해야지." 아니면 다음과 같이 생각할 수도 있다. "누군가가 무언가를 요청한다면, 적어도 그것을 하려고 노력은 해야 하겠지." 심지어 이렇게 생각하는 사람들도 있다. "다른 사람들이 하는 거라면, 나도 해야 하는 거 아닌가?"

오늘날 많은 언론매체들에서는 다른 사람들이 하고 있다는 많은 것들을 보여주고 있는데, 비에센셜리스트들에게는 맹목적으로 '해야 할' 많은 일들이 존재하고 있는 셈이다.

비에센셜리스트	에센셜리스트
거의 모든 요청과 기회를 받아들인다.	가장 좋은 10퍼센트의 기회만을 받아들인다.
'내가 아는 어떤 사람이 무언가를 한다면, 나도 그것을 해야 한다'고 생각한다.	'이것은 내가 찾고 있던 완벽한 기회인가?' 생각한다.

내가 컨설팅을 했던 어떤 기업의 경영진은 자신들이 추진해야 하는 프로젝트들을 선정하는 구체적인 기준을 마련했다. 하지만 시간이 지나면서 그러한 기준은 잊혀져갔고, 그들은 고객들이 요구하는 것만을 따라 하기에 급급했다. 결국 그 기업의 분위기는 매우 나

빠졌다. 일단은 고객들의 요구를 계속 수용하다 보니 지나치게 일이 많아지기도 했지만, 그것만이 아니라 자신들이 추진하는 프로젝트들에 사명감을 가지지 못하다 보니 기업 전반적으로 목적의식이 사라져버렸기 때문이다. 상황은 계속 악화되었다. 그전에 그 기업은 차별적이면서도 수익성이 높은 틈새시장을 잘 파고들었지만, 이제는 고객들의 요구를 전부 다 수용하다 보니 차별성을 잃어버렸던 것이다.

하지만 그 기업은 선택의 기준을 까다롭게함으로써 기업의 시간과 자원을 소모시키는 70에서 80퍼센트의 비본질적인 프로젝트들을 걸러낼 수 있었다. 그리고 가장 큰 이익을 창출하면서 시장에서의 차별성을 회복할 수 있는 핵심적인 프로젝트들에 다시금 선별적으로 집중하게 되었다. 그리고 더 나아가 직원들 개개인으로 하여금 저마다의 목적에 가장 큰 기여를 하는 프로젝트들을 선택하도록 했다. 그전까지의 직원들은 경영진에서 결정한 바를 맹목적으로 따라가는 것에 불과했으나, 이제는 회사의 프로젝트 추진에 있어 자신들의 목소리를 낼 수 있게 되었다.

나는 그 기업에서 가장 나이가 어리고 조용하던 어떤 여직원이 임원에게 잘못된 선택에 대해 지적하는 모습을 목격했다. 그녀는 임원 앞에서 이렇게 말했다. "우리가 결정한 선택의 기준을 생각해 보았을 때, 이번 거래를 꼭 추진해야 하나요?" 선택의 기준을 까다로우면서도 명확하게 결정하기 전까지는 결코 목격할 수 없었던 상황이다.

이러한 선택 과정에서 우리는 비본질적인 다수의 것을 걸러내고 본질적인 소수의 것을 가려내는 체계적인 도구를 갖추는 셈이다.

선별적이고, 명확하고, 그리고 올바른 기준

영국 가구회사인 비트소Vitsoe의 마크 애덤스Mark Adams는 지난 27년 동안 자신의 일을 선택할 때 분명한 기준을 수립해 엄격하게 적용해오고 있다.

사실 가구산업에서는 회사마다 엄청난 물량을 쏟아내는 것이 일반적이다. 계절이 바뀌면 새로운 색상과 스타일의 가구들이 그야말로 쏟아져 나온다. 하지만 비트소는 아주 오랫동안 아주 적은 수의 품목만을 생산해오고 있으며, 606 유니버셜 쉘빙 시스템606 Universal Shelving System도 그런 품목 가운데 하나다. 이유는 무엇일까? 바로 비트소가 매우 엄격한 제품기준을 세워놓고 있고, 오직 그 기준을 통과하는 제품들만을 생산하고 있기 때문이다.

비트소의 606 시스템은 앞의 1장에서 소개한 디터 람스의 디자인 철학이자 에센셜리스트의 기본 원칙인 '더 적게, 하지만 더 좋게'라는 개념이 구체화된 전형적인 제품이다. 사실 비트소의 606 시스템을 설계한 사람이 바로 디터 람스 본인인데, 이를 생각해보면 606 시스템의 디자인을 더 잘 이해할 수 있게 된다. 디자인만이 아니라, 비트소는 인력을 채용할 때도 매우 선별적으로 접근한다.

우선 그들은 자신들의 기준에 맞지 않는 인력을 채용하는 것보다는 한동안 인력을 비운 상태로 기업을 운영하는 편이 더 낫다는 생각을 가지고 있다. 그리고 이러한 생각을 토대로 매우 엄격하면서도 체계적인 채용 절차를 거친다. 비트소의 채용 절차는 맨 처음 전화면접으로 시작된다. 이는 채용 담당자가 지원자의 외모만으로 편견을 갖고 1차합격 여부를 결정하는 일을 막기 위해서다. 또한 지원자가 어떤 식으로 전화응대를 하는지도 가늠해보고, 약속된 시간 동안 원활한 통화가 가능한 조용한 장소를 찾는지의 여부를 통해 그 사람의 성실성을 판단하는 목적도 있다고 한다. 이 첫 번째 전화면접 단계에서 많은 지원자들이 탈락되는데, 상당히 효율적인 방식이라고 볼 수도 있다.

두 번째 단계에서 한 명의 지원자는 회사 내 각 부서를 돌아다니며 여러 사람들과 면접을 보게 된다. 그리고 여러 부서의 기존 직원들로부터 추천을 받은 지원자는 자신이 지원한 팀의 팀원들과 함께 일을 하며 꼬박 하루의 시간을 보낸다. 그런 다음, 경영진에서는 전체 부서로 회람을 돌려 어떤 지원자를 최종적으로 채용할지를 묻는다. 지원자의 채용 여부를 묻는 질문은 다음과 같다.

"A라는 사람이 우리 회사에서 일하는 것을 좋아할까요? 우리는 A라는 사람과 함께 일하는 것을 좋아할까요?"

이때 기존 직원들로부터 긍정적인 대답을 받는 지원자가 한 사람도 없으면 누구도 채용하지 않는다. 이와 같은 과정을 거치는 이유는 지원자의 면면을 좀 더 세밀히 파악하기 위해서인데, 기존 직원들로부터 긍정적인 대답을 받는 지원자는 최종면접을 거쳐 채용한다. 결국 회사 전체가 절대적으로 확신할 수 있는 사람만을 직원으로 채용한다는 것이다.

한번은 606 시스템 설치팀에서 일을 할 직원을 채용하려 한 적이 있었다. 고객들과 직접 대면하며 일을 해야 하는 설치팀의 직원들은 회사의 얼굴인 셈이었기 때문에 중요한 자리였다. 당시 한 지원자는 전화면접을 통과하고 두 번째 면접도 순조롭게 진행되어, 마침내 설치팀의 다른 팀원들과 하루 동안 현장에 나가 일을 하게 되었다. 그 지원자는 설치작업 자체는 꽤 잘해냈다고 한다. 하지만 현장에서 설치작업을 마치고 자리를 정리하면서 공구들을 공구함에 던져넣었던 것이 다른 팀원들의 눈에 들어왔다. 어떻게 보면 별일 아닌 것일 수도 있었다. 설치작업 자체는 흠잡을 데 없이 잘해냈기 때문이다. 하지만 다른 팀원들은 고객 앞에서 그와 같은 부주의한 행동을 하는 것은 회사가 추구하는 바와 맞지 않는다고 생각했고, 이러한 생각을 경영진에게 전달했다. 마크 애덤스는 설치팀 직원들의 생각을 듣고 자신도 동의한다고 대답했다. 그리고 그 지원자에게는 정중하게 채용하지 못하게 되었다는 내용을 통지했다.

'확실한 예스'가 아니라면, 그것은 '확실한 노'가 되어야 한다.

비트소의 엄격한 채용과정을 떠받치는 것이 직원들의 즉흥적인 느낌인 것처럼 보이기도 하지만(물론 이것도 어느 정도는 작용한다), 사실 그것은 오래도록 축적된 경험에서 나오는 것이다. 한 예로 비트소의 직원들은 어렸을 때 장난감 블록 레고를 많이 가지고 놀았던 사람일수록 비트소의 기업문화에 더 잘 적응한다는 것을 경험으로 알고 있다. 입사 지원자들에 대한 비트소 직원들의 평가는 아무렇게나 즉흥적으로 이루어지는 것이 아니라, 지난 수십 년의 역사 속에서 검증된 평가기준을 따르는 것이다.

뿐만 아니라 비트소에는 입사 지원자들을 평가하는 구체적인 기준 항목들도 있는데, 그중 하나를 소개하자면 이런 것이다.

"이 사람은 우리 회사와 잘 맞는 사람인가?"

입사 지원자 한 명에 대한 면접에 회사 내 많은 직원이 참여하고, 실제로 함께 업무를 수행해보고, 사전에 미리 질문지를 보내는 것도 이에 대한 답을 얻기 위해서이다. 직원 한 명을 채용하기 위해 이처럼 많은 정보를 수집하고, 미리 정해진 엄격한 기준을 토대로 다면적이면서도 심층적인 평가를 행하는 것은 진정한 에센셜리스트들에게서 찾아볼 수 있는 모습이다.

IT기업 박스Box의 최고경영자인 아론 리바이Aaron Levie도 직원을 채용할 때 비트소와 비슷한 기준을 가지고 있다. 그는 입사 지원자들을 평가할 때 "이 사람은 내가 매일같이 함께 일하고 싶은 그런 사람일까?"라고 자신에게 묻는다고 한다. 그는 이렇게 말했다.

"이러한 물음에 대한 답을 구하는 한 가지 방법은 'A라는 사람이 우리 회사의 창업 멤버였을 수도 있을까?'라고 생각해보는 것입니다."

만약 창업 멤버였을 수도 있겠다는 생각이 들면 그 지원자는 박스의 직원으로 채용되는 것이다.[2]

정말 좋은 기회는 나중에 올 수도 있다

좋은 기회를 선별적으로 추구해야 한다고 말했지만, 더 좋은 기회가 나중에 올 수도 있기 때문에 선택과 포기의 문제는 더욱 어려워질 수 있다. 전혀 기대하고 있지 않던 직장으로부터 일을 하러 와달라는 제의가 올 수도 있고, 중요성은 매우 낮지만 조금만 시간을 투자하면 쉽게 돈을 벌 수 있는 프로젝트가 갑자기 앞에 떨어질 수도 있다. 우리가 그토록 바라던 분야에서 일을 할 수 있는 기회가 생기기는 했는데, 근무조건이 무급노동일 수도 있다. 그리고 평소 가고 싶어하던 여행지는 아니지만, 어떤 여행지에 매우 싼 가격으로 여행을 갈 수 있는 기회가 생길 수도 있다. 이런 경우 우리는 어떻게 해야 할까?

대부분은 기회를 영원히 잃을 수도 있다는 두려움이 우리를 지배하게 된다. 바로 앞에 상당히 괜찮아 보이는 기회가 있는데, 어떻게 그를 거부할 수 있겠는가. 받아들이기만 하면 괜찮은 기회를 우리의 것으로 할 수 있는 상황에서 말이다. 하지만 쉬우면서도 괜찮은 기회라고 해서 무조건 받아들인다면, 곧이어 찾아올지도 모르는 훨씬 더 의미 있는 기회를 포기해야 한다는 위험을 떠안게 된다.

커뮤니케이션 에이전시를 경영하고 있는 낸시 듀어트Nancy Duarte도 이와 같은 선택과 포기의 문제를 겪은 적이 있다. 지난 2000년까지만 하더라도 그녀의 에이전시는 기업들의 홍보 업무와 관련된 것이라면 가리지 않고 전부 다 하려고 했다. CI 개발, 인쇄물 제작, 웹사이트 구축, 프레젠테이션 자료 제작(프레젠테이션 자료를 제작하는 일은 대부분의 커뮤니케이션 에이전시가 기피하던 일이었다) 같은 것들 말이다. 하지만 차별화를 할 수 있는 요소가 없었기에 그녀의 에이전시는 치열한 경쟁 속에서 힘든 시간을 보낼 수밖에 없었다.

그러던 어느 날, 낸시 듀어트는 짐 콜린스의 책 『좋은 기업을 넘어 위대한 기업으로』를 읽었는데, 그 책의 내용 가운데 진심으로 열정을 갖고 임할 수 있는 것이 있다면—그리고 가장 잘할 수 있는 것이 있다면—그것을 집중적으로 추진하라는 부분에서 무언가를 깨달았다. 다른 에이전시들이 기피하는 일, 바로 프레젠테이션 자료 제작을 자신의 차별점으로 삼기로 한 것이다.

듀어트의 회사는 프레젠테이션 자료 제작에 집중하면서, 해당 분야에서 특별한 지식을 쌓게 되었고, 남들에게는 없는 특별한 도구와 방법까지 갖추게 되었다. 그리고 결국은 해당 분야에서 세계 최고의 회사가 되었다. 하지만 이와 같은 위치에 이르기까지는 다른 모든 기회들에 대한 거부의 연속이었다. 경제위기로 당장 현금이 필요했던 때에도 그녀의 회사는 과감하게 다른 기회들을 거부했고, 오직 프레젠테이션 자료 제작에 집중했다. 자신들이 판단한 최고의 기회에 대해 모든 역량을 집중시켰던 것이다.

여러분의 앞에 찾아오는 기회들을 평가하고 선택하는 데 활용할 수 있는 방법 한 가지를 소개하려고 한다. 첫째, 여러분의 앞에 찾아온 기회를 글로 적어보라. 둘째, 여러분이 그 기회에 대해 기대하는 '최소한의 조건' 세 가지를 적어보라. 셋째, 여러분이 그 기회에 대해 기대하는 '이상적인 조건' 세 가지를 적어보라. 그런 다음 여러분의 앞에 찾아온 그 기회가 '최소한의 조건' 세 가지를 모두 충족시키지 못한다면 거부한다. 만약 그 기회가 최소한의 조건 세 가지를

평가하기

기회
나에게 어떤 기회가
주어졌는가?

최소한의 조건
그 기회에 대해 기대하는
최소한의 조건
세 가지는 무엇인가?

이상적인 조건
내가 그 기회에 대해 기대하는
이상적인 조건
세 가지는 무엇인가?

모두 충족시켜 일차평가를 통과했다면, 그다음에는 이상적인 조건에 대비시켜 평가해보라. 해당 기회가 이상적인 조건 세 가지 가운데 둘 이상을 충족시키지 못한다면 그 기회 역시 거부한다.

브루클린 최고의 피자

인생에서 중요한 결정을 내려야 할 때 우리 두뇌의 검색능력과 판단능력을 더욱 높이기 위해서는 평가조건을 까다롭게 가져갈 필요가 있다. 구글을 이용하여 음식점을 찾을 때 '뉴욕 맛집'이라는 검색어로 찾는 경우와, '브루클린 최고 피자'라는 검색어로 찾는 경우를 생각해보라. 만약에 우리가 새로운 직업을 찾아야 할 때 단지 '좋은 직업'이라는 조건만을 떠올린다면, 우리의 두뇌는 막연할 정도로 많은 직업을 떠올릴 것이다. 하지만 우리 자신에게 다음과 같은 세 가지 질문을 먼저 제기한다면 결과는 완전히 달라지게 된다.

"내가 진심으로 열정을 가질 수 있는 일은 무엇인가?" "내 재능을 제대로 활용할 수 있는 일은 무엇인가?" "이 세상이 지금 가장 필요로 하는 것은 무엇인가?"

이와 같은 질문들을 통해 선택의 대상을 크게 줄일 수 있다. 우리가 찾는 것은 수많은 좋은 것들이 아니다. 우리가 찾는 것은 우리 인생의 성공에 가장 크게 기여할 수 있는 어떤 하나의 것이다.

엔릭 살라Enric Sala는 이와 같은 방식으로 자기 인생의 직업을 찾은 사람들 가운데 한 명이다.[3] 엔릭 살라는 원래 캘리포니아주 라 홀라에 있는 스크립스Scripps 해양연구소에서 연구원으로 일을 하며 인정받고 있었다. 하지만 자신이 진정으로 원하는 길에서는 약간 벗어나 있다는 느낌을 지울 수가 없었고, 결국은 연구소를 떠나 내셔널 지오그래픽National Geographic에서 일을 하기 시작했다. 그곳에서 성공을 거두자, 그에게는 워싱턴 정가에서 일을 할 수 있는 새로우면서도 매력적인 기회가 찾아왔다. 이번에도 그는 그 새로운 길이 자신에게 옳은 길일 거라는 판단을 내리고 기회를 받아들였다. 하지만 이른 성공이 판단력을 흐렸던 탓인지, 이번에는 잘못된 선택임이 드러났다. 사실 그는 칼립소라는 배를 타고 전 세계 바다를 탐험하던 해저탐험가 자크 쿠스토Jacques Cousteau를 알게 된 어린 시절부터 자기 역시 세상에서 가장 아름다운 바다를 탐험하겠다는 꿈을 꾸고 있었다. 워싱턴에서 일을 하게 된 지 2년이 지났을 때 정말로 좋은 기회가 그를 다시 찾아왔고, 그는 자신이 추구하던 진정한 목

평가하기

표를 위해 그 새로운 기회를 받아들이기로 했다. 아예 내셔널 지오그래픽의 탐험가가 되기로 한 것이다. 이 새로운 기회를 받아들이면서 그는 전 세계에서 잘 알려지지 않은 바다들을 탐험할 수 있게 되었고, 해양과학에 대한 지식과 정가에서의 경험을 바탕으로 세계적인 규모의 해양정책을 수립하는 일에도 관여하기에 이르렀다. 꿈꾸던 직업을 갖기 위해 그가 치러야 했던 대가는 많은 좋은 기회들을—매우 좋은 기회들마저—거부하고 기다리는 것이었다. 그리고 결국은 자신의 열정을 불사를 수 있는 기회가 주어졌을 때 그를 붙잡을 수 있었다. 충분히 값어치가 있는 기다림이었던 셈이다.

이러한 기다림 덕분에 엔릭 살라는 자신이 정말로 좋아하면서도, 재능을 제대로 활용하며, 세상이 필요로 하는 일을 할 수 있는 직업을 가진 소수의 사람들 가운데 하나가 되었다. 그가 추구하는 최종 목표는 태고의 자연을 그대로 보존하기 위한 국립공원 같은 것을 바다에 만드는 일에 기여하는 것이다. 진정으로 본질적인 일이라고 하겠다.

3부

버리기

비본질적인 다수를
버리는 방법들

버려라

어떻게 해야 불필요한 많은 것들을
버릴 수 있을까?

9장까지의 내용을 1장에서 언급했던 옷장에 비유해보자. 여러분은 지금 옷장 속의 옷들을 전부 살펴보고 그것들에 대한 평가를 해놓은 상태이다. 그리고 그 옷들은 '반드시 보관해야 하는 것'과 '버려도 되는 것'으로 나누어져 있을 것이다. 그런데 여러분은 정말로 '버려도 되는 것'을 버릴 준비가 되어 있는가?

여러분이 추구하는 목표에 가장 큰 기여를 하고 가장 큰 성과로 이어질 수 있는 활동을 선택하는 것만으로는 부족하다. 그렇지 않은 활동은 과감히 없앨 수 있어야 한다. 이 책의 3부에서는 본질적인 것들에 집중할 수 있도록 비본질적 것들을 없애는 방법에 대해 살펴볼 것이다. 그리고 비본질적인 것들을 거부하면서도 동료, 상사, 고객들로부터 인정받을 수 있는 방법에 대해서도 논하려고 한다.

'버려도 되는 옷들'을 실제로 버리는 것은 결코 쉬운 일이 아니다. '나중에 다시 이 옷들이 입고 싶어지면 어떡하지?'라는 염려가 있기 때문이다. 이런 감정은 일반적인 것이다. 게다가 우리는 이미 가지고 있는 것들의 가치를 실제 가치보다 높게 평가하는 경향이 있기 때문에, 분명히 필요 없는데도 쉽게 버리지를 못한다. 하지만 입지도 않을 옷들을 붙잡고 갈등하고 있다면, 스스로에게 다음과 같이 물어보라. "만약에

이 옷이 다른 사람의 옷이라면 나는 얼마에 사고 싶을까?" 마찬가지로 여러분의 인생에서도 비본질적인 활동들을 없애지 못하고 있다면 스스로에게 다음과 같이 질문해보라. "만약에 이 기회가 나에게 주어지지 않았더라면, 나는 이 기회를 정말로 찾아서 붙잡으려고 했을까?"

물론 여러분의 일과 삶에서 비본질적인데도 좋아 보이는 기회들을 거부하는 것은 오래된 옷들을 버리는 것보다는 훨씬 더 어려운 일이다. 하지만 이는 회피할 수 없는 현실이다. 왜냐하면 비본질적인 것들에 대해 적극적으로 '아니오'라고 말하지 못한다면, 그러한 것들을 자동적으로 받아들이게 되기 때문이다. 따라서 여러분에게 주어진 여러 선택의 대상들을 살펴보고 평가를 했다면, 여러분 자신에게 단순히 "우선순위가 어떻게 되고, 무엇을 먼저 해야 하지?"라고 질문하는 게 아니라, "거부해야 하는 것들은 무엇이지?"라는 질문을 해야 한다. 이 질문을 통해 여러분은 진정한 의미에서 우선순위와 목표를 찾고, 그 목표로 나아가는 최선의 길을 발견할 수 있다. 일과 삶에서 지금까지와는 다른 획기적인 변화를 원한다면 본질적인 것들을 명확하게 구분하여 추진할 필요가 있다. 그리고 거부해야 하는 것들은 무엇인지 항상 스스로에게 질문해야 한다.

Chapter 10

명확하게 목표하라
Clarify

천 가지를 이루어내는 단 하나의 결정

> 멈추지 않고 하나의 목표만을 추구하는 것,
> 여기에 성공의 비결이 있다.
> ─ 안나 파블로바 Anna Pavlova, 발레리나

여기서는 먼저 퀴즈 하나를 풀어보는 게 좋을 것 같다. 이어지는 부분에는 세 개의 기업과 각 기업의 목표들이 나오는데, 각각의 기업목표가 어느 기업의 것인지 서로 연결해보라.[1]

기업	기업목표
1. 애그코(AGCO) 농기계 및 부품의 제조와 유통이 주업인 기업. 트랙터, 각종 복합기, 농기구, 교체부품 등을 주로 취급.	A. 최고의 고객 서비스와 혁신과 품질, 그리고 책임을 다하는 자세로 수익성과 성장성을 함께 제고한다.
2. 도버 코퍼레이션(Dover Corporation) 산업장비 및 전자기기의 제조가 주업인 기업. 폐기물 운반 트럭, 산업용 잉크젯 프린터, 서킷 보드 어셈블리 등을 주로 생산.	B. 진입하는 모든 시장에서 선도기업이 되어 고객들과 주주들의 이익을 제고한다.
3. 딘 푸즈 코퍼레이션(Dean Foods Corporation) 식음료 생산기업. 유제품 및 콩제품을 주로 생산.	C. 우리 회사 제1의 목표는 장기적인 주주가치를 극대화하는 것이다. 그와 동시에 관련법을 준수하고, 언제나 최고 수준의 윤리기준을 지킨다.

    이번 퀴즈에 대해 어떻게 생각하는가? 아마 대부분의 사람들이 이 퀴즈의 정답을 맞히기가 어려울 것이다. 사실 여기에 예시된 기업목표들은 모호하면서도 서로 비슷하다. 이렇게 모호하면서도 과장된 기업목표가 '최선의 관행'인 경우도 있지만, 많은 경우 이와 같은 기업목표는 임직원들에게 정확한 목표의식을 부여해주지 못한다.
    이번 장에서는 우리에게 가장 의미 있는 것들에 역량을 집중할 수 있도록 비본질적인 것들을 배제하는 방법들에 대해 다루려고 한다. 우리가 배제해야 할 비본질적인 활동의 첫 번째 유형은 이루고자 하는 목표와 방향을 같이하지 않는 활동이다. 이때 비본질적인 것들을 버리기 위해서는 우선적으로 목표가 무엇인지를 명확하게 할 필요가 있다. 이번 장은 이에 관한 논의로부터 시작할 것이다.

버리기

'상당히 명확한 것'과 '정말로 명확한 것'

내가 컨설팅을 했던 많은 기업임원들은 자기 회사의 목표나 전략이 '상당히 명확하다'고 말했다. 그 정도면 충분하다는 식이었다. 하지만 안경을 쓰는 사람들은 알 것이다. 상당히 명확히 보이는 것과 정말로 명확히 보이는 것의 차이가 얼마나 큰지 말이다! 자신의 목표나 전략에 대한 개인의 태도 역시 마찬가지였다. "향후 5년 이내에 당신이 이루고자 하는 목표는 무엇입니까?"라는 질문에 대해 구체적인 답을 하는 사람들의 수는 놀라울 정도로 적었다.

명확한 목표가 중요한 이유는 그것이 사람들의 행동에 계속해서 영향을 끼치기 때문이다. 그동안 많은 기업의 의뢰를 받아 컨설팅을 해오면서 나는 '어느 정도 명확하게' 목표를 정립해두고 있는 기업들과 '정말로 명확하게' 목표를 정립해두고 있는 기업들 사이에 큰 차이가 있음을 알게 되었다.

무엇보다 두 유형의 기업들 사이에는 임직원들의 역동성에서 큰 차이가 났다. 목표가 명확하지 않을수록 임직원들의 동기의식과 협력의식이 낮게 나타났던 것이다. 임직원들에게 의사소통과 팀워크의 중요성에 대해 아무리 강조를 하더라도 목표와 역할이 명확하지 않는 경우에는 조직의 분위기가 계속해서 나빠지는 경향을 보였다.

이것은 내가 사고연구를 통해 이끌어낸 이론도 아니고, 다른 사람들이 쓴 책에서 읽은 내용도 아니다. 지난 몇 년 동안 직접 상담을 하거나 컨설팅을 했던 500명 이상의 사람들과 그들이 속해 있던 1,000개 이상의 기업들이나 조직들의 상황을 직접 파악한 후에 얻은 결론이다.

자신의 존재이유가 무엇인지, 목표와 역할이 무엇인지 명확하지 않은 경우에는 혼란과 스트레스와 좌절감이 크게 높아지는 경향을 보였다. 반면에 존재이유, 목표, 역할 등이 명확한 경우에는 높은 성취를 나타냈다.

목표가 명확하지 않은 경우, 사람들은 비본질적인 것들에 시간과 노력을 낭비하지만, 목표가 명확한 경우에는 본질적인 것들을 추구하고 혁신하면서 크게 성취하는 모습을 보였다. 그리고 더 나아가 제시된 목표 이상의 것을 이루어내는 모습도 보였다. 내가 직접 목격하거나 경험해온 바에 따르면, 목표가 명확하지 않는 경우 기업이나 조직에는 다음가 같은 두 가지 일반적인 상황이 나타난다.

상황 1 : 정치놀음

목표가 명확하지 않는 경우, 직원들은 임원이나 사장의 주목을 받는 일에만 집중하게 된다. 문제는 목표가 명확하지 않기 때문에 갈피를 잡지 못하고 자기들만의 방법을 찾던 직원들이 결국은 임원이나 사장의 기분을 맞추는 방향으로 관심을 집중하게 된다는 점이다. 겉으로 보이는 것을 중시하고, 다른 직원들보다 자신이 더 중요한 직원이라는 것을 나타내기 위해 애를 쓰고, 임원이나 사장의 눈치만 보게 되는 것이다. 이와 같은 것들은 비본질적인 수준에서 그치는 게 아니라, 기업의 성과를 망치는 결과로 이어진다.

개인적인 삶에서도 마찬가지다. 삶의 목표가 명확하지 않은 경우, 즉 목표의식이나 포부나 가치관이 명확하지 않은 경우, 우리는 사소한 것들에 집중하게 된다. 주변의 다른 사람들보다 더 멋있게

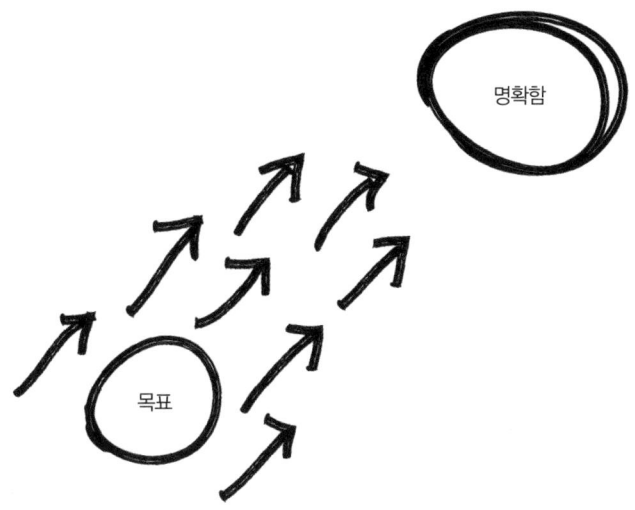

보이는 일에 시간과 돈을 낭비하게 되는 것이다. 그러다 보니 더 멋진 자동차와 집을 사려고 하고, 트위터의 팔로워 숫자를 늘리거나 페이스북에 멋진 사진을 올리기 위해 애를 쓴다. 이렇게 비본질적인 활동에 관심을 집중하다 보면 정작 본질적인 활동은 등한시하게 마련이다. 사랑하는 사람들과 함께 시간을 보내거나, 자신의 영혼을 충만하게 하거나, 건강을 돌보는 등의 활동을 무시하게 되는 것이다.

상황 2 : 전체의 이익에 반하는 개인의 이익 추구
명확한 목표가 제시되지 않는 경우 직원들은 구심점을 잃게 된다. 그리고 방향성이 제시되지 않기 때문에 조직 전체의 장기적인 목표가 무시되고, 직원들은 저마다 단기적인 이익을 추구하기에 이른다. 물론 개인 수준에서 본다면 이와 같은 상황이 더 이익이 될 수도 있으나, 이렇게 개인의 이익을 추구하는 사람들이 하나의 조직을 구성하는 경우에는 서로간의 이익이 상충하면서 조직 전체로는 큰 손실로 이어질 수 있다. 이와 같은 모습을 보이는 조직은 어쩌다가 한 걸음 전진하는 수도 있지만, 결국은 다섯 걸음 퇴보하게 된다.

조직 내 개개인이 각자 행동을 취하게 되면—개인 수준에서는 그것이 아무리 좋은 행동이라 하더라도—조직 전체의 본질적인 목표는 이루어질 수 없다. 서로 조화를 이루지 못하는 행동들은 조직의 목표달성에 기여하지 못하기 때문이다. 대학교 4년 동안 서로 다른 다섯 가지 전공과목을 공부하는 학생은 제시간에 학위를 받지 못할 것이고, 서로 다른 분야에서 다섯 가지나 되는 직업을 가지고 있는 사람은 어느 한 분야에서 뛰어난 실력을 인정받기가 힘들다. 목표나 방향성이 분명하지 않은 상황에서는 조직 구성원들의 다양한 노력이 이렇다 할 성과로 이어지지는 않는다. 미국 철학자이자 시인인 랄프 왈도 에머슨Ralph Waldo Emerson은 이렇게 말한 바 있다.

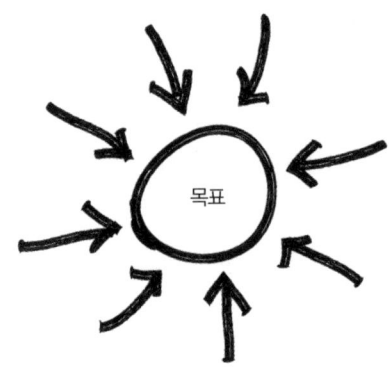

버리기

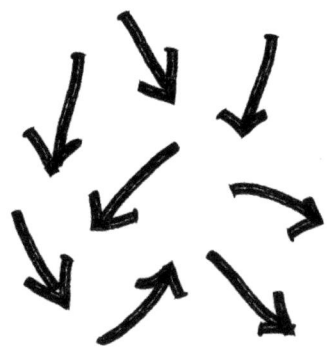

"자신의 직업에서 본질이 되는 계획으로부터 벗어나 여기저기 기웃거리는 바보 같은 행위는 결국 사람과 나라를 모두 망치게 된다."

반면에 목표와 구성원의 역할이 명확한 조직은 놀라울 정도로 커다란 역동성을 발휘하게 된다. 구성원들 개개인의 역량이 서로 보완적으로 기능하면서 조직 전체적으로 커다란 성과를 이루어내는 것이다.

그렇다면 목표를 명확하게 만들기 위해서는 어떻게 해야 할까? 우선 본질적인 목표를 결정하는 것이 그 한 가지 방법이 될 수 있다.

본질적인 목표

본질적인 목표라는 생소한 개념을 이해하기 위해서는 본질적인 목표가 아닌 것이 무엇인지를 알아보는 편이 더 효과적이다.[2] 여기에는 컨설팅 업계에서 흔히 사용되는 다음과 같은 매트릭스를 이용하려고 한다.

여기 소개된 도표에는 조직 구성원에게 알릴 수 있는 여러 가지 개념들이 그 속성에 따라 구분되어 있다. 도표 왼쪽 위의 사분면에 있는 비전이나 사명의 예로는 "우리는 세상을 바꾸는 데 기여한다."와 같은 것이 있는데, 이는 상당히 고무적이지만 지나치게 넓은 범위에서 목표를 다루기 때문에 대부분의 경우는 구성원들에게 무시된다. 도표 왼쪽 아래의 사분면에는 가치관이 있는데―'혁신', '리더십', '팀워크' 같은 것을 들 수 있다―이 역시 지나치게 광범위하

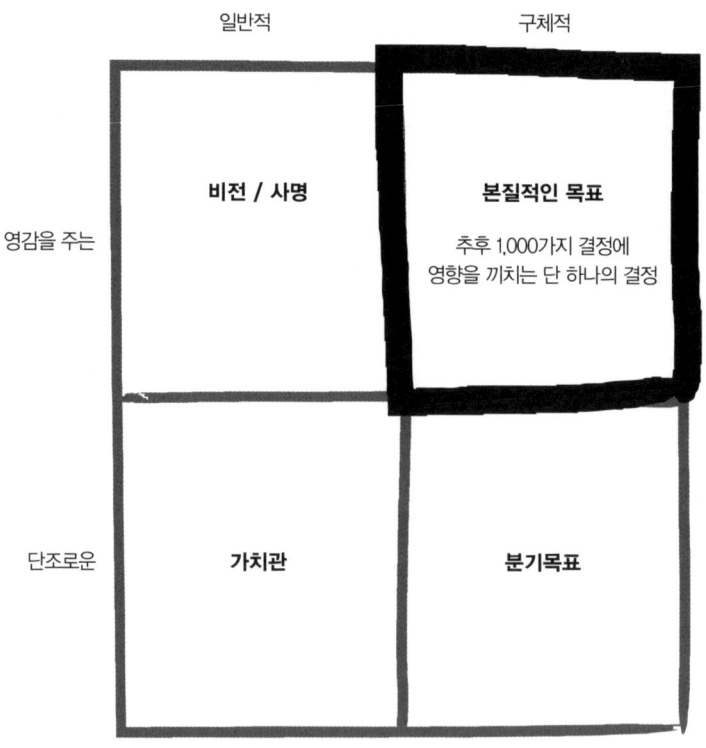

고 일반론적이라 구성원들에게 아무런 의지를 불러일으키지 못한다. 도표 오른쪽 아래의 사분면에는 비교적 단기적이고 구체적인 분기목표가 있는데, "전년 동기 대비 5퍼센트의 순이익 증가를 이루어낸다."와 같은 것이 그 예가 된다. 하지만 이와 같은 단조로운 목표는 사람들에게 충분한 동기의식을 불러일으키지 못한다.

반면에 오른쪽 위의 사분면에 있는 '본질적인 목표'는 구체적이면서도 영감을 준다. 무엇을 해야 하는지를 분명하게 제시함과 동시에, 추구해야 할 의미까지 부여하는 것이다. 제대로만 만들어진다면 본질적인 목표는 1,000가지의 것들에 영향을 끼칠 수 있는 단 하나의 결정이 될 수도 있다. 어떤 본질적인 목표 때문에 변호사가 아니라 의사가 되겠다는 결정을 내리는 상황을 생각해보라. 단 하나의 전략적인 선택은 그 후 이루어지는 수많은 선택에 영향을 끼치고, 이는 우리 인생의 5년, 10년, 20년 후의 항로를 바꾸어놓게 된다. 우리 인생의 수많은 작은 판단들과 결정들이 제대로 내려지기 위해서는 우선 한 가지의 커다란 결정을 올바르게 내리는 것이 중요하다.

비에센셜리스트	에센셜리스트
모호하고 일반적인 비전/사명을 만든다.	구체적이면서도 영감을 주는 전략을 만든다.
구체적인 목표는 수립하지만, 한 단계 더 큰 발전을 가능하게 하는 무언가를 갖지 못한다.	의미를 지니면서 오래 기억될 수 있는 본질적인 목표를 세운다.
가치관은 수립하지만, 이를 바탕으로 한 구체적 실행원칙이 없다.	1,000개의 결정에 영향을 끼치는 단 하나의 결단을 내린다.

Chapter 10 명확하게 목표하라

영국 정부에서 국민의 디지털 협력을 높인다는 취지 아래 디지털 챔피언Digital Champion이라는 자리를 만들고, 마사 레인 폭스Martha Lane Fox에게 그 자리를 맡아달라고 위촉했을 때의 일이다. 폭스는 디지털 챔피언의 책무를 받아들이면서 자신이 이끌 조직의 목표를 제시한 바 있는데, 그것은 여느 공공기관 책임자들이 제시하는 모호하고, 맥 빠지고, 어려운 단어들로 가득한 목표와는 전혀 다른 것이었다.

마사 레인 폭스는 자신이 이끌 조직의 목표로 "2012년 말까지 모든 영국인을 온라인으로 인도한다."를 제시했다. 이것이 본질적인 목표다. 본질적인 목표는 이렇게 단순하고, 구체적이고, 고무적이고, 쉽게 평가될 수 있는 것이어야 한다. 그래야 조직 구성원이 무엇을 해야 하는지를 알고, 목표 달성을 저해하는 수많은 것들을 배제하는 데 힘을 모을 수 있다. 본질적인 목표는 조직 내에서 가장 직급이 낮은 사람이라 하더라도 다음과 같은 발언을 할 수 있도록 해준다. "지금 제안한 새로운 아이디어는 우리가 추구하는 목표의 달성에 도움이 되는 것 아닌가요?" 본질적인 목표는 조직 구성원의 힘을 하나의 방향으로 인도하는 지침이 되어 목표로 나아가는 속도를 크게 높일 수 있도록 해준다. 물론 본질적인 목표 하나만으로 목표를 전부 달성할 수 있는 것은 아니다. 하지만 본질적인 목표가 제시되는 경우와 그렇지 않은 경우, 조직 구성원이 나타내는 목표달성에 대한 기여도는 크게 차이가 날 수밖에 없다.

본질적인 목표는 기업, 팀, 그리고 우리 자신의 성공에 필요한 요소다. 그렇다면 어떻게 해야 이처럼 구체적이고, 영감을 주고, 의미 있으며, 오래 기억될 수 있는 본질적인 목표를 세울 수 있을까?

멋진 문구에 집중하지 말고 목표에 집중하라
추구해야 하는 목표를 담고 있는 본질적인 목표를 만들 때—기업의 것이든, 팀의 것이든, 혹은 여러분 개인의 것이든—사람들이 제일 먼저 생각하는 것은 멋진 문구다. "어떤 용어들을 활용해야 멋지게 만들 수 있을까?"라고 생각하게 되는 것이다.

하지만 이렇게 해서 나오는 것은 의미가 퇴색된 상투적인 문구, 혹은 다분히 선동적인 문구가 될 가능성이 크다. 본질적인 목표는 멋져 보이지 않아도 상관 없다. 중요한 것은 그것이 담고 있는 목표다. 본질적인 목표를 만들 때는 멋진 문구를 고민하기보다는, 다음과 같이 질문해야 한다. "오직 한 가지의 것을 이루어내야 한다면, 그것은 무엇일까?"

"목표에 도달했는지 어떻게 알 수 있을까?"라고 질문하라
분명한 목표의식을 갖기 위해서는 목표달성에 고무될 필요가 있다. 그런데 무언가에 대해 고무된다고 하면 우리는 보통 형이상학적인 수사를 떠올린다. 물론 잘 만들어진 수사가 사람들에게 영감을 줄 수 있기는 하지만, 구체적인 목표야말로 사람들에게 오랫동안 영감을 줄 수 있는 가장 효과적인 수단이라는 점을 기억할 필요가 있다. 제대로 세운 본질적인 목표는 "목표에 도달했다는 것을 어떻게 알 수 있을까?"라는 질문에 구체적으로 답할 수 있기 때문에, 거기에는 사람들을 움직이게 하는 힘이 있다.

나는 이에 관한 통찰을 빌 미헌Bill Meehan 교수로부터 배웠다. 빌 미헌 교수는 맥킨지 컨설팅에서 30년 동안 일하며 수많은 기업경영자들에게 전략에 관한 조언을 해왔고, 은퇴한 후에는 스탠퍼드 대학교 비즈니스 스쿨의 교수가 되어 학생들을 가르쳤다. 그가 가르쳤던 수업의 이름은 '비영리단체의 전략적 관리'였는데, 내가 그 수업을 수강했을 때 미헌 교수가 우리에게 내준 과제 중 하나는 수많은 비영리단체의 비전 및 조직목표를 조사하고 그에 대해 평가하는 것이었다.

당시 우리는 100개 이상의 비영리단체들의 비전과 조직목표를 조사했는데, 그들 중에는 공허한 외침에 불과한 것들도 많았다. 일례로 어떤 비영리단체는 단지 다섯 명의 상임직원들로 구성되어 있었음에도 "전 세계에서 굶주림을 없앤다."는 조직목표를 내세우고 있었다. 이는 달성 불가능한 조직목표이고, 결과적으로 무의미한 수사에 불과했다. 그런데 당시 조사했던 비영리단체들 가운데 매우 현실적이고 고무적인 조직목표를 내세우고 있던 곳이 하나 있었다. 그 단체는 영화배우이자 사회사업가인 브래드 피트Brad Pitt가 만들었는데, 그는 허리케인 카트리나로 폐허가 된 뉴올리언즈가 오랜 시간이 지나서도 제대로 복구되지 않는 현실에 충격을 받아 메이크 잇 라이트Make It Right라는 단체를 출범시켰다. 그리고 "친환경적이면서도 저렴하고, 폭풍에 견딜 수 있는 150채의 가옥들을 로워 나인스 워드Lower Ninth Ward 지역의 주민들을 위해 건축한다."는 조직목표를 제시했다. 이와 같은 구체적인 목표는 즉각적으로 반향을 일으켰고, 상당히 짧은 시간에 달성되었다. 이는 구체적인 목표가 많은 사람들을 자극했기에 가능한 일이었다. 다시 한 번 강조하지만, 본질적인 목표는 "목표에 도달했다는 것을 어떻게 알 수 있을까?"라는 질문에 구체적으로 답할 수 있어야 한다.

본질적인 의지를 갖고 살아가기

본질적인 의지는 단순히 직원 개인이나 기업의 목표 달성에 도움이 되는 게 아니라, 우리의 인생에 있어서 목표의식을 높이고 인생의 행로를 결정하는 힘을 지니고 있다. 남아프리카공화국의 전 대통령인 넬슨 만델라Nelson Mandela의 경우, 감옥에서 27년을 지내는 동안 그 스스로가 에센셜리스트가 되었는데, 1962년에 감옥에 투옥되었던 그는 그야말로 인생의 모든 것을 잃었다―집, 평판, 자존심, 자유 등 그야말로 모든 것을 잃었다. 하지만 투옥이 되고 나서 그는 정말로 중요한 것들에 인생의 모든 것을 집중했고, 그 외의 것들은 전부 버렸다―심지어 그 자신의 분노마저도 버렸다. 그가 이렇게 할 수 있었던 것은 남아프리카공화국에서 극단적인 인종차별정책을 없애는 것을 자신의 본질적인 목표로 삼았기 때문이었다. 그리고 이러한 본질적인 목표를 추구했던 그의 행적은 오늘날에도 여전히 살아 있는 소중한 유산이 되었다.

본질적인 목표를 만드는 것은 쉬운 일은 아니다. 여기에는 우리가 추구하는 중요한 목표의 달성에 도움이 되지 않는 수많은 것들을 버리는 용기와, 통찰력과, 선견지명이 필요하다. 그런가 하면 삶에서 정말로 중요한 것들을 추구할 수 없도록 방해하는 수많은 것을 없앨 수 있는 과감한 질문과, 현실적인 판단과, 엄격한 원칙도 필요하다. 하지만 이와 같은 까다로운 과정을 거칠 이유는 충분하다. 목표가 분명해야 개인이든, 팀이든, 아니면 회사 전체든, 한 방향으로 움직일 수 있고, 결국은 정말로 본질적인 것을 이루어낼 수 있기 때문이다.

Chapter 11

용기를 내라
Dare

우아한 거부의 힘

> 용기는 압박을 받을 때 비로소 그 진가를 드러낸다.
> ── 어니스트 헤밍웨이 Ernest Hemingway, 소설가

적절한 때에 이루어지는 적절한 거부는 강력한 힘을 지니고 있으며, 이는 역사의 흐름마저 바꿀 수 있다. 현대 시민권운동에 불을 지폈던 로자 파크스Rosa Parks의 조용하면서도 단호한 거부만 하더라도 그렇다. 1955년에 앨라배마주 몽고메리시의 버스 안에서 유색인종 전용칸으로 자리를 옮길 것을 요구받았던 로자 파크스는 이를 거부했고, 그 사건은 미국에서 시민권운동이 일어나는 계기가 되었다. 당시 사건에 대해 로자 파크스는 이렇게 회상했다. "(버스운전사가) 백인들 자리에 계속해서 앉아 있

는 나를 보고는 자리에서 일어나줄 것을 요구했죠. 나는 그렇게 하지 않을 거라고 대답했습니다."¹

흔히 알려진 것과는 달리 그녀는 공격적인 성격의 소유자는 아니었던 것 같다. 그녀는 유색인종 지위향상 협회NAACP의 몽고메리 지부 지부장 비서로 활동했는데, 비서가 되었던 일에 대해서 이렇게 설명하고 있다. "거기에서 제가 유일한 여자였고, 그들은 제가 비서가 되어주기를 바라고 있었죠. 저는 너무나도 소심해서 거부할 수가 없었습니다."²

유색인종 전용칸으로 옮겨달라는 요구에 대한 로자 파크스의 거부는 그 시점에서 자신이 어떤 선택을 내려야 하는지에 대한 확신으로부터 나온 것이었다. 그날 버스운전사가 자리에서 일어나달라는 요구를 했을 때의 일에 대해 그녀는 이렇게 말했다. "제가 어떻게 해야 하는지에 대한 확신이 마치 추운 겨울밤의 이불처럼 제 온몸을 감싸고 있다는 느낌을 받았습니다."³ 그때만 하더라도 그녀는 자신의 결단이 전 세계에 어떤 반향을 불러일으킬지 모르고 있었다. 하지만 그 결단 때문에 경찰에 체포되던 순간에도 이것 하나만큼은 확실하게 알고 있었다고 했다. "다시는 그와 같은 굴욕감을 가지고 버스를 타지 않을 거라는 점은 분명했습니다."⁴ 로자 파크스에게서 굴욕감을 갖지 않는 것은 경찰에 체포되어 투옥되는 위험을 감수할 정도로 중요한 것이었다. 그야말로 그녀에게는 그것이 본질적인 것이었다.

오늘날 우리가 로자 파크스가 처했던 인종차별적인 상황에 다시 처하게 될 가능성은 (아마도) 없겠지만, 그녀로부터 많은 것을 배울 수는 있다. 과감하게 '아니오'라고 말을 할 수 있는 용기가 필요한 상황에서는 그녀의 용기를 떠올려보라. 우리의 인생에서 비본질적인 것들을 요구하는 사회적인 압박에 맞서 결단이 필요한 경우에도 마찬가지다.

여러분이 생각하기에 옳은 길과, 다른 사람들이 여러분에게 요구하는 길 사이에서 압박감을 느낀 적이 있는가? 여러분 자신의 신념과 여러분이 취하는 실제의 행동이 서로 상충되어 갈등을 겪은 적이 있는가? 단지 다른 사람들과의 마찰이나 불편한 상황을 피하기 위해 싫은 일에 대해서도 '예'라고 말한 적이 있는가? 직장 상사, 동료, 친구, 이웃, 혹은 가족으로부터 받은 초청이나 부탁을 단지 두려움 때문에 수락한 적이 있는가? 많은 사람이 이와 같을 것이다. 에센셜리스트가 되기 위해서는 우선은 이와 같은 상황들을 용기와 자신감으로 마주할 필요가 있다. 물론 이는 결코 쉬운 일이 아니다.

처음 이 책을 구상했을 때는 한 개의 장을 내어 용기라는 주제를 다루려는 계획은 없었다. 하지만 에센셜리즘에 대해 더 깊이 생각할수록 용기야말로 비본질적인 것들을 버리는 과정의 열쇠라는 사실을 알게 되었다. 용기를 내지 못하면 본질적인 소수의 것들만을 추구한다는 각오는 공허한 울림에 불과해진다. 그냥 지나가는 이야기, 얕은 다짐에 지나지 않게 되는 것이다. 사실 중요한 것들에 집중해야 한다는 말은 누구라도 할 수 있다. 실제로도 많은 이들이 이렇게 말하고 있다. 하지만 이와 같은 말을 실행으로 옮기는 사람은 지극히 드물다.

물론 '아니오'라고 말을 못하는 것이 전적으로 나쁘다는 의미는 아니다. 그리고 '아니오'라고 말하기를 주저하게 되는 수많은 이유들이 있다. 괜히 좋은 기회만 놓치는 것이 될 수도 있고, 존경하거나 좋아하는 사람을 기분 나쁘게 만들 수도 있다는 생각에 괴로워질 수도 있다. 좋은 기회나 좋아하는 사람 앞에서 '예'라고 말을 하는 게 나쁜 일이 될 수는 없다. 게다가 이렇게 하려는 것이 우리 인간의 자연스러운 성향이다. 다만 진짜 문제는 '아니오'라고 말하지 못해서 종종 우리 삶에서 훨씬 더 중요한 것들을 상실할 수도 있다는 점이다.

신시아Cynthia라는 여성이 나에게 해주었던 이야기가 있다. 신시아가 열두 살 때, 그녀의 아빠는 샌프란시스코에 출장을 가는 길에 딸도 데리고 가서 저녁 데이트를 하기로 약속했다. 그래서 부녀는 몇 달 전부터 데이트 계획을 세웠는데, 다음과 같은 내용으로 분 단위까지 꼼꼼하게 짰다. 우선 신시아는 아빠가 프레젠테이션을 하는 곳에서 아빠의 일이 끝나기를 기다리고, 아빠는 오후 4시 30분이 되어 일을 마무리하면 다른 사람들이 일과 관련하여 말을 걸기 전에 얼른 건물을 빠져나온다. 그런 다음 함께 트롤리 카를 타고 차이나타운으로 이동해 중국요리를 먹고(신시아와 아빠가 가장 좋아하는 요리다), 기념품 쇼핑을 하고, 거리를 구경하고, 영화를 본다. 영화를 본 후에는 택시를 타고 호텔로 돌아와 수영장에서 잠깐 물놀이를 하고(신시아의 아빠는 운영시간이 끝난 호텔 수영장에 몰래 들어간 적이 있었을 정도로 물놀이를 매우 좋아한다), 호텔룸에서는 룸서비스로 핫퍼지 선데를 시켜 먹으면서, 늦게까지 텔레비전을 본다. 신시아와 아빠는 이와 같은 계획을 정하기까지 여러 번에 걸쳐 의논을 했고, 정말로 기대가 컸다고 했다.

　모든 것은 계획대로 진행될 예정이었다. 그런데 신시아와 그녀의 아빠는 건물을 빠져나오기도 전에, 아빠의 대학시절 친구이자 한때 비즈니스 협력자였던 어떤 사람과 마주치게 되었다. 아빠와 그 친구는 몇 년 만에 만난 것이었고, 신시아는 두 어른들이 무척이나 반가워하면서 뜨겁게 포옹하는 광경을 지켜보게 되었다. 반가운 인사에 이어 아빠의 친구는 말했다. "우리 회사와 공동으로 일을 하게 되었다는 소식은 들었어. 로이스하고 나는 그 소식을 들었을 때 정말로 잘 되었다고 생각했지. 지금 저녁식사라도 함께 할까? 물론 신시아도 함께 말이야. 부두지역에 가서 해산물을 먹자고!" 이러한 제안을 들은 아빠는 이렇게 대답했다. "이렇게 만나게 되니 정말로 반갑구먼. 부두지역에서 식사하는 것도 멋진 일이겠고!"

　아빠의 대답을 듣게 된 신시아는 힘이 쭉 빠졌다. 트롤리 카를 타보고, 호텔방에서 아이스크림을 먹겠다는 꿈은 그렇게 순식간에 하늘로 증발되었다. 게다가 그녀는 해산물요리를 아주 싫어했고, 몇 시간 동안이나 어른들의 대화를 듣고만 있는 것도 분명히 지겨울 터였다. 그런데 신시아가 이와 같은 생각을 하고 있던 차에 아빠는 친구에게 이렇게 말했다. "하지만 오늘은 어렵겠어. 신시아하고 특별한 데이트를 계획했거든. 그렇지?" 아빠는 신시아에게 윙크를 하고는, 그녀의 손을 잡고 건물 밖으로 나가 계획한 대로 데이트를 즐겼다. 신시아에게는 영원히 잊을 수 없는 날이었다.

　여기서 소개한 이야기에 나오는 신시아의 아빠는 다름 아닌 『성공하는 사람들의 일곱 가지 습관』의 저자 스티븐 코비 Stephen Covey

Chapter 11 　용기를 내라

박사이고, 이 이야기는 코비 박사 타계 몇 주 뒤에 신시아가 나에게 들려준 것이었다. 아빠와의 일화를 회상하던 신시아의 목소리에는 애절함이 깃들어 있었다. "(그날 아빠의 결정으로 인해) 아빠에게 가장 중요한 것이 바로 나라는 사실을 알게 되었죠. 아빠에 대한 그 기억은 영원히 남을 거예요." 그녀가 했던 말이다.[5]

세계에서 가장 많은 독자를 두고 가장 많은 존경을 받고 있는 저자들 가운데 하나인 스티븐 코비는 그 자신이 명백히 에센셜리스트다. 그는 에센셜리즘의 원칙들을 전 세계의 많은 정치지도자들과 기업경영자들에게 가르쳐주었고 — "중요한 것을 중요한 것으로 대하는 게 중요합니다"와 같이 — 그 자신이 그러한 원칙들에 따라 살았다.[6] 그리고 그렇게 살았기에 자신의 딸에게 평생을 간직할 수 있는 소중한 기억을 남겨줄 수 있었던 것이다. 어떻게 보면 딸과의 약속을 지키는 것은 당연한 일이다. 하지만 정작 그의 입장에 서게 된다면 많은 이들은 친구의 제안을 받아들이는 결정을 내릴 것이다. 무례하게 보일 수도 있고, 오랜 친구와 하는 몇 년 만의 식사 기회를 놓치게 된다는 두려움 때문이다. 대부분의 사람들에게서 비본질적인 것들을 거부하고 본질적인 것들을 선택하는 일이 그처럼 어려운 이유는 무엇일까?

이에 대한 한 가지 확실한 답은 무엇이 본질적인 것인지를 분명하게 모르기 때문이라는 것이다. 무엇이 본질적인 것인지를 분명하게 모른다는 것은 비본질적인 것들 앞에서 무력하다는 것을 의미한다. 반면에, 무엇이 본질적인 것인지를 분명하게 안다면 사방에서 쏟아져 들어오는 수많은 비본질적인 것들로부터 우리 자신을 지킬 수 있다.

로자 파크스가 그날 버스 안에서 그러한 결단을 보일 수 있었던 것은 무엇이 중요한지에 대한 도덕적 확신이 있었기 때문이다. 스티븐 코비 역시 그날 저녁에 무엇을 하는 것이 더 중요한지에 대한 확신이 있었기에 사랑하는 딸에게 평생 잊을 수 없는 추억을 만들어줄 수 있었다. 어떠한 경우가 되었든 무엇이 본질적인 것인지를 분명하게 알아야 비본질적인 것들에 대해 '노'라고 말할 수 있는 용기를 갖게 된다.

사회적 압박을 극복하라

비본질적인 것들을 거부하고 본질적인 것들을 선택하는 일이 그처럼 어려운 또 하나의 이유는 사회적 압박 때문이다. 사실 우리 인간은 서로에게 맞추어주며 어울려 지내려는 본성을 지니고 있다. 그리고 이러한 성향은 사냥이나 채집으로 생활했던 원시시대까지만 하더라도 부족의 생존에서 필수적인 것이었다. 오늘날에는 같은 조직이나 사회에 속해 있는 다른 사람들의 기대에 동조하는 것이—심리학자들은 이러한 것을 규범적 동조라고 부른다—더 이상 삶과 죽음을 가르는 요인이 되지는 않지만, 그렇게 하고자 하는 욕구는 여전히 우리의 본능에 남아 있다.[7] 이 때문에 저녁식사를 함께 하자는 친구의 제안, 중요한 프로젝트를 맡아달라는 직장 상사의 요청, 지역사회를 위한 활동에 참여해달라는 이웃의 부탁 등을 거절하기가 무척이나 어려운 것이다. 심지어 이러한 것들을 거절하면

죄책감마저 느끼게 된다. 우리는 다른 사람들을 실망시키기를 원치 않고, 다른 사람들과의 관계가 망가지는 것을 두려워한다. 하지만 이러한 감정은 판단력을 흐린다. '아니오'라고 말하고 단지 몇 분 동안 불편한 마음을 갖는 게 싫어서, '예'라고 말하고 며칠, 몇 주, 몇 달, 심지어 몇 년 동안이나 후회하게 되는 선택을 내리는 것이다.

  이와 같은 상황으로부터 탈출하는 유일한 길은 단호하면서도 요령 있게 '아니오'라고 말하는 것이다. 일단 '아니오'라고 말을 해보면 다른 사람들을 실망시켰을 때의 결과에 대해 우리가 얼마나 지나치게 염려하고 있었는지, 그리고 다른 사람들이 우리를 얼마나 존중하고 있는지를 발견하게 될 것이다. 에센셜리스트가 되기로 결심한 이후, 나는 사람들이 확신을 갖고 단호하게 '아니오'라고 말하는 용기를 지니고 있는 이들을 거의 예외 없이 존중해준다는 사실을 알게 되었다.

  나는 피터 드러커를 현대 경영학 사상의 아버지라고 생각하는데, 그는 요령 있게 거부하는 방법을 잘 알고 있던 인물이다. 『몰입Flow』이라는 책으로 유명한 미하이 칙센트미하이가 창의성에 대한 책을 집필하면서 자료수집을 위해 드러커에게 인터뷰를 요청했을 때, 드러커는 다음과 같이 정중한 거절의 뜻을 표했다고 한다. "지난 2월 14일에 서면으로 보내주신 요청 건은 저로서는 큰 영광이고, 기쁨이었습니다. 저 역시 교수님과 교수님의 저술들로부터 많은 것을 배웠고, 훌륭하다고 생각하고 있습니다. 다만 칙센트미하이 교수님, 실망을 드려 염려되지만, 교수님의 요청을 받아들이기 어렵다는 점을 말씀드려야 하겠습니다. 제가 창의성을 가지고 있는 사람이라고 하셨는데, 제가 가지고 있는 창의성이 무엇인지 잘 모르겠고 저는 다만 계속해서 연구활동을 하고 있을 뿐입니다. 이렇게 말씀을 드리게 된 점에 대해 주제넘다거나 무례하다고 여기지 말아주시기를 바랍니다만, 제가 생각하는 생산성의 한 가지 비결은(저는 창의성이라는 말보다는 생산성이라는 말을 더 믿습니다) 자신에게 밀려오는 수많은 요청을 모두 담을 수 있는 아주 거대한 휴지통을 마련해두는 것입니다. 제 경험으로 생각해봤을 때, 생산성을 높이는 비결 가운데 하나는 다른 사람들의 일을 도와주는 그 어떤 것도 하지 말고, 자신의 모든 시간을 신께서 부여해주신 각자의 역량에 꼭 들어맞는 일을 하는 데 온전히 사용하면서 그 일을 제대로 하는 것입니다."[8]

진정한 에센셜리스트다운 사고방식이다. 피터 드러커는 "사람들은 '아니오'라고 말해야 무언가를 제대로 해낼 수 있다"고 믿었던 것이다.

비에센셜리스트들은 사회적 압박이 두려워 '예'라고 말을 한다. 단지 다른 사람들의 기분을 좋게 하고 칭찬을 받기 위해 아무런 생각도 없이 자동적으로 '예'라고 하는 것이다. 하지만 에센셜리스트들은 그 칭찬에 뒤이어 자신의 마음속에서 엄청난 후회가 밀려온다는 점을 잘 알고 있다. 그리고 그러한 후회는 곧이어 타인과 자기 자신에 대한 적개심과 원망으로 바뀐다는 점도 잘 알고 있다. 뿐만 아니라, 에센셜리스트들은 비본질적인 요청을 받아들이면 무언가 더욱 중요한 것을 희생시켜야 한다는 불편한 현실에 대해서도 잘 알고 있다. 물론 주변의 모든 요청을 거부하라는 말을 하는 것은 아니다. 여기서 말하고자 하는 것은 정말로 본질적인 것들에 대해 '예'

라고 할 수 있도록 비본질적인 것들에 대해서는 '아니오'라고 하라는 것이다. 정말로 중요한 것을 제외한 모든 것에 대해 즉각적이면서도 정중하게 '아니오'라고 말하라.

비에센셜리스트	에센셜리스트
사회적 압박 때문에 '아니오'라고 말하지를 못한다.	확고하면서도 정중한 태도로 과감하게 '아니오'라고 말을 한다.
모든 요청에 대해 '예'라고 말을 한다.	정말로 중요한 일들에 대해서만 '예'라고 말을 한다.

그렇다면 올바른 판단을 바탕으로 정중하게 거부하기 위해서는 어떻게 해야 할까? 이어지는 부분에서는 이에 관한 구체적인 방법들을 소개하려고 한다.

판단과 인간관계를 분리한다
어떤 사람이 우리에게 무언가를 요청할 때, 우리는 그 요청을 그 사람과의 관계와 혼돈할 수 있다. 어떤 사람의 요청을 거부하는 것을 그 사람과의 관계 자체를 거부하는 것으로 인식할 수 있는 것이다. 제대로 된 판단을 내리기 위해서는 판단 자체와 인간관계를 분리할 필요가 있다. 그런 다음 용기를 내어 개방적인 태도로 대화에 임하는 것이다.[9]

직설적으로 '싫다'는 표현을 할 필요는 없다
어떤 제안을 거부할 때 직설적으로 '싫다'는 표현을 할 필요는 없다.

물론 직설적으로 거부를 표하는 것이 가장 정중한 예의가 되는 경우도 있기는 하다. 하지만 "저를 생각해주신 것은 감사하지만, 지금은 그것을 맡을 여력이 없어서 걱정이 됩니다." 정도의 표현이나 "그 일을 정말로 맡고 싶지만 다른 일들이 너무 많습니다." 정도의 표현이면 충분한 경우도 많다. 직설적으로 싫다는 표현을 하지 않으면서도 분명하게 거부의 뜻을 나타낼 수 있는 것이다. 이번 장의 마지막 부분에서는 정중하게 거부의사를 나타내는 여러 가지 구체적인 표현들에 대해 정리해보려고 한다.

선택에 따르는 기회비용을 생각하라

누군가의 요청을 수락할 때, 그로 인해 우리가 포기하게 되는 것들을 생각하면 판단을 내리기가 훨씬 수월해진다. 자신이 치르게 되는 기회비용이 얼마나 되는지를 생각하지 않는 사람들은—다시 말해 자신이 포기하게 되는 것들의 가치를 생각하지 않는 사람들은—자기 스스로에게 모든 것이 다 중요하다고 말을 하고는 비본질적인 것들에 파묻힐 가능성이 매우 크다. 하지만 모든 것이 다 중요한 것은 아니다. 정중한 거절은 선택과 포기로 생기는 기회비용의 정확한 계산으로부터 나온다.

모든 사람은 우리에게 무언가를 팔려고 한다는 점을 기억하라

주위의 모든 사람은 우리에게 무언가를 팔려고 한다. 그렇다고 해서 인간관계에 대해 냉소적일 필요는 없고, 주위 사람들에 대해 의심부터 하고 볼 필요도 없다. 하지만 우리 주위의 모든 사람은 우리에게 무언가를 팔고—아이디어, 관점, 의견 등등—그 대신에 우리의 시간을 가져가려고 한다. 그들이 우리에게 팔고자 하는 것이 무엇인지를 분명하게 아는 것은 그것을 사느냐 마느냐 판단하는 데 기본이 되는 일이다.

인기를 잃는 대신에 존중을 얻는 상황에 익숙해져라
누군가의 요청을 거부하면 그 사람과의 관계에 단기적인 영향이 가해지는 것은 어쩔 수 없는 일이다. 무언가를 요청했는데 거부를 당하면 사람들은 당황하거나, 실망하거나, 심지어 화를 내게 마련이다. 그런데 당황, 실망, 분노 같은 감정이 사그라진 다음에는 존중이라는 감정이 생겨나게 된다. 확고한 태도로 거부 의사를 표하는 것은 자신의 시간이 매우 값진 것이라는 점을 다른 사람들에게 알리는 효과가 있다. 자신이 타인의 일방적인 요청에 따라 움직이는 아마추어가 아니라 프로라는 점을 분명하게 알리는 것이다.

그래픽 디자이너 폴 랜드Paul Rand가 고객이던 스티브 잡스Steve Jobs의 요청을 거부했던 일화를 소개할까 한다.[10] 1980년대에 자신이 창업했던 애플을 나와 넥스트NeXT라는 새로운 기업을 창업한 스티브 잡스는 폴 랜드에게 넥스트에서 사용할 몇 개의 기업 로고 시안을 만들어 달라고 요청했다. 폴 랜드는 IBM, UPS, 엔론, 웨스팅하우스, ABC 같은 기업들의 로고를 만들었던 저명한 그래픽 디자이너였다. 하지만 랜드는 '몇 개의 시안'을 만들기를 거부했다. 대신에 그는 자신의 모든 역량을 동원하여 단 하나의 시안만을 만들겠다고 했다. 그는 잡스에게 이렇게 말했다.

"제가 당신을 위해 일을 할 수는 있습니다. 그럼 당신도 저에게 돈을 지불하셔야 합니다. 제가 만든 하나의 시안을 꼭 사용하실 필요는 없습니다. 여러 개의 시안을 원하신다면 다른 사람에게 일을 의뢰하세요. 하지만 저에게 일을 의뢰하신다면 제가 가지고 있는 모든 노하우를 동원하여 최고의 시안을 내놓겠습니다. 그 시안을 사용하실 수도 있고, 사용하지 않으실 수도 있습니다. 그건 당신이 결정할 문제입니다."

스티브 잡스는 그럼 하나의 시안만 만들어 달라고 했고, 폴 랜드는 잡스가 기대하던 바로 그런 로고를 만들어냈다. 여기서 중요한 것은 이와 같은 일이 있던 후의 폴 랜드에 대한 스티브 잡스의 평가다. 잡스는 랜드에 대해 다음과 같이 말한 적이 있다. "그는 내가 함께 일을 했던 최고의 프로 가운데 한 명입니다. 그는 의뢰자와의 관계에서도 자신이 주도할 줄 아는 그런 사람이었습니다." 분명 랜드는 의뢰인이었던 잡스의 요청을 거부하면서 상당한 위험을 감수했다. 그는 스티브 잡스로부터 일을 의뢰받지 못할 수도 있었지만, 결국에는 일을 의뢰받음과 동시에 잡스의 존경까지 이끌어냈다.

에센셜리스트들은 주위의 모든 사람에게 언제나 인기 있는 사람이 될 수는 없다는 현실을 받아들인다. 아무리 정중하게 표현하고 합리적인 근거를 제시한다 하더라도 '아니오'라고 말을 한다면 단기적으로는 사회적인 비용을 지불하게 될 수도 있다. 하지만 에센셜리스트로서 살아간다는 것은 장기적으로 보았을 때 인기보다는 존중이 훨씬 더 가치가 있다는 점을 인식한다는 것을 의미한다.

명확한 '아니오'가 무책임한 '예'보다 더 큰 존중의 표현이 될 수 있다

할 수 없다는 것을 알고 있으면서도 무책임하게 "노력해보겠습니다."라고 말하거나 "할 수 있을 겁니다."라고 말해놓고는, 아무런 일도 하지 않거나 아예 모습조차 나타내지 않는 사람들이 있다. 이와 같은 사람들보다는 명확하게 "이번 일에서는 빠지겠습니다."라고 말해주는 사람들이 훨씬 더 낫다. 이는 이와 같은 사람들의 상대편에 서본 사람이라면 더욱 분명하게 알 것이다. 무책임하게 '예'라고 말하는 것이 존중의 표현이 될 수는 없으며, '아니오'라는 대답을 최대한 뒤로 미루는 것은 문제만 더욱 키울 뿐이다. 상대방의 분노를 필요 이상으로 유발하게 될 수도 있다.

거부의 여러 가지 유형들

에센셜리스트들에게서 '아니오'라고 말하는 것은 가끔씩 일어나는 이벤트가 아니라 일상의 일부분이다. 때문에 정중하게 거부하는 여러 가지 방법들을 준비해두는 것이 도움이 된다. 여기서는 실제 활용할 수 있는 거부의 방법을 여덟 가지 유형으로 정리해보려고 한다.

1. 갑작스러운 침묵. 침묵을 두려워하지 말고, 침묵을 이용하라. 거부해야 할 요청이 들어오면 잠시 말을 멈추고, 셋을 센 다음 거부하는 것이다(다만 이 방법은 직접적인 대면시에만 활용할 수 있다). 좀 더 과감해질 수 있다면, 상대방이 뭐라고 말을 할 때까지 계속해서 침묵을

버리기

유지하는 것도 좋은 방법이다.

2. **부드러운 거부.** 얼마 전에 누군가로부터 커피 한잔하자는 내용의 이메일을 받아서 다음과 같은 답장을 보냈다.

"지금은 정신없이 책을 쓰느라 짬을 내기가 어렵습니다 :) 이 일만 끝난다면 얼마든지 좋습니다. 이번 여름이 지날 즈음이면 가능할 것 같은데, 그때 다시 연락을 드리겠습니다."

이메일은 문구를 거듭 생각하여 작성할 수 있기 때문에 정중하게 거부하는 방법을 연습하는 좋은 수단이 된다. 게다가 간접적인 의사소통의 수단이라서 거부에 따른 어색함을 줄여주는 효과도 있다.

3. **"일정을 한번 확인해보겠습니다."** 내가 아는 어떤 기업의 여성임원 한 명은 다른 사람들의 요청을 전부 들어주느라 자신의 일을 제대로 할 수 없을 정도로 바쁘게 지냈다. 그녀는 유능하고 똑똑한 사람이었지만, 전형적인 비에센셜리스트로서 '아니오'라는 말을 좀처럼 못했다. 이러한 점을 잘 알고 있던 주변 사람들은 어려운 상황에 처하면 그녀를 찾아가 다음과 같이 부탁하곤 했다. "지금 내가 하고 있는 프로젝트에 도움을 좀 줄 수 있어요?" 그럼 그녀는 요청을 수락하고 남들의 프로젝트에 관여했다. 하지만 이와 같은 행태가 자신을 무척이나 힘들게 만들고 있다는 사실은 그녀도 잘 알고 있었다. 그러던 어느 순간부터 그녀는 다른 사람들이 도움을 요청하면 "일정을 한번 확인해보고 답을 드릴게요."라고 대처하기 시작했고, 그

Chapter 11 용기를 내라

러자 모든 것이 달라졌다고 한다. 그녀는 이렇게 말하고 생각할 여유를 가진 다음, 비본질적인 것들에 대해서는 거부 의사를 표현했다. 거의 무조건적으로 '예'라고 말하는 것을 그만두고, 자신의 결정권과 시간에 대한 통제력을 되찾은 것이다.

4. 이메일 자동응답기능의 이용. 휴가를 떠나거나 출장으로 사무실을 비우는 경우, 우리는 이메일 자동응답기능을 이용하여 답장을 할 수 없음을 알리고, 이때의 거부는 사회적으로 기꺼이 용납된다. 응답하기 싫다는 게 아니라, 일정 기간 동안 응답을 할 수 없다고 양해를 구하는 것이기 때문이다. 그런데 이와 같은 자동응답기능의 이용을 휴가나 출장에만 국한시킬 이유가 있을까? 이 책을 쓰는 기간 동안 나는 이메일 자동응답기능을 사용했는데, "수행 모드입니다."라는 제목이었고 그 내용은 다음과 같았다.

"저는 지금 새로운 책을 집필하고 있으며, 지금은 답신을 하기가 어렵습니다. 답신을 하고 싶은데 그렇게 하지 못해 너무나도 안타깝고 죄송합니다."

적어도 내 주위 사람들은 이와 같은 나의 상황을 기꺼이 이해해 주었다.

5. "그럼 저의 일 가운데 무엇을 빼야 할까요?" 많은 사람에게 직장 상사의 요청을 거부한다는 것은 어려운 일이다. 하지만 직장 상사의 요청을 받아들이는 것과 회사 전체를 위해 최고의 기여를 하는 것이 서로 상충되는 경우가 있다. 이런 경우에는 상사의 요청을 거부하는

것이 합리적이면서도 에센셜리즘에 맞는 판단이다. 본질적인 업무에 집중하기 위해 상사의 요청을 거부해야 하는 상황에 처하게 된다면, 그러한 판단을 상사에게로 넘기는 것도 좋은 방법이다.

예를 들어, 상사가 여러분에게 한 프로젝트를 맡을 것을 요청한다면 다음과 같이 대답할 수 있다.

"네, 알겠습니다. 그런데 제가 맡고 있는 여러 프로젝트들이 있는데, 그 새로운 프로젝트를 맡게 된다면 기존의 것들 가운데 하나를 빼야 할 것 같습니다. 무엇을 빼야 할까요?"

아니면 조금 직설적으로 다음과 같이 대답할 수도 있다.

"저는 좋은 성과를 내고 싶은데, 제가 이 일을 맡으면 지금 진행하고 있는 다른 일들을 제대로 수행하기가 어려울 것 같습니다."

내가 알고 있는 어떤 기업의 임원은 자신의 부하직원으로부터 이와 같은 대답을 들었다. 그런데 그 직원은 매우 생산적이고 성실했기 때문에 자신이 뭐라고 다른 말을 할 수가 없었고, 그래서 조금 덜 성실한 다른 직원에게 가서 성실한 직원에게 맡기려고 했던 그 일을 맡겼다고 한다.

6. 유머의 활용. 얼마 전에 내 친구 하나가 마라톤 연습을 같이 하자는 제안을 해왔다. 그에 대한 내 대답은 "싫어!"였다. 내 대답을 들은 그 친구는 웃으면서 이렇게 말했다. "아, 너는 진짜 중요한 게 아니면 하지 않지." 주변 사람들 사이에서 에센셜리스트라는 소문이 나면 이렇게 편하게 거부를 할 수도 있다!

7. "당신은 X까지는 할 수 있습니다. 제가 Y까지는 해드릴게요." 예를 들면, 다음과 같이 말할 수 있다. "제 차를 언제든지 써도 좋습니다. 저는 기꺼이 차열쇠를 빌려드릴게요." 이 말은 "당신을 거기까지 태워다 드리기는 어렵겠습니다."라는 뜻이다. 상대방에게 우리가 할 수 있는 일과 할 수 없는 일을 구분하여 제시하는 것도 거부의 한 가지 방법이 된다. 이는 상대방을 도와주고 싶기는 하지만, 우리의 모든 것을 바쳐 전적으로 도와주기는 어려운 경우에 쓸 수 있는 방법이다.

나는 이것이 상대방과 우리 자신 모두를 존중하는 방법이라고 생각한다. 양측 모두 각자의 선택권을 가지고 판단하고 행동을 취할 수 있기 때문이다.

8. "제가 하기는 어렵지만, X라는 사람은 그 일에 흥미를 보일 것 같습니다." 우리는 우리의 도움이 특별한 가치를 지니고 있다고 생각하기 쉽지만, 정작 도움을 받는 측은 도움을 받을 수만 있다면 누가 도움을 주든지 상관하지 않는다.

여성의류를 취급하는 앤 테일러 앤드 로프트Ann Taylor and LOFT의 케이 크릴Kay Krill 사장은 사교모임에 참석하는 문제로 골치를 앓고 있었다. 그녀는 자신의 인생과 별로 상관도 없는 사람들이 모이는 여러 사교모임에 참석하기가 싫었고, 그런 모임에 참석하면 모임장소에 들어가자마자 역시 오지 말았어야 한다는 후회를 하곤 했다.

그러던 어느 날, 그녀는 자신의 선배 한 명으로부터 인생에서 별로 중요하지 않은 사람과 일 등은 그냥 덜어내라는 조언을 듣게 되었다. 그래야 의미 있는 것에 100퍼센트의 힘을 쏟을 수 있다는 것

버리기

이었다. 그녀는 그 조언을 받아들였고, 그날 이후 그녀의 삶은 완전히 달라졌다. 케이 크릴은 이제 참석해야 하는 모임과 그렇지 않은 모임을 분명하게 구분하고 있다. 그리고 의미 없는 모임의 초청을 정중하게 거부하는 일에도 익숙해졌다. 그녀는 이렇게 말했다.

"나에게 중요한 것이 무엇인지 알고 있기 때문에 거부하는 일은 매우 쉽습니다. 좀 더 일찍 이렇게 했어야 했다는 생각이 듭니다."[11]

'아니오'라고 말할 줄 아는 능력은 그 자체가 본질적인 것이다. 이는 결코 주변적이거나 부차적인 능력이 아니다. 그리고 여느 능력들과 마찬가지로 여기에도 많은 경험이 필요하다. 사실 우리들 대부분은 '아니오'라고 말하는 일에서 초심자로 시작한다. 그러다 몇 가지 방법들을 배우게 되고, 그것들을 실제로 써먹다가 실수도 하고, 이를 통해 배우고, 경험이 쌓이면서 '아니오'라는 말을 더욱 효과적으로 하게 된다. 이와 같은 과정을 거치면 여러 상황에서 쓸 수 있는 다양한 거부의 방법들을 알게 되고, 사회적인 압박 속에서도 능숙하게 거부하는 기술을 갖게 된다. 이제부터는 거의 예외 없이 그 누구의 어떤 요청이라도 우리 자신의 입장에서 판단하고, 거부하더라도 양측 모두 품위를 잃지 않게끔 할 수 있는 것이다. 하이드릭 앤 스트러글스 Heidrick & Struggles의 CEO를 지냈던 톰 프리엘 Tom Friel은 나에게 이렇게 말한 적이 있다. "'예'는 천천히, '아니오'는 빠르게 말하는 법을 배울 필요가 있습니다."

Chapter 12

그만둘 일은
그만두라
Uncommit

지금 손해를 봄으로써 더 크게 이긴다

> 인생에서 겪는 문제의 절반은
> 너무 빠르게 '예'라고 말하고 충분히 빠르게 '아니오'라고
> 말하지 않는 데서 그 원인을 찾을 수 있다.
> — 조시 빌링스 Josh Billings, 작가

 어떤 관점에서 보더라도 콩코드 여객기는 항공 엔지니어링 분야에서 위대한 성취를 거두었다. 승객들을 런던에서 뉴욕까지 2시간 52분 59초 만에 데려다줄 수 있다는 점만 하더라도 그렇다.[1] 이는 기존 여객기들이 보유하고 있던 비행시간의 절반도 안 되는 수치이고, 콩코드가 내세운 가장 큰 장점 역시 세상에서 가장 빠른 여객기라는 점이었다.
 하지만 콩코드는 재무적으로 보면 커다란 실패작이었다. 물론 다른 위대한 아이디어들이며, 혁신들이며, 제품들 중에도 재무적으로

버리기

는 크게 실패했던 것이 많다. 하지만 콩코드가 그런 것들과 달랐던 점은 계속해서 적자를 보고 있었는데도 사십 년이 넘도록 운용되었다는 사실이다. 그 배경에는 영국 정부와 프랑스 정부가 있었는데, 두 나라 정부는 투자한 자금을 회수할 가능성이 거의 없다는 사실을 알고 있으면서도 콩코드 노선을 유지하기 위해 해마다 막대한 자금을 퍼부었다. 콩코드는 좌석수 자체가 적었고, 승객들도 별로 없었으며, 항공기 제작비용도 매우 비쌌기 때문에 어떻게 하더라도 흑자가 날 수 없었다. 실제로도 역대 여러 영국총리들이 "콩코드에 대한 투자는 통상적인 경제적 판단으로는 유지될 수 없는 것이다."라고 지적했다는 사실이 기밀유지기간이 만료되어 공개된 정부 문서에서 드러나기도 했다.[2]

그토록 똑똑하고 유능한 영국 정부와 프랑스 정부의 관료들이 도대체 왜 오랫동안 잘못된 투자를 지속하고 있었던 것일까? 여러 가지 이유들이 있겠지만, 한 가지 이유로 '매몰비용 편향 효과'라는 매우 흔한 심리현상을 들 수 있다.

매몰비용 편향이란 어떤 대상에 대해 시간, 돈, 노력 등을 이미 투자한 경우, 해당 대상에 대한 투자가 손해라는 것을 알게 되더라도 계속 투자하게 되는 성향을 뜻한다. 이는 악순환을 유발할 가능성이 크다. 더 많이 투자할수록 더 집착하게 되고, 그럴수록 더 큰 손해를 입게 될 뿐이다. 하지만 매몰비용 편향에 사로잡히게 되면 잘못된 투자라 하더라도 멈추기가 어렵다.

콩코드는 개발비와 제작비만 하더라도 막대한 비용이 투입되었고, 운영비 또한 지나치게 많이 들었다. 그러나 영국 정부와 프랑스 정부로서는 이미 막대한 비용을 투입했기에 포기할 수가 없었다.³ 정부조직만이 아니라 개인들 역시 매몰비용 편향에 빠져들기가 쉽다. 영화관에서 너무나도 재미없는 영화를 끝까지 앉아 관람하는 이유도 이미 영화비를 지불했기 때문이다. 마음에 들지 않는 주택에 대해 끊임없이 개축을 하는 이유도 이미 큰 액수의 주택구입비를 지불했기 때문이다. 오지도 않는 버스를 몇 십 분이나 기다리고, 불쾌감만 주는 인간관계를 지속하는 이유도 매몰비용 편향에서 찾을 수 있다. 이와 같은 사례는 우리 주위에서도 쉽게 찾을 수 있는데, 얼마 전에는 헨리 그리봄Henry Gribbohm이라는 한 젊은 남자의 이야기가 화제가 되기도 했다. 그는 한 지역축제의 게임장에서 1등 경품으로 내건 상품을 타기 위해 해당 게임에 수백 번 도전했으나, 결국은 실패하면서 2,600달러의 게임비용만 잃게 되었다. 게다가 그 2,600달러는 당시 그가 가지고 있던 돈의 전부였다. 그가 2,600달러의 돈과 수백 번의 도전 끝에 얻은 것은 거대한 바나나 인형 하나였는데—바나나 인형은 그가 목표로 하던 1등 경품은 아니었다—그에 따르면 게임에 더 많이 도전할수록 1등 경품을 탈 거라는 확신이 더욱 강해졌다고 한다. 그는 이렇게 말했다.

"'지금까지 쓴 돈이 얼마인데, 반드시 이겨야 해.'라는 생각에 사로잡히게 되었습니다. 하지만 결국은 이기지 못했죠."⁴

더 많은 돈과 시간을 투입할수록 더욱 포기하기가 어려워졌던 것이다. 여러분의 경우는 어떤가? 중요하지 않은 프로젝트에 계속해서 시간과 노력을 쏟은 적이 있는가? 수익이 나지도 않는 투자대상에 계속해서 돈을 투입한 적이 있는가? "이것은 처음부터 잘못된 길이었어."라는 현실을 인정하지 못해 계속해서 잘못된 길을 걸은 적이 있는가? 잘못된 판단이 끊임없이 손실을 유발하는 악순환에 빠져든 적이 있는가? 비에센셜리스트들은 이러한 함정으로부터 좀처럼 빠져나오지를 못한다. 반면에 에센셜리스트들은 용기를 내어 자신의 실수를 인정하고, 잘못된 일을 그만둔다. 이미 매몰된 비용에 사로잡히지 않는 것이다.

비에센셜리스트	에센셜리스트
"지금까지 투자한 게 얼마인데, 왜 여기서 그만두라는 거야?"	"지금 투자하는 것으로 얼마의 성과를 내고 있지?"
"될 때까지 끝까지 해보는 수밖에 없어."	"여기서 중단할 경우, 남는 시간이나 돈으로 무엇을 새롭게 할 수 있을까?"
실수를 인정하기 싫어한다.	손실을 기꺼이 인정한다.

그런데 비에센셜리스트들이 빠져들기 쉬운 함정은 매몰비용 편향 하나만이 아니다. 이어지는 부분에서는 비에센셜리스트들이 빠지기 쉬운 몇 가지 함정과, 그러한 함정으로부터 현명하게 최소한의 비용으로 탈출하는 방법들에 대해 논하려고 한다.

비에센셜리스트의 함정에 빠지지 않는 몇 가지 방법

소유효과를 경계하라

무언가를 자신이 소유하고 있다는 인식은 매우 강력한 효과를 발휘한다. 인류 역사상 그 누구도 렌터카를 세차하지는 않았다는 우스갯소리가 있을 정도다! 사람들은 자신이 소유한 것에 대해서는 실제보다 더 높은 가치를 매기고, 자신이 소유하지 않은 것에 대해서는 실제보다 더 낮은 가치를 매기는 경향을 보이는데, 이러한 경향을 설명하는 것이 바로 소유효과다.

노벨 경제학상 수상자인 대니얼 카너먼Daniel Kahneman과 그의 동료들이 보유효과를 설명하기 위해 행했던 실험이 하나 있는데, 그 실험에서 참가자들의 절반에게는 커피잔이 하나씩 주어지고 나머지 절반에게는 아무것도 주어지지 않았다.[5] 그런 다음, 커피잔을 갖게 된 사람들에게는 얼마의 가격에 그 커피잔을 판매할 용의가 있느냐는 질문이 제시되었고, 아무것도 갖지 않은 사람들에게는 얼마의 가격에 커피잔을 구매할 용의가 있느냐는 질문이 제시되었다. 그러자 커피잔을 갖게 된 사람들은 최소 5.25달러 아래로는 커피잔을 판매할 용의가 없다는 답을 했고, 아무것도 갖지 않은 사람들은 2.25달러에서 2.75달러 정도의 가격이면 커피잔을 구매할 용의가 있다는 답을 했다. 커피잔을 소유하고 있던 사람들이 커피잔의 가치를 훨씬 더 높게 매기면서 자신의 소유물을 쉽게 내어놓으려 하지 않는 경향을 보였던 것이다.

분명히 여러분의 경우도 실제의 가치보다 훨씬 더 높은 가치를 매기는 소유물들이 있을 것이다. 몇 년 동안 읽은 적이 없는데도 여전히 책장에 보관해두고 있는 책, 포장도 뜯지 않은 주방기기, 주변 사람들로부터 물려받았지만 지금까지 한 번도 입지 않은 옷 같은 것들 말이다. 물론 이와 같은 물건들을 보관해둠으로써 어느 정도의 만족을 얻을 수도 있겠지만, 어쨌든 만약에 여러분이 이와 같은 물건들을 소유하지 않았더라면 이와 같은 물건들에 대해 훨씬 더 낮은 가치를 부여했을 것이다.

그런데 소유효과는 소유물만이 아니라 비본질적인 활동에 대해서도 생겨나게 된다. 가망이 없어 보이는 프로젝트라 하더라도, 우리가 그 프로젝트의 책임자인 경우에는 그것에 대한 미련을 좀처럼 버리지 못한다. 지역사회의 소규모 사회활동의 경우도 우리가 그 사회활동에서 중책을 맡고 있다면 좀처럼 그 활동에서 빠져나오지 못한다. 어떤 활동을 자신이 '주도하고 있다'고 여기는 경우에는 그만두기가 무척이나 어렵다. 하지만 이와 같은 경향을 경계할 필요가 있으며, 이를 극복하기 위한 몇 가지 방법들이 있다.

내 것이 아니라고 생각하라

탐 스태포드Tom Stafford는 소유효과를 막을 수 있는 한 가지 간단한 방법을 제시한 바 있다.[6] 다짜고짜 "이것의 가치는 얼마나 될까?"라고 묻지 말고, "만약에 이게 내 것이 아니라면 나는 얼마를 주고 이걸 살까?"라고 물어보라는 것이다. 이와 같은 방법은 우리에게 주어지는 기회나 일에 대해서도 똑같은 방식으로 적용될 수 있다. "내가 이번 기회를 놓친다면 얼마나 아쉬워할까?"라고 묻지 말고, "이번 기회를 놓치면, 나는 그 기회를 되찾기 위해 어느 정도까지 희생하려고 할까?"라고 묻는 것이다. 마찬가지로 일에 대해서는 다음과 같이 물어볼 수 있을 것이다. "만약에 내가 이 프로젝트에 관여하고 있지 않다면, 이 프로젝트에 끼기 위해 얼마나 노력하게 될까?"[7]

버리는 것이 유발하는 두려움을 이겨내라

오하이오 주립대학교의 심리학 교수인 홀 아키스Hal Arkes는 의사결정을 하는 판단과정에 대해 많은 연구를 해오고 있는데, 그가 주목했던 주제 가운데 하나로 "왜 어른들은 아이들보다 훨씬 더 커다란 매몰비용 편향을 보일까?"라는 것이 있다. 이 물음에 대해 아키스가 내린 결론은 나이를 먹을수록 "낭비하면 안 된다."는 명제를 중시하게 되고, 그 결과 낭비하는 것처럼 안 보이려는 성향이 더욱 확고하게 자리잡게 된다는 것이었다.[8] 그는 이렇게 말했다.

"많은 것을 투자한 어떤 프로젝트를 포기한다는 것은 거기에 투자한 모든 것을 버리는 것처럼 여겨지는데, 무언가를 버리는 것은 하지 말아야 할 낭비적인 행동으로 배워왔습니다."[9]

이와 관련하여 아키스는 간단한 실험 하나를 행한 적이 있는데, 이 실험에서 그는 일단의 실험참가자들에게 다음과 같은 시나리오 하나를 제시했다.

"여러분은 미시간으로 주말 스키 여행을 가기 위해 100달러짜리 이용권을 한 장 구입했습니다. 그리고 몇 주 후에는 위스콘신으로 주말 스키 여행을 가기 위해 50달러짜리 이용권을 한 장 구입했습니다. 여러분은 위스콘신 쪽의 스키 여행이 훨씬 더 재미있을 거라고 생각합니다. 그런데 위스콘신 이용권을 받고 나서 보니 미시간 스키 여행과 똑같은 주말 이용권을 구입했다는 사실을 알게 되었습니다. 두 이용권 모두 취소할 수도 없고, 다른 사람에게 판매할 수도 없습니다. 여러분은 미시간이나 위스콘신 둘 중 하나만 선택해야 합니다."

이러한 시나리오를 제시한 다음, 아키스는 실험참가자들에게 다음과 같이 물었다.

"여러분은 어느 쪽으로 스키 여행을 가시겠습니까?"

실험참가자들 가운데 절반 이상이 재미가 덜 하더라도 더 비싼 돈을 지불한 스키 여행을 선택하겠다는 답을 했다. 더 비싼 스키 여행을 포기하는 것은 더 많이 낭비하는 거라는 (잘못된) 생각을 했기 때문이다. 당장 눈앞에 보이는 낭비를 줄이려는 것은 자연스러운 반응이기는 하지만, 그와 같은 선택이 훨씬 더 큰 낭비로 이어질 수도 있다.

성공의 길로 들어서고 싶다면 실패를 인정하라

내 지인 가운데 운전을 할 때면 잘못된 길로 들어섰다는 것을 인정할 수가 없어서 절대로 다른 사람에게 길을 물어보지 않는 사람이 하나 있다. 그 사람이 운전하는 자동차를 타면 계속해서 잘못된 길을 달리느라 시간과 힘을 낭비하면서도 목적지에 좀처럼 빨리 도달하지 못하는 일이 많다—전형적인 비에센셜리스트의 행태이다.

우리가 저지른 실패를 과거의 것으로 남기기 위한 첫걸음은 실패를 인정하는 것이다. 실패를 인정하지 않고 계속해서 그 길을 고수한다면 잘못된 길을 맴돌게 될 뿐이다. 실패를 인정하는 것은 결코 부끄럽게 여길 일이 아니다. 오히려 지금의 우리가 예전의 우리보다 더 현명해졌다는 것을 의미한다.

맞지 않는 일에 억지로 맞추는 것을 그만두라

영화 〈투씨Tootsie〉를 보면 주인공 더스틴 호프만이 배역을 따내기 위해 분투하는 연기자로 나온다. 영화의 앞부분에는 더스틴 호프만이 계속해서 오디션을 치르는 장면들이 나오는데, 어떤 오디션에서는 다음과 같은 말을 듣는다. "우리는 좀 더 나이 많은 연기자가 필요해요." 그리고 다른 오디션에서는 이런 말을 듣는다. "조금 젊어 보이는 사람이면 좋겠는데요." 또 다른 오디션에서는 "키가 맞지 않네요."라는 지적을 받았는데, 이에 대해 호프만이 "좀 더 커질 수도 있습니다."라고 하자, 오디션 담당자는 "아니오, 우리는 좀 더 작은 사람을 찾고 있습니다."라고 답한다. 그러자 절박해진 호프만은 오디션 담당자에게 이렇게 얘기한다. "저기요, 제가 사실은 이 정도로 큰 키가 아닙니다. 보세요, 키높이 신발을 신고 있어서 그래요. 더 작아질 수 있습니다." 하지만 그 담당자는 말을 바꾼다. "그렇군요. 하지만 우리는 좀 더 다른 사람을 찾고 있습니다." 어떻게든 배역을 따내고 싶은 호프만은 포기하지 않는다. "저는 그 다른 사람이 될 수도 있어요."

현실 세계에서 우리는 종종 영화 〈투씨〉에 등장하는 호프만의 캐릭터와 같은 행동을 취하곤 한다. 자기 자신과 맞지 않는 일을 억지로 하려고 애쓰는 것이다. 일에서도 그렇고, 일상생활에서도 그렇고, 자기 자신에게 맞지도 않는 일을 맡아서 하려고 나서는 사람들은 너무나도 많다. 이러한 상황을 해결할 수 있는 방법으로는 무엇이 있을까?

버리기

타인에게 객관적인 의견을 구하라

실제로는 잘못된 프로젝트인데도 집착하게 되는 경우가 있는데, 이럴 때에는 다른 사람에게 객관적인 의견을 듣는 것이 도움이 된다. 해당 프로젝트와 아무런 연관이 없고, 우리가 내리는 결정에 아무런 영향을 받지 않을 누군가로부터 중립적인 조언을 들음으로써 명백히 잘못된 프로젝트의 추진을 멈출 수도 있는 것이다.

내 경우는 예전에 가망 없는 어떤 프로젝트를 추진하겠다면서 수개월의 시간을 낭비한 적이 있다. 지금 돌이켜보면 그 프로젝트에 더 많은 시간과 노력을 투입할수록 상황은 점점 더 나빠지기만 했던 것 같다. 하지만 이미 분별력을 잃어버렸던 나는 멈출 수가 없었다.

"해낼 수 있어!"

나는 이렇게 생각하고 있었다. 당시의 나는 시간과 노력을 낭비하고 있다는 사실을 받아들이고 싶지 않았다. 그러다가 결국은 그 일에 대해 친구 한 명에게 얘기했다. 그 친구는 해당 프로젝트와는 아무런 연관도 없어서 매몰비용 편향의 영향을 받지 않고 그 프로젝트에 대한 객관적인 의견을 제시해줄 수 있는 사람이었다. 내 얘기를 다 들은 그 친구는 나에게 이렇게 말해주었다.

"그 프로젝트와 결혼을 한 것은 아니잖아."

그 짧은 조언으로 나는 그 프로젝트에서 해방될 수 있었고, 비본질적인 것에 대한 투자를 멈출 수가 있었다.

현상유지 편향을 경계하라

많은 경우 사람들은 '현상유지 편향'에 사로잡혀 무언가를 계속해서 하려고 한다. 내가 한때 일했던 어떤 회사는 매우 낡은 방식의 직원평가 시스템을 운용하고 있었는데, 내 개인적으로도 그 평가 시스템이 도대체 언제 만들어진 것인지 궁금했을 정도였다. 회사의 어느 누구도 그 시스템이 언제 생겼는지 모르고 있었고, 심지어 인사팀장조차도 모르고 있었다. 인사팀장은 그때까지 누구도 해당 시스템에 대해 의문을 제기하지 않았다고 했다. 예전부터 해오고 있는 것에 대해 의문을 제기하지 않고 맹목적으로 따라 하는 것은 너무나도 흔하게 발견되는 모습이다.

이와 같은 현상유지 편향을 깨뜨리는 한 가지 방법은 회계분야에서 찾아볼 수 있다.

제로베이스 예산안

일반적으로 어떤 조직의 예산을 수립할 때 회계담당자들은 지난해의 예산을 기준으로 삼는다. 하지만 제로베이스 예산안을 수립하는 경우에는 말 그대로 모든 것을 제로베이스에서 살펴본다. 각각의 예산항목을 원점에서 다시 검토하는 것이다. 이와 같은 방식은 더 많은 노력과 시간을 요하지만, 여러 가지 장점들이 있다. 과거의 역사가 아닌 현재의 필요에 의해 예산을 배정할 수 있고, 부풀려진 예산 요청을 간파할 수 있고, 이미 생산성을 상실한 기능을 집어낼 수 있고, 사람들로 하여금 더욱 분명한 목적의식을 갖도록 해주며, 불필요한 비용지출을 막을 수 있다.

시간과 노력을 배분할 경우에도 이와 같은 방식을 적용할 수 있다. 예전에 하던 대로 시간과 노력을 배분하는 게 아니라, 모든 것을 원점에서 다시 검토한 후에 시간과 노력을 새로이 배분하는 것이다. 과거의 행태는 모두 접어두고, 현재 시점에서 필요를 기준으로 삼으면서 말이다. 여러분 개인의 재정지출, 회사에서의 업무, 심지어 인간관계에 이르기까지, 여러분의 모든 것을 제로베이스에서 검토한 후에 대응하라. 시간, 노력, 자원 등을 투입할 때 현재 시점에서 새로운 필요를 기준으로 삼는 것이다. 만약에 시간, 노력, 자원 등을 투입하더라도 기대하는 결과가 나오지 않는다는 판단이 든다면 그것이 무엇이 되었든 여러분의 예산안에서 빼내라.

사소한 관여를 멈추라

어떤 사람들은 주변 사람들과 가볍게 대화를 나누다가 별다른 생각도 없이 상관없는 일에 관여하게 되고, 그런 일들 때문에 매우 분주하게 지내게 된다. 동네사람과 대화를 나누다 그 사람이 주도하고 있는 지역활동을 도와주게 되거나, 회사동료와 대화를 나누다 그가 맡게 된 새로운 프로젝트에 관여하게 되거나, 친구가 가보고 싶어 하는 새로 문을 연 음식점에 가기로 갑자기 약속을 잡는 식으로 말이다. 하지만 이와 같은 식으로 시간을 빼앗긴다면 정작 자신에게 핵심적인 일들을 제대로 할 수가 없게 된다.

이제부터는 잠시 생각한 후에 답하라

주변 사람들에게 도움을 주겠다는 답을 하기 전에 5초만 생각하고 답한다면 후회스러운 관여를 할 가능성을 크게 낮출 수 있다. "좋은데요. 그래요, 나도 할게요."라는 대답을 즉각적으로 하는 습관을 버리고, 먼저 여러분 자신에게 이렇게 물어보라.
"이것이 나에게 중요한 일인가?"
이미 사소한 어떤 일에 관여하게 되어 후회하고 있다면, 갈등을 최소화하면서 그 일로부터 빠져나오라. 아니면 그냥 사과를 하고, 도움을 주겠다고 했을 때는 이렇게 할 일이 많을 줄은 몰랐다 말하고 빠져나오는 것도 좋은 방법이다.

하지 않는 것을 두려워하지 말라

우리들 대다수는 무언가를 하지 않거나 무언가를 버리는 것을 두려워한다. 이에 대해서는 이번 장에서 충분히 논의한 바 있다. 하지만 기존의 흐름에서 벗어나기 위해서는 무언가를 하지 않거나 무언가를 버리는 것을 두려워하지 말아야 한다.

무언가를 배제할 때 리버스 파일럿을 활용해보라

산업계에서 자주 활용되는 개념 중에 파일럿 프로그램의 이용이 있다. 대규모의 자금을 투자하기에 앞서 소규모로 사업모델을 운용하면서 아이디어나 제품의 성공 가능성을 미리 시험해보는 것이다. 마찬가지로 리스크를 최소화하며 비본질적인 것들을 없앨 때에도 이와 같은 개념을 이용할 수 있는데, 커뮤니티 서비스 링크드인의 다니엘 샤퍼로는 무언가를 시험 삼아 없애보는 방식을 '리버스 파일럿Reverse Pilot'이라고 지칭한 바 있다.[10]

비본질적인 것으로 판단되는 아이디어나 업무가 있다면 일단 그것을 없애고, 그로 인해 어떤 부정적인 결과가 발생하는지를 살펴보라. 내가 컨설팅을 했던 어떤 회사의 임원 한 명은 새롭게 중책을 맡게 되었는데, 그의 전임자가 하던 업무 중에는 매주 한 번씩 매우 다양한 주제들을 다루는 보고서를 작성하여 회사의 다른 임원들에게 배포하는 일이 있었다. 그런데 보고서를 작성하는 일은 무척이나 오랜 시간을 요하는 것이어서 팀원들 모두 그 업무 때문에 힘들어하고 있었다. 게다가 새로이 승진한 그 임원이 판단하기에 전임자가 작성하던 보고서는 회사의 가치창출에 별다른 도움이 되지도 않는 것이었다. 결국 그는 보고서와 관련한 리버스 파일럿을 운용해보기로 했다. 보고서의 배포를 중단하고, 다른 임원들로부터 어떤 반응이 나오는지를 살펴보기로 했던 것이다. 그가 살펴본 바에 따르면 누구도 보고서를 찾지 않았고, 그렇게 몇 주가 지나자 그것은 사람들 사이에서 잊혀졌다. 그렇게 리버스 파일럿을 운용해본 그는 전임자의 보고서는 회사에서 핵심적인 것이 아니며, 없애도 되는 것이라는 판단을 내리게 되었다.

사회생활에서도 리버스 파일럿 개념을 이용할 수 있다. 고객들, 동료들, 친구들, 가족들을 위해 여러분이 상당한 시간을 투입하여 행하고 있는 어떤 일이 그들에게 정말로 의미가 있는 일인지를 판단해볼 수 있는 것이다. 며칠, 혹은 몇 주 동안 여러분이 행하고 있는 어떤 일을 중단해보고, 주변 사람들로부터 어떤 반응이 나오는지를 살펴보라. 그럼 여러분의 시간을 소비시키는 그 일이 주변 사람들에게 정말로 의미 있는 일인지, 아니면 누구도 신경 쓰지 않는 일인지 알 수 있을 것이다.

이번 장에서 비본질적인 일로부터 빠져나오는 여러 가지 방법들을 제시했지만, 사실 주변 사람들을 위해 하던 일을 그만두는 것은 상당히 마음이 불편해지는 일이다. 주변의 누군가에게 '아니오'라고 말하는 것은 죄책감마저 드는 일이며, 과거에 했던 말이나 행동을 뒤집는 일은 누구도 좋아하지 않는다. 하지만 비본질적인 일로부터 빠져나오는 것은—여러분의 용기와, 선택과, 원칙에 대해 존중을 받으면서—에센셜리스트가 되기 위해서는 반드시 거쳐야 하는 과정이다.

Chapter 13

인생의
편집인이 되라
Edit

보이지 않는 예술

> 나는 그 대리암에서 천사를 보았고
> 그를 해방시킬 때까지 돌을 깎았다.
> ─ 미켈란젤로, 화가·조각가

미국에서 해마다 열리는 아카데미상 시상식에서 가장 주목받는 상은 '최우수 작품상'이다. 언론에서는 시상식 몇 주 전부터 최우수 작품상 후보들에 대해 언급하고, 시상식 당일에는 수많은 사람들이 최우수 작품상 발표를 지켜보기 위해 밤늦게까지 기다린다. 그런데 시상식에서 별로 주목받지 못하는 상이 하나 있다. 바로 '편집상'이다. 시상식 중계방송에서 편집상을 발표하겠다고 하면 대부분의 시청자들은 채널을 돌리거나, 간식을 챙기기 위해 주방으로 간다. 하지만 아카데미상에서 편집상과 최우수 작품상은 서로 매우 밀접한 연관이 있다. 1981년 이후로 아카데미상 최우수 작품상을 수상한 작품들은 전부 다 편집상을 수상했거나 편집상 수상후보작으로 선정되었던 작품들이다. 그리고 아카데미상 전체 역사를 보더라도 최우수 작품상의 3분의 2는 편집상 수상 후보작들 중에서 나왔다.[1]

미국 영화사에서 최고의 영화편집인이라고 한다면(유명하다는 것과 동격을 의미하지는 않는다) 마이클 칸Michael Kahn을 들 수 있다. 그는 아홉 번이나 아카데미상 편집상 수상후보로 이름을 올렸고—아카데미 역사상 최고 기록이다—모두 세 번에 걸쳐 편집상을 수상했다. 마이클 칸이 익숙한 이름은 아닐지 몰라도, 그가 편집한 영화들은 여러분도 잘 알 것이다. 〈라이언 일병 구하기〉, 〈인디아나 존스 레이더스〉, 〈쉰들러 리스트〉, 〈링컨〉 같은 영화들 말이다. 37년이 넘도록 영화편집인으로 일하면서 그는 스티븐 스필버그Steven Spielberg의 거의 모든 영화를 편집했는데, 스필버그에게는 오른팔과도 같은 사람이라 하겠다. 그런데도 마이클 칸이라는 이름을 아는 사람들은 소수에 불과하다. 영화편집이라는 일이 '보이지 않는 예술'이라고 불리는 이유이기도 하다.

편집이라는 것은 중요하지 않고 관련성이 낮은 부분들을 배제한다는 점에서 에센셜리스트의 기술이라 할 수 있다. 그렇다면 유능한 편집인이 된다는 것은 무엇을 의미할까? 미술감독 마크 해리스Mark Harris는 아카데미상 편집상 수상후보를 선정할 때 보이는 것을 보지 않으려고 애를 썼다는 말을 한 적이 있다.[2] 다시 말해, 유능한 편집인이 되기 위해서는 절대적으로 중요한 것들을 제외하고는

버리기

전부 다 버릴 수 있어야 한다.

6장에서 에센셜리스트가 되기 위해서는 우리가 언론기자가 되어야 한다는 말을 했었는데, 이는 다수의 비본질적인 것들로부터 극소수의 본질적인 것들을 가려내기 위해 질문을 하고, 정보를 수집하고, 결론을 유추해내야 한다는 것을 의미한다. 마찬가지로 에센셜리스트가 되기 위해 우리는 삶의 편집인이 되어야 하는데, 이는 우리의 인생에서 비본질적인 것들을 전부 삭제할 수 있어야 한다는 것을 의미한다.

나는 트위터의 창립자인 잭 도시Jack Dorsey가 하는 강연에 참석한 적이 있는데, 그 강연에서 그는 회사의 최고경영자는 회사업무의 편집장이 되어야 한다고 말했다. 그리고 스탠퍼드 대학교에서 열린 한 강연에서는 이에 대해 더욱 자세히 강조했다. "우리가 할 수 있는 일은 셀 수 없이 많지만, 그 가운데 정말로 중요한 일은 한두 가지에 불과합니다. 수많은 아이디어들이 있고…… 엔지니어링부서, 지원부서, 개발부서 등에서 엄청나게 많은 일을 쏟아내는 상황에서…… 편집장으로서 나는 수많은 것들을 검토하고 그중에서 정말로 중요한 소수의 것들을 골라내는 일을 합니다."[3]

편집인은 단순히 무언가에 대해 '아니오'라고 말하는 사람은 아니다. 단순히 무언가에 대해 '아니오'라고 말하는 것은 세 살짜리라도 할 수 있는 일이다. 또한 편집인은 무작정 무언가를 없애는 사람이 아니다. 어떻게 보면 편집인은 무언가를 더하는 사람이기도 하다. 유능한 편집인이란 분명한 원칙으로 빼야 할 것은 빼고 더해야 할 것은 더함으로써 주제, 배경, 줄거리, 인물 등에 생명을 부여하는 사람이라 하겠다.

우리의 인생에서도 분명한 원칙으로 편집을 함으로써 성과를 극대화할 수 있다. 비본질적인 것들을 버리고 정말로 중요한 것들만을 남기는 방식으로 말이다. 효과적인 편집은 우리의 인생에서 가장 중요한 관계들과 가장 중요한 업무들을 추구할 수 있는 여유를 만들어준다.

진정한 에센셜리스트가 되기 위해서는 우리의 인생에서 불필요한 것들을 덜어내야 한다. 이와 관련하여 한 출판편집인이 했던 말이 생각난다.

"나의 일은 독자가 쉽게 책의 주제를 파악할 수 있도록 하는 것입니다. 독자로 하여금 가장 중요한 메시지를 분명하게 이해하도록 도움을 주는 것이 저의 일이죠."

기본적으로 편집이라는 것은 선택과 포기의 문제이다. 모든 등장인물, 모든 이야기, 모든 배경을 전부 살리는 것이 아니라, 다음과 같은 질문을 제기하는 것이다.

"이 등장인물, 이 이야기, 이 배경이 전체의 흐름을 더욱 좋게 만들어주는 것일까?"

사실 원작자들은—영화든, 책이든, 신문이든—자신이 만든 모든 것을 살리고자 하는 욕구가 있으며, 힘들여 만든 것일수록 더욱 그와 같은 마음이 들게 마련이다. 몇 주, 몇 달, 심지어 몇 년에 걸쳐 만든 것이라면 극히 일부분이라도 없애는 것이 무척이나 괴로운 일이 될 수 있다. 하지만 완성된 작품을 만들기 위해서는 불필요한 것들을 없애는 편집과정이 필수적이다. 소설가 스티븐 킹 Stephen King은 이렇게 말을 한 바 있다. "가장 소중하다 여기는 것들을 죽이고, 죽이고, 또 죽여야 한다. 그렇게 하는 것이 작가의 심장을 도려내는 것처럼 아프다 하더라도 말이다."[4]

비에센셜리스트	에센셜리스트
무언가를 계속해서 더할수록 더 좋은 결과가 나올 거라고 생각한다.	무언가를 빼내야 더 좋은 결과가 나올 거라고 생각한다.
모든 단어, 모든 이미지, 모든 배경을 지켜내려고 한다.	불필요한 단어, 이미지, 배경은 과감히 배제한다.

　물론 영화나, 책이나, 다른 창작물을 편집하는 일이 우리의 인생에서 무언가를 버리는 일과 똑같을 수는 없다. 인생에서는 다른 사람들과의 대화, 회의, 프레젠테이션 같은 것들을 반복해서 재생하며 살펴볼 수는 없기 때문이다. 하지만 영화나 책의 편집에 적용되는 네 가지 중요한 원칙들은 인생에서 비본질적인 것들을 버리는 과정에도 그대로 적용할 수 있다.

인생의 네 가지 편집기술

비본질적인 선택들을 삭제하라

편집의 기본은 사람들에게 혼란을 주고, 메시지나 줄거리를 모호하게 만드는 요소들을 삭제하는 것이다. 잘 편집된 영화나 책의 메시지는 사람들의 뇌리에 분명하면서도 오래 남는다.

우리의 인생에서도 가능한 선택지들을 삭제하는 것은 무척이나 괴로운 일이 될 수 있다. 하지만 이것이야말로 가장 중요한 과정이다.[5]

'결정'이라는 뜻의 decision은 라틴어 cis, cid에서 온 단어인데, 이는 '자르다' '죽이다'와 같은 의미를 지닌다.

라틴어 cis나 cid에서 파생된 영어단어들 중에는 scissors(가위), homicide(살인), fratricide(살해) 같은 것들이 있다. 분명 선택지들을 적게 남길수록 의사결정은 용이해진다. 따라서 좋아 보이는 것, 혹은 명백히 좋은 것이라 하더라도 궁극적인 목표의 달성을 방해하는 것이라면 과감히 없앨 수 있어야 한다. 물론 좋은 선택지들을 없애는 것은 괴로운 일이 될 수 있다. 하지만 결과적으로 그렇게 해서 아낀 시간과 노력을 정말로 중요한 일에 투입했다는 사실을 생각한다면 커다란 만족감을 얻을 수 있을 것이다. 이와 관련하여 소설가 스티븐 킹은 다음과 같이 말한 바 있다.

"글을 쓰는 것은 인간의 수준이지만, 편집을 하는 것은 신의 수준이다."[6]

요약하라

시간이 더 많이 있었더라면 더 짧은 편지를 쓸 수 있었을 거라는 생각을 해본 적이 있는가? 예술에서든 인생에서든 무언가를 더 짧게 만든다는 것은 더 어려운 일이 될 수 있다. 하나의 단어, 하나의 장면, 하나의 행동이 더 많은 의미를 갖도록 만들어야 하기 때문이다. 더 적은 단어들에 더 많은 의미를 집어넣는 일이 바로 편집인의 일이다. 두 문장으로 되어 있는 이야기를 한 문장으로 줄일 수 있는가? 여러 단어들 가운데 하나의 단어를 빼면서도 같은 의미를 전달할 수 있는가?

출판편집인 앨런 윌리엄스Alan D. Williams는 자신의 저서 『편집인이란 무엇인가? What Is an Editor?』에서 편집인들이 원저자에게 제시해야 하는 두 가지 질문이 있다고 언급한 바 있다. 하나는 "말하고자 하는 바를 말하고 있습니까?"이고, 다른 하나는 "그것을 최대한으로 분명하면서도 간결하게 말하고 있습니까?"이다.[7] 무언가를 요약한다는 것은 그것을 최대한으로 분명하면서도 간결하게 만든다는 것을 의미한다.

우리의 인생에서도 더 적은 것으로 더 많은 것을 해낼 수 있다. 환경운동가이자 사업가인 그레이엄 힐Graham Hill은 뉴욕에 있는 12평 남짓의 좁은 아파트로 이사하면서 그 안에 자신에게 필요한 모든 것을 집어넣어보겠다는 실험을 행한 바 있다. 그는 자신의 새로운 집에 '작은 보석함little jewel box'이라는 개념의 인테리어를 도입했는데, 그 핵심은 모든 가구에 더 많은 기능을 집어넣는 것이었다. 예를 들면, 한쪽 벽면의 가구는 평소 영화를 볼 수 있는 프로젝터

스크린으로 활용하다가, 손님이 오는 경우 그것을 눕히면 두 개의 침대가 나타난다. 마찬가지로 그 반대쪽 벽면에는 퀸사이즈 침대가 수납되어 있는데, 그것을 빼면 커다란 침대가 나타나고, 평소 소파로 활용하던 것은 침대의 받침대가 된다. 그 아파트의 모든 가구는 두세 가지의 용도를 가지고 있었는데, 다시 말하면 더 적은 수의 가구들로 더 많은 것을 해내도록 고안되어 있었던 것이다. 그레이엄 힐이 고안한 가구들은 매우 혁신적이라는 평가를 받았다. 그리고 그는 자신의 아이디어를 기반으로 새로운 사업을 시작했다. 더 적은 공간을 차지하면서 더 많은 것들을 할 수 있도록 해주는 가구와 도구를 만들어 팔기 시작한 것이다. 그가 자신의 사업체에 붙인 이름은 라이프에디티드닷컴 LifeEdited.com 인데, 상당히 직관적인 이름이라고 생각한다.

그런데 무언가를 요약해서 한다는 것이 한꺼번에 많은 일들을 해낸다는 의미는 아니다. 요약에서 중요한 것은 불필요한 요소들을 최소화하는 것이다. 더 적은 단어로 더 많은 의미를 전달하고, 더 좁은 공간에서 더 풍요로운 생활을 하고, 더 적은 노력으로 더 큰 성과를 이끌어내는 식으로 말이다.

우리의 인생에서 불필요하거나 무의미한 활동을 빼내고, 그 빈자리를 의미 있는 활동으로 채워야 한다. 내가 컨설팅을 했던 어떤 기업의 직원은 다른 사람들이 전부 참석한 주간회의에 참석하지 않고, 회의가 끝나면 사람들에게 무슨 중요한 얘기가 있었느냐고 물어보았다(그 직원은 회사 내에서 업무적으로 자신의 입지를 확고히 하고 있어서 해고될 걱정은 하지 않고 있었다). 그와 같은 방식으로 두 시간짜리 회의의 정보를 10분 만에 얻고는, 그렇게 절약한 시간을 다른 중요한 업무를 수행하는 데 투입하곤 했다.

바로잡으라

편집인의 임무는 잘라내고 요약하는 것 외에 교정하는 것도 있다. 작게는 어법의 오류를 바로잡기도 하고, 좀 더 크게는 저자의 주장 가운데 논리적 오류를 바로잡기도 한다. 이와 같은 교정작업을 제대로 하기 위해서는 편집의 대상이 되는 작품의 본질적인 주제, 혹은 궁극적인 목적을 분명하게 인식하고 있어야 한다. 마이클 칸에 따르면, 그는 항상 스필버그가 하라는 대로 편집작업을 하지는 않았다. 대신에 스필버그가 정말로 원하는 것이 무엇일까를 언제나 염두에 두고 편집작업을 했다. 영화작품에 들어 있는 스필버그의 진정한 의도를 이해하면, 스필버그 본인이 말로 풀어내지 못하는 부분들까지 고려하면서 편집작업을 할 수 있다는 게 마이클 칸의 설명이다.

마찬가지로 일과 삶에도 우리가 추구하는 본질적인 목표가 무엇인지를 분명하게 인식하고 있어야 그러한 목표로 나아가는 과정을 바로잡을 수 있다. 우리가 맡으려는 일, 혹은 취하려는 행동이 제대로 된 방향으로 향하고 있는지를 판단할 수 있으려면 우선적으로 본질적인 목표에 대한 분명한 인식이 있어야 하는 것이다. 만약에 우리가 맡으려는 일이나 취하려는 행동이 잘못된 것이라면, 인생의 편집인으로서 그러한 것들을 바로잡거나 삭제할 필요가 있다.

Chapter 13 인생의 편집인이 되라

과도한 편집은 피하라

이번 섹션의 제목은 어떻게 보면 지금까지 해온 이야기와는 정반대의 것처럼 여겨질 수도 있다. 하지만 최고의 편집인들은 모든 것을 손대려고 하지는 않는다. 어떤 것들은 손대지 않고 그대로 두는 것이 가장 좋은 편집이라는 점을 알고 있기 때문이다. 편집을 '보이지 않는 예술'이라고 부르는 또 하나의 근거라 하겠다. 수술을 할 때 절개를 많이 한다고 해서 좋은 외과의사라고 하지는 않듯이, 작품에 대해 더 많이 개입한다고 해서 좋은 편집인이 되는 것은 아니다. 좋은 편집인이라면 때로는 개입하지 않을 줄도 알아야 한다.

인생의 편집인으로서 우리 역시 돌아가는 상황을 그대로 두어야 할 때가 있다. 어떤 상황에 개입하려는 성향을 누를 줄 알아야 하는 것이다. 업무와 관련된 이메일들을 받았을 때 곧바로 답장을 하지 말고 상황을 지켜봐야 할 때가 있다. 회의에 참석했을 때에도 자신의 의견을 내세우기보다는 남들의 주장을 들어야 할 때가 있다. 가만히 기다리면서 일이 어떤 식으로 전개되는지를 지켜보는 것이다. 무언가를 더 적게 하는 것은 에센셜리스트들의 훌륭한 전략임과 동시에, 편집인들의 훌륭한 전략이 될 수도 있다.

비에센셜리스트들은 해야 할 일이 도저히 감당할 수 없을 정도로 많아졌을 때가 아니면 인생의 편집자로 행동하지 않는다. 하지만 이와 같은 상황에 몰린 후에는 더 이상 주도적으로 편집을 할 수가 없다. 평상시에 끊임없이 자신의 시간과 활동에 대해 편집을 해야 무언가를 주도적으로 할 수 있는 여력이 생기는 것이다. 에센셜리스트가 된다는 것은 자신의 시간과 활동을 잘라내고, 요약하고, 교정하는 것을 일상적인 일로 받아들인다는 것을 의미한다. 에센셜 리스트는 매일같이 인생의 편집자로 행동하는 것이다.

Chapter 14

제한하라
Limit

경계를 긋는 것이 주는 자유

'아니오'라는 것은 완전한 문장이다.
― 앤 라모트Anne Lamott, 소설가

진영[1]은 한국의 한 IT기업에서 일을 하는 직원인데, 한번은 그녀가 중요한 이사회의 준비를 맡게 되었다. 그런데 그녀는 곧 결혼식을 앞두고 있었고, 결혼식은 이사회 3주 후였다. 진영의 팀장이었던 효리는 진영에게 이사회의 진행순서를 모두 정해놓고, 이사회에서 사용할 프레젠테이션 자료들도 전부 준비해놓으라는 업무지시를 내렸다. 지시를 받은 진영은 하루에 열다섯 시간씩 일을 하며 이사회 준비를 모두 마쳤다. 그래야 여유 있게 결혼식 준비를 할 수 있을 것 같았기 때문이다. 진영이 지시받은 업무를 예정보다 더 빠르게 마치자 팀장인 효리는 매우 기뻐했다. 그리고 진영으로서는 이제부터는 결혼식 준비를 할 수 있겠다는 생각을 하고 있었다.

그런데 이때 진영은 팀장인 효리로부터 이사회 전까지 새로운 프로젝트 하나를 추가적으로 더 완수하라는 업무지시를 받았다. 함께 일을 했던 지난 몇 년 동안 진영은 효리에게 한 번도 '아니오'라고 대답한 적이 없었다. 아무리 무리한 업무지시를 받아도(무리한 업무지시는 꽤 자주 있었다) 언제나 '예'라고 대답했다. 그동안 자신에게 내려진 업무지시에 대해서는 상당한 희생을 감수하면서까지 팀장이 요구하는 대로 완수했다. 그런데 이번만큼은 조금의 망설임도 없이 효리에게 '아니오'라고 답했다. 진영은 미안하다고 하지도 않았고, 변명을 하지도 않았다. 그녀는 당당한 말투로 이렇게 말했다. "저는 곧 결혼식이 있어요. 그래서 그동안 그토록 열심히 일을 했던 것이고, 이제부터는 결혼식을 준비해야 할 것 같습니다."

그러자 효리로서는 상당히 당황스러운 상황이 벌어졌다. 다른 팀원들 모두 그 프로젝트를 맡기를 거부했고, 결국은 팀장인 효리 본인이 맡아서 수행하게 되었던 것이다. 처음에는 무척이나 화가 났다. 그녀는 문제의 프로젝트를 완수하는 데 일주일이라는 시간을 꼬박 써야 했고, 상황이 그리 된 것이 매우 싫었다. 하지만 그 일을 맡아서 하는 동안, 그녀는 팀을 이끌어온 자신의 방식에 많은 문제가 있었다는 사실을 깨닫게 되었다. 그리고 팀을 효과적으로 이끌어가기 위해서는 팀원들 각각에 대해 업무영역, 책임범위, 결과 등을 명확하게 설정해놓을 필요가 있겠다는 생각까지 하게 되었다.

Chapter 14 제한하라

그녀는 부하직원인 진영이 경계를 확고하게 그어주었기 때문에 잘못된 팀 운영방식을 돌아보게 되었고, 새로운 개선의 계기를 마련한 것이다. 이로써 진영은 자신의 중요한 일을 포기하지 않으면서도, 상사로부터 존중까지 받게 되었다.

명확한 경계를 가지고 있지 않은 것은 비에센셜리스트들의 전형적인 모습이다. 물론 기술의 발달로 일과 가정생활의 경계가 모호해진 측면도 있다. 그리고 요즘은 업무시간의 경계도 상당히 희미해져가고 있다. (얼마 전에는 한 고객사로부터 미팅을 하자는 전화를 받았는데, 전화를 걸어온 담당자는 토요일 아침에 미팅을 했으면 좋겠다는 말을 했다. 특별히 급한 문제가 있던 것이 아니었는데도 그 담당자는 토요일 아침에 만나는 것이 당연하다는 말투였다. 언제부터 토요일이 금요일로 바뀐 거야? 나는 이렇게 생각할 수밖에 없었다.) 하지만 진짜 문제는 경계가 모호해지면서 업무의 영역이 가정생활의 영역으로 깊숙이 파고들어온다는 점이다. 월요일 아침에 사무실로 자녀들을 데리고 오는 직원들을 당연하게 여기는 경영자들이 얼마나 될까? 하지만 많은 경영자들은 토요일이나 일요일에 직원이 회사로 나와 일을 하는 것을 문제시하지 않는다.

하버드 비즈니스 스쿨의 교수이자, 『혁신 기업의 딜레마The Innovator's Dilemma』의 저자인 클레이튼 크리스텐슨Clayton Christensen은 경영 컨설팅 회사에서 일을 하던 시절에 이와 같은 요구를 받은 적이 있다고 한다. 하루는 자신의 상사인 파트너가 와서 토요일에 출근해 어떤 프로젝트를 도와달라고 말했던 것이다. 그 파트너에게 크리스텐슨은 이렇게 대답했다. "아, 죄송합니다. 매주 토요일은 아내랑 아이들과 함께 시간을 보내기로 정해놓아서요."

상사는 무척이나 화가 났지만 돌아갈 수밖에 없었다. 하지만 곧 이어 돌아온 그는 크리스텐슨에게 이렇게 말했다. "좋아, 다른 팀원들에게 얘기했더니 다들 토요일이 아니라 일요일에 출근해 일을 하겠다고 했어. 그러니 자네도 일요일에 나오게." 이에 대해 크리스텐슨은 다음과 같이 답했다고 한다. "그렇게까지 해주시니 감사한데요, 일요일에는 일을 할 수가 없습니다. 일요일은 하느님께 바치는 날이기 때문에 회사에 나올 수가 없을 것 같습니다." 대답을 들은 파트너는 이번에는 훨씬 더 화를 냈다고 한다.

그렇게 했다고 해서 크리스텐슨이 해고를 당하는 일은 일어나지 않았다. 그리고 주말근무를 거절함으로써 당장의 신임을 잃었는지는 몰라도, 그 이후로 자신의 시간을 존중받게 되었다. 경계를 확실하게 그었던 것이 효과가 있었다.

크리스텐슨은 이렇게 말한 바 있다.

"한번 예외를 받아들이게 되면, 그 후로는 예외라는 것이 계속해서 일어나게 됩니다."[2]

인생에서 경계라는 것은 모래로 만든 성벽과도 같다. 어느 한 부분을 무너뜨리는 순간, 그 나머지 부분도 쉽게 허물어지는 것이다.

물론 경계를 확고히 한다는 것이 말처럼 쉬운 일은 아니다. 앞서 소개한 진영이나 크리스텐슨의 사례와 같은 일이 항상 일어나는 것은 아니기 때문이다. 또 다른 진영은 직장을 잃을 수도 있고, 또 다른 크리스텐슨은 직장 내에서 평판을 잃어 더는 커리어를 쌓지 못할 수도 있다. 경계를 확고히 하기 위해서는 상당한 대가를 치러야

Chapter 14 제한하라

하는 게 현실이다.

하지만 그렇게 치르는 대가는 인생에서 정말로 중요한 것들을 행하고 이루기 위한 비용이다. 진영은 직장에서 존중과 결혼준비를 위한 시간을 얻었고, 크리스텐슨은 하느님을 위한 시간, 가족과 함께하는 시간을 얻었다. 이러한 것들은 그들이 전략적으로 숙고해서 선택한 그들의 인생에서 본질적인 것들이다. 결국은 여러분 자신이 경계를 정하지 않는다면 본질적인 것들은 보호받지 못한다. 심지어 더욱 나쁘게는 다른 사람들이 자신들의 이익에 따라 여러분과 관련된 경계를 그어놓을 수도 있다.

비에센셜리스트들은 경계를 긋는 것을 무언가 제한하는 것, 그래서 높은 생산성을 저해하는 것으로 인식한다. 그들에게서 경계를 긋는다는 것은 나약함의 증거일 뿐이다. 충분히 강한 사람이라면 경계 따위는 긋지 않고 모든 것을 해낼 수 있어야 한다고 그들은 믿는다. 그리고 자신들은 그와 같은 사람이 되어야 한다고 생각한다. 하지만 경계를 분명하게 그어놓지 않으면, 항상 바쁘게 일하면서도 언제나 시간이 부족해서 어떤 것도 제대로 이루어낼 수가 없다.

반면에 에센셜리스트들은 핵심적인 일에 역량을 집중하기 위해서는 경계를 분명히 그어놓아야 한다는 것을 알고 있다. 경계가 분명해야 자신의 시간을 보호할 수 있고, 다른 사람들의 책임을 떠안아달라는 요청에 대해 일일이 '아니오'라고 말하는 수고를 덜어낼 수 있다. 본질적인 일들에 매진할 수 없도록 하는 다른 사람들의 요청이나 간섭을 적극적으로 막기 위해서는 분명하게 경계를 그어놓을 필요가 있다.

비에센셜리스트	에센셜리스트
경계를 그어놓으면 그 안에 갇히게 된다고 생각한다.	경계를 그어놓아야 더 크게 발전한다는 것을 안다.
경계를 무언가에 대한 제한으로 여긴다.	분명한 경계가 자유를 준다고 생각한다.
다른 사람의 요청에 대해 '아니오'라고 말을 하느라 힘들어 한다.	미리 경계를 그어놓았기 때문에 일일이 '아니오'라고 말하지 않아도 된다.

그들의 문제가 당신의 문제는 아니다

물론 직장에서만이 아니라 사적인 인간관계에서도 분명한 경계가 필요하다. 사적인 인간관계에서도 끊임없이 우리의 시간을 요구하는 사람들이 있기 때문이다. 주변의 누군가가 그 자신이 중요하다고 여기는 일 때문에 여러분의 시간을 자꾸만 가져가려고 하지는 않는가? 여러분이 지금 무엇을 하고 있고, 언제 부탁을 해야 하는지 전혀 신경 쓰지도 않으면서 말이다.

사적인 인간관계 가운데 우리에게 특별히 더 많은 것을 부탁하거나 요구하는 사람들이 있다. 그런 사람들은 그들의 문제를 어느 순간 우리의 문제로 만들어버린다. 우리가 추구하는 목표가 무엇인지는 전혀 관심을 갖지 않으면서, 오직 그들 자신의 문제에만 관심을 갖는 것이다.

만약에 그런 사람들에게 끌려다니기 시작하면, 그들은 우리의 시간과 힘을 소진시킬 것이고, 우리는 자신에게 중요한 일들을 할 수 있는 시간과 힘을 잃게 된다. 남들의 문제를 해결해주느라 정작 우리 자신에게 본질적인 일들을 추진하기가 어려워지는 것이다.

그렇다면 사적인 인간관계에서는 어떤 식으로 경계를 그을 수 있을까? 진영과 크리스텐슨이 직장에서 그랬던 것처럼 우리의 시간을 지켜내면서도 존중받을 수 있도록 말이다. 이어지는 부분에서는 이와 관련된 몇 가지 조언들을 소개하려고 한다.

다른 사람의 문제를 당신의 것으로 만들지 말라

다른 사람들을 도와주지 말라는 말을 하려는 것이 아니다. 당연히 우리는 사람들을 도와주고, 사랑하며, 그들의 인생이 더 나은 쪽으로 나아가도록 관여해야 한다. 하지만 다른 사람들의 문제를 우리의 문제로 만드는 것은 도움을 주는 행동이 아니다. 도움을 준다는 것은 그들 스스로 문제를 해결하도록 만드는 것을 의미한다. 다른 사람들의 문제를 우리의 문제로 가져오는 것은 문제를 해결할 수 있는 그들의 능력을 빼앗는 결과로 이어질 뿐이다.

헨리 클라우드Henry Cloud는 자신의 책 『경계Boundaries』에서 다음과 같은 일화 하나를 소개한 바 있다. 스물다섯 살 먹은 아들을 둔 부모가 클라우드를 찾아와 상담을 했는데, 그들은 클라우드에게 자신들의 아들을 좀 '고쳐달라'고 요청했다. 클라우드가 왜 아들과 함께 오지 않았느냐고 묻자, 그들은 이렇게 답했다.

"글쎄요, 걔는 자기에게 문제가 있다고 생각하지 않아요."

그 부모의 이야기를 한참 동안 들은 클라우드는 그들에게 충격적인 진단을 내놓았다.

"아드님 말씀이 옳네요. 아드님에게는 문제가 없습니다. 문제는 부모님에게 있네요. 돈을 지불하는 것도, 고민을 하는 것도, 걱정을 하는 것도, 계획을 짜는 것도, 아드님의 진로를 위해 노력하는 것도,

전부 부모님이네요. 부모님이 아드님의 모든 문제를 가져갔기 때문에 아드님에게는 문제가 남아 있지를 않습니다."[3]

상담을 진행해나가면서 클라우드는 그 부모에게 다음과 같은 이야기 하나를 해주었다. 여러분의 옆집에 사는 이웃은 한 번도 마당 잔디밭에 물을 준 일이 없다. 대신에 여러분의 마당에 있는 스프링클러를 돌리면 거기서 나온 물은 대부분 옆집 마당으로 흘러들어가면서 정작 여러분 마당의 잔디는 말라죽어가고 있다. 이러한 상황인데도 옆집 사람은 자신의 초록빛 마당을 보면서 이렇게 생각한다. '잔디가 잘 자라고 있구먼.' 이렇게 되면 모든 이가 패배자가 될 뿐이다. 여러분의 노력은 허사가 되는 것이고, 옆집 사람은 잔디에 물을 주는 습관을 갖지 못한다. 그럼 해결책은? 클라우드는 이렇게 말했다.

"담장을 쳐서 그 사람의 문제와 우리의 문제를 분리하는 겁니다. 그 사람의 문제는 그 사람의 영역에 놓아두는 것이죠."

현실 세계에는 우리의 스프링클러를 이용하여 자신의 마당에 물을 주고 싶어하는 사람들이 언제나 존재한다. 자신이 중점적으로 추진하는 프로젝트를 위해 여러분에게 잡일을 맡기는 상사, 자신이 맡은 보고서나 프레젠테이션 자료, 제안서 등의 작성을 도와달라고 하는 동료, 중요한 회의에 참석해야 하거나, 중요한 전화를 걸어야 하거나, 급박한 서류업무를 처리해야 하는 여러분을 붙들고 자신이 해야 할 말만을 늘어놓는 동료, 이와 같은 사람들 말이다.

어떤 유형이 되었든, 이러한 사람들은 자기 자신의 목적을 위해 여러분의 시간과 힘을 빼앗아가는 사람들이다. 그리고 이에 대한 유일한 해결책은 담장을 치는 것이다.

담장은 문제를 알게 된 시점에서 치는 게 아니라 문제가 발생하기 전에 미리 쳐놓을 필요가 있다. 경계를 명확히 함으로써 다른 사람들의 문제가 여러분의 영역으로 넘어오지 않고, 다른 사람들이 여러분으로부터 시간과 힘을 빼앗아가지 않도록 말이다. 그들의 문제는 그들이 직접 해결하도록 하는 것이 여러분에게도 좋은 일이고 그들 자신에게도 좋은 일이다.

경계가 자유를 만들어준다

차나 오토바이가 많이 지나가는 도로 옆에 담장 없이 세워진 학교가 하나 있었다. 아이들은 운동장에서 놀지 못하고 학교건물 근처에서만 놀 뿐이었다. 그곳만이 안전하다고 생각했기 때문이다. 하지만 이를 탐탁치 않게 여긴 누군가의 제안으로 그 학교는 학교 둘레에 담장을 쳤고, 이제 그 학교의 아이들은 넓은 운동장에서 마음 편하게 뛰어놀고 있다. 담장 덕분에 자유의 영역이 두 배 이상 넓어진 것이다.[4]

인생에서도 분명하게 경계를 긋고 담장을 쳐놓지 않는다면, 우리의 영역은 다른 사람에 의해 정해질 것이다. 반면에 우리가 추구하는 본질적인 목표를 기반으로 분명한 경계를 마련하고 담장을 쳐둔다면, 그 영역 안에서는—그 영역은 우리 자신이 정하는 것이다—목표 추구에 필요한 자유를 얻을 수 있다.

여러분을 방해하는 것들을 파악하라

기업경영자들에게 그들의 영역을 설명해달라고 했을 때, 제대로 설명을 해주는 경우는 거의 없다. 영역이 있다는 것은 알지만, 그것을 언어로 구체화하지 못하는 것이다. 그런데 자신의 영역을 언어로 구체화하지 못하면서 다른 사람들이 그것을 알아봐주고 존중해주기를 기대할 수는 없는 일이다.

여러분이 추구하는 본질적인 길로부터 자꾸만 여러분을 벗어나게 하려는 어떤 사람을 떠올려보라. 그리고 그 사람이 여러분에게 요구하거나 부탁하는 것들 가운데 어쩌다가 여러분의 목표와 일치하는 예외적인 경우가 아니라면 수용하기 싫은 것들을 떠올려보라. 그러한 요구나 부탁은 여러분의 본질적인 목표달성을 방해하는 것들이다.

아니면, 최근 여러분을 불편하거나 불쾌하게 만들었던 다른 사람들의 요구나 부탁을 떠올려보라. 그러한 것들도 여러분의 본질적인 목표달성을 방해하는 것들이다.

극심한 불편함이나 불쾌감만이 아니라, 사소한 불편함이나 불쾌감을 안겼던 것들도 전부 포함시켜야 한다(사소하게라도 불편함이나 불쾌감을 주었다는 것은 여러분의 영역을 침범했다는 것을 의미한다). 원치 않는 초대, 부탁하지도 않은 기회, 작은 도움에 대한 요청 같은 것들 말이다. 이와 같은 것들은 여러분의 영역이 어디인지를 파악하는 데 유용한 단서가 되어준다.

Chapter 14 제한하라

사회적인 계약을 맺어라

예전에 나와는 정반대의 방식으로 일하던 어떤 사람과 같은 팀을 이룬 적이 있다. 우리는 사람들이 매일같이 싸우고 있다고 생각했을 정도로 시끌시끌했지만, 사실 꽤 조화롭게 일하고 있었다. 처음 그 친구와 같은 팀을 이루자마자 나는 내가 우선시하는 것들이 무엇인지, 내가 도울 수 있는 부분이 어디까지인지, 절대로 하지 않을 일들은 무엇인지 등을 그 친구에게 분명히 제시했는데, 이것이 효과가 있었다.

"우리가 이루고자 하는 목표가 무엇인지를 먼저 합의해봅시다." 나는 그에게 이렇게 말을 시작했고, 계속해서 다음과 같은 식으로 말했다. "이러한 것들은 나에게 정말로 중요합니다." 그리고 나는 그에게 그가 우선시하는 것들이 무엇인지, 그가 나를 도울 수 있는 부분이 어디까지인지, 절대로 하지 않을 일들은 무엇인지 등에 대해 말을 해달라고 부탁했다.

이런 식으로 우리는 계약을 맺고, 그것을 지켜가며 일했다. 공동의 목표가 무엇이고 서로의 경계가 어디까지인지를 분명하게 알았기 때문에, 우리는 함께 일하는 동안 서로의 시간을 빼앗지 않았고, 무리한 요청을 하지 않았으며, 서로를 방해하지도 않았다. 그 결과, 우리는 주어진 임무를 수행하면서 최고의 성과를 이끌어낼 수 있었다. 그리고 함께 일하는 동안 우리는 극명한 차이점에도 잘 지낼 수가 있었다.

경계를 긋고 담장을 치는 일은 처음에는 어색하고 불편할 수도

버리기

있지만 익숙해질수록 쉬워질 것이다. 그리고 무엇보다 당신을 지켜주는 울타리가 되어 그러한 과정에서 다른 사람들과의 마찰을 최소화할 수 있을 것이다.

Chapter 14 제한하라

4부

실행하기

본질적인 소수를
추구하는 방법들

실행하라

**어떻게 해야 효과적으로
핵심적인 것들을 추구할 수 있을까?**

무언가를 실행하는 두 가지 접근법이 있다. 비에센셜리스트들은 자신에게 주어지는 일을 닥치는 대로 열심히 한다. 반면에 에센셜리스트들은 비본질적인 것들을 하지 않음으로써 절약한 시간을 무언가를 실행하는 시스템을 만드는 데 투자한다. 그리고 그 시스템을 이용하여 힘들이지 않고 무언가를 해낸다.

1장에서 에센셜리스트들의 방식을 처음 설명하면서 옷장을 정리하는 것에 비유한 바 있다. 옷장을 깔끔하게 정리된 상태로 유지하고자 한다면 기본적인 정리 방침을 마련해둘 필요가 있는데, 우선은 버려야 하는 옷들을 담을 커다란 가방을 준비한다. 그런 다음 옷장에 보관할 옷들은 잘 걸어두거나 개어두고, 버리는 옷들은 가방에 담아 중고품 가게의 위치와 가게가 여는 시간을 알아두어 그곳에다 처분한다.

다시 말해 자신의 인생에서 지켜야 할 본질적인 활동과 일들이 무엇인지를 파악했다면, 그다음에 필요한 것은 비본질적인 것을 걸러낸 뒤 본질적인 것을 실행하는 데 활용할 시스템이다. 옷장에서 옷들이 터져 나올 때까지 방치하다가, 뒤늦게 옷장을 정리한다고 초인적인 힘을 발휘하는 것은 에센셜리스트들이 살아가는 방식이 아니다. 시스템을 활용하여 힘들이지 않으면서도 언제나 옷장을 깔끔하게 정리된 상태로 유지하는 것이 바로 에센셜리스트들이 살아가는 방식이다.

무언가 일을 쉽게 하려는 것은 우리 인간의 본성이다. 이번 4부에서는 올바른 일들을 — 본질적인 일들 — 힘들이지 않고 쉽게 실행하는 방법들에 대해 논하려고 한다.

Chapter 15

완충장치를 마련하라
Buffer

돌발상황 고려하기

> 나무 한 그루를 베어내는 데 여섯 시간을 준다면,
> 나는 도끼를 가는 일에 처음 네 시간을 쓸 것이다.
> — 에이브러햄 링컨 Abraham Lincoln, 미국 16대 대통령

구약성서를 보면 7년 동안의 혹독한 기근으로부터 이집트를 구한 요셉이라는 인물이 나온다(한 사람의 엄청난 성공기이기도 하다). 하루는 이집트의 파라오가 해괴한 꿈을 꾸었는데, 자신의 신하들에게 꿈의 해몽을 물었으나 누구도 파라오의 물음에 대답을 하지 못했다. 그러던 중 어떤 사람이 해몽을 잘한다는 요셉의 이름을 떠올렸다. 당시 감옥에 갇혀 있던 요셉은 곧바로 파라오 앞으로 불려갔다.

꿈속에서 파라오는 강가에 서 있었다고 한다. 그런 그의 앞에 일

곱 마리의 살찐 암소들이 강에서 올라와 풀을 뜯어먹었다. 그런데 얼마 후에 일곱 마리의 비쩍 마른 암소들이 강에서 올라오더니 살찐 암소 일곱 마리를 모두 잡아먹었다. 파라오의 꿈 이야기를 들은 요셉은 앞으로 이집트에 7년 동안 풍년이 들 것이고, 그 뒤 7년 동안 흉년이 들 것이라고 해몽했다. 그러면서 요셉은 파라오에게 '판단력이 있고 현명한' 사람을 뽑아서, 7년의 풍년 동안 매년 곡물 산출량의 5분의 1을 비축하여 7년의 흉년에 대비하도록 하는 식량비축의 책임을 맡기라고 제안한다. 파라오는 요셉의 제안을 받아들였고, 그 식량비축의 책임을 요셉에게 맡기면서 요셉을 신하들 가운데 가장 높은 자리에 임명했다. 요셉은 7년의 풍년 동안 완벽하게 대비를 해놓았다. 그리고 그 대비 덕분에 이집트 사람들은 7년의 기근을 무사히 넘길 수가 있었다. 나는 구약성서의 이 짧은 이야기가 에센셜리스트들이 어떻게 해야 하는지를 잘 보여준다고 생각한다.

우리가 살고 있는 현재의 세계 역시 불확실한 세계다. 기근 같은 재해가 아니더라도, 우리가 예상하지 못하는 일들이 끊임없이 일어나고 있다. 당장 오늘 외출길의 교통상황이 어떻게 될지 알 수가 없고, 우리가 타려는 비행기가 제시간에 출발해줄지도 알 수가 없다. 내일 길을 걷다가 길에서 미끄러져 손목이 부러질지도 모를 일이다. 직장에서는 협력업체가 납기를 지키지 못할 수도 있고, 동료가 업무상 실수를 범할 수도 있고, 고객이 마지막 순간에 마음을 바꿀 수도 있다. 오직 확실한 것 하나는 우리가 살고 있는 세계는 불확실하다는 점이다.

따라서 우리가 취할 수 있는 방법은 두 가지다. 하나는 어떤 상황이 벌어진 다음에 임기응변식으로 대응하는 것이고, 다른 하나는 미리 대비를 해두는 것이다. 후자를 선택하는 경우 우리는 여러 가지 완충장치들을 마련해둘 수 있다.

여기서 '완충장치'란, 말 그대로 직접적인 충돌을 막아주어 충격을 최소화하는 장치를 뜻한다. 환경보호구역 주위에는 완충지대를 설치하기도 하는데, 이와 같이 완충지대를 설치하는 이유 역시 환경보호구역에 직접적인 위해를 가할 수도 있는 상황을 최소화하기 위해서다.

일전에 내 아이들에게 완충장치의 개념을 설명했다. 당시 나는 아이들을 태우고 운전을 하는 중이었는데, 아이들에게 앞으로 5킬로미터의 거리를 자동차를 멈추지 않고 달리는 게임을 해보자고 제안했다. 게임의 목표는 단순했다. 하지만 우리 차의 앞과 옆에 무엇이 나타날지 모르는 일이고, 우리가 나아가는 길에 초록색 신호등이 계속해서 켜져 있을지도 모르는 일이고, 앞차가 갑자기 멈추거나 끼어들기를 할지도 모르는 일이었다. 사고 없이 차를 멈추지 않으면서 5킬로미터를 달린다는 목표를 이루기 위해 우리가 취할 수 있는 유일한 방법은 앞차와 일정 수준 이상 거리를 두고 달리는 것이었다. 그리고 이때 만들어지는 앞차와의 공간이 바로 완충장치가 된다. 그 완충장치는 예상치 못한 갑작스러운 상황에 대응할 수 있는 여유를 만들어주는 수단이 되는 셈이다. 다른 차들이 급정거를 하거나 끼어들기를 해도 우리가 차를 멈추지 않고 달릴 수 있도록 해주는 것이다.

마찬가지로 우리의 일과 삶에서도 완충장치를 마련해두면 본질적인 것들을 추진하는 과정에서 발생하는 여러 가지 문제들을 최소화할 수 있다.

그날 나는 '자동차 게임'을 하는 도중에 아이들과 웃고 떠드느라 완충장치를 유지하지 못하곤 했는데, 그럴 때면 앞차와의 거리가 매우 가까워졌다. 바로 이때 예상치 못한 상황이 벌어진다면 나는 그러한 상황에 대응하기 위해 '무리한' 행동을—운전대를 갑자기 옆으로 꺾거나 급브레이크를 밟는—취해야 할 것이다. 우리의 인생에서도 완충장치를 마련해두지 않는다면 이와 비슷한 일이 벌어질 수 있다. 무작정 바쁘게만 일을 하다 보면 우리도 모르는 사이에 프로젝트 마감일이 다가와 있고, 중요한 프레젠테이션을 해야 하는 날이 다가와 있다. 이때부터는 초과근무를 해도 시간을 맞출 수가 없다. 그리고 결국은 운전대를 갑자기 옆으로 꺾거나 급브레이크를 밟는 것 같은 무리한 행동을 취하게 된다. 화학을 배운 사람들은 어떤 공간에 가스를 주입하면 그 가스는 공간을 전부 채울 때까지 계속해서 확산한다는 사실을 알고 있을 것이다. 우리의 일도 마찬가지다. 어떤 일에 얼마의 시간이 배정된다면 그 일은 그 배정된 시간을 전부 채울 때까지 확산한다. 우리가 아무리 노력을 하더라도 이것을 좀처럼 막을 수가 없다.

그런가 하면 그동안 여러분이 참석했던 프레젠테이션, 회의, 워크숍 등을 떠올려보라. 발표시간은 짧게 제한되어 있는데도 발표자료를 과도하게 많이 준비하던 사람들을 얼마나 많이 보았는가? 프레젠테이션 발표자가 자신이 준비한 자료를 모두 발표하기에 급급하여 중요한 질문들을 차단하는 모습을 얼마나 자주 보았는가? 나는 이와 같은 광경을 너무나도 자주 봐왔고, 그래서 이것이 사람들이 일을 하는 일반적인 모습이라는 생각까지 갖게 되었다. 그러다가 일반적인 것과는 다른 철학을 가지고 있던 어떤 사람과 함께 일을 하게 되었을 때는 머리가 맑아지는 느낌마저 들었다. 그는 네 시간짜리 워크숍 프로그램을 만들면서 질의응답 시간을 워크숍의 맨 마지막 10분에 넣지 않고 한 시간을 배정했다. 그에 대해 그 사람은 다음과 같이 설명을 했다.

"나는 사람들에게 질문 시간을 충분히 주고 싶어요."

처음에는 그가 제안한 워크숍 프로그램은 주관하는 측에 의해 반려되었고, 하는 수 없이 그는 워크숍이 끝날 무렵 10분 동안 질문을 받는 일반적인 방식으로 프로그램을 만들었다. 그런데 막상 그렇게 프로그램을 진행해보니 사람들이 질문을 너무 많이 해서 예정된 시간이 훌쩍 지났는데도 정작 사람들의 질문에 대한 대답은 흐지부지 이루어졌다. 결국 워크숍 프로그램은 질의응답에 한 시간을 배정하는 식으로 바뀌었고, 이렇게 하자 사람들의 질문에 충분히 대답하면서도 예정된 시간 내에 프로그램을 마칠 수 있다. 충분한 시간이라는 완충장치 덕분에 워크숍 프로그램의 완성도가 더욱 높아졌던 것이다.

내가 알고 있는 어떤 어머니도 가족과 함께 떠나는 휴가여행의 만족감을 더욱 높이는 데 완충장치가 필요하다는 점을 깨달았다고 한다. 그 어머니는 예전에는 휴가여행을 떠나게 되면 출발 바로 전날 저녁까지 짐싸는 걸 미루었다. 당연히 출발 전날에는 밤늦게까지 짐을 싸야만 했고, 기운이 빠진 채로 늦게 잠이 들었다가 다시 아침에 일어나 나머지 짐을 싸고, 그러다 보면 몇 가지 물품들을 빠뜨리기 일쑤였다. 그런데도 출발 시간이 늦어져 그 늦어진 시간을 상쇄하기 위해 급하게 운전을 해야 하는 게 다반사였다. 하지만 그 어머니는 이제는 휴가여행이 잡히면 일주일 전부터 미리 짐을 싸기 시작한다. 그리고 출발 전날 저녁에는 자동차에 짐을 모두 실어놓는다. 당연히 출발일 아침에 그 어머니가 할 일이라고는 아이들을 깨워 차에 태우는 것밖에는 없다. 이렇게 하자 모든 것이 달라졌다. 충분히 수면을 취한 상태에서 여행을 시작하고, 아침에 출발도 일찍 하고, 물품을 빼놓는 일도 거의 없고, 여행길에 교통정체가 발생하더라도 여유롭게 운전을 할 수 있었다. 일찍부터 짐을 싸놓는 방식의 완충장치 덕분이다. 이와 같은 방식을 도입한 이후 그녀의 가족은 갈등이나 스트레스가 없는, 그전보다 훨씬 더 즐거운 휴가여행을 즐길 수 있게 된 것이다.

비에센셜리스트들은 언제나 최상의 시나리오를 가정하려는 경향을 보인다. 어떤 일을 마치는 데 소요되는 시간을 예상할 때 아무런 돌발상황이 일어나지 않는 경우를 가정하는 것이다(나도 여기서는 예외가 아니고, 여러분 가운데 많은 이들이 이와 같을 거라고 생각한다). "이거 5분이면 됩니다." "금요일까지는 그 프로젝트를 마칠 수 있습니다." "일 년이면 지금 쓰는 책을 마칠 수 있을 겁니다." 이와 같은 식으로 말이다. 하지만 필연적으로 어떤 일을 하는 데 소요되는 시간은 예상보다 길어지게 되어 있다. 어떤 사고가 발생할 수도 있고, 여러 가지 일들이 복잡하게 얽힐 수도 있고, 처음부터 소요시간의 예측 자체가 잘못된 것일 수도 있다. 예기치 못한 어떤 문제들이 발생하면서 약속한 시한을 넘기게 되면, 그때부터는 고통스러운 시간을 보내게 된다. 불안감에 떨면서 밤새 일할 것이고, 어쩌면 서둘러 마무리 짓고 불완전한 결과물을 제출하거나 더욱 나쁘게는 완성하는 것 자체를 못할 수도 있다. 어쩌면 일단 불완전한 결과물을 제출한 후에 보완작업을 하느라 분주하게 얼마의 시간을 더 보낼지도 모른다. 어떤 경우가 되었든, 이와 같은 일이 일어난다면 사람들은 자신이 가진 실력을 제대로 발휘하지 못하게 된다.

하지만 에센셜리스트들의 방식은 이와는 다르다. 그들은 돌발상황에 대응하는 시간까지 고려하여 계획을 수립한다. 예기치 못한 상황의 발생에 대비한 완충장치로서 얼마의 여유시간을 마련해두는 것이다. 프로젝트를 추진하는 과정에서 돌발상황은 필연적으로 일어나기 때문에 이는 매우 유용한 방식이 된다.

비에센셜리스트	에센셜리스트
최상의 시나리오를 가정한다.	예상치 못한 상황에 대비한 완충장치를 마련해둔다.
마감시한이 되어 매우 분주한 시간을 보낸다.	철저하게 준비하고 일찍 시작한다.

비에센셜리스트들은 뜻하지 않은 소득을 얻으면 어려운 상황에 대비하여 비축하지 않고 그대로 소비해버린다. 북해유전에서 본격적인 채굴이 시작된 이후 영국과 노르웨이 두 나라의 대처방식을 보면 비에센셜리스트와 에센셜리스트의 방식이 어떻게 다른지 알 수가 있다.

Chapter 15 완충장치를 마련하라

지난 1980년 이후 북해유전으로부터 본격적인 석유채굴이 시작되면서 영국 정부의 세금수입은 갑작스럽게 크게 증가했다. 10년 동안의 추가적인 세금수입이 자그마치 1,660억 파운드였다(2,500억 달러에 달하는 돈이다).[1] 그렇다면 그렇게 발생한 추가 세수를 어떻게 사용할지에 대한 충분한 고민이 있어야 했겠지만, 영국 정부는 충분한 고민 없이 그 돈을 전부 써버렸다. 나중에 발생할 예기치 못한 상황에 대비하여 국부펀드라도 만들었어야 했는데, 그렇게 하지 않은 것이다(지금 시점에서 돌이켜보더라도, 만약에 영국 정부가 당시 발생했던 추가 세수를 이용하여 국부 펀드라도 조성해두었다면 이번 세계적인 불황에서 매우 유용하게 쓰였을 것이다).

반면에 에센셜리스트들은 뜻하지 않은 소득을 얻으면 그를 활용하여 어려운 시기에 대비한 완충장치를 마련해둔다. 북해유전의 본격적인 석유채굴 이후 노르웨이 정부 역시 막대한 추가 세수를 거두어들였다. 그런데 노르웨이 정부는 영국 정부와는 달리 그렇게 발생한 추가 세수를 활용하여 국부 펀드를 조성했다.[2] 오늘날 노르웨이 석유 펀드는 그 자산규모가 7,200억 달러에 달하는 세계 최대의 국부 펀드로 성장했으며, 노르웨이 정부와 국민을 위한 훌륭한 완충장치로 작동하고 있다.[3]

오늘날 우리는 매우 빠르게 움직이면서도 복잡한 세상에서 살고 있다. 이는 마치 각자가 모는 수많은 자동차가 앞차 및 옆차와의 간격을 겨우 3센티미터씩만을 두고 시속 160킬로미터로 달리고 있는 모양새다. 만약에 어느 한 운전자라도 약간의 돌발적인 움직임을 보이게 된다면—아주 조금 속도를 늦추거나 옆으로 운전대를 꺾는 등의—수많은 자동차들이 서로 부딪히게 된다. 실수의 여지가 조금도 없는 것이다. 그렇기 때문에 오늘날 살아가면서 일을 한다는 것은 무척이나 힘이 들고 큰 스트레스를 유발한다.

스트레스를 최소화하고 건강한 정신을 유지하며 일을 하기 위해서는 완충장치가 필수적인데, 이어지는 부분에서는 여러분이 활용할 수 있는 몇 가지 완충장치들을 소개하고자 한다.

철저한 준비

스탠퍼드 대학원에서 공부를 하던 당시 나는 높은 성적을 받기 위해서는 철저한 준비가 필요하다는 점을 알게 되었다. 그래서 나는 한 학기의 수업시간표가 확정되면 그 즉시 해당 학기의 전체적인 계획표를 작성했다. 그렇게 함으로써 나는 그 학기에 해야 할 중요한 프로젝트들이 무엇인지를 확실하게 알게 되었고, 중요한 프로젝트들을 일찍 시작할 수가 있었다. 미리부터 철저하게 준비하고 중요한 일들을 일찍 시작함으로써 여러 가지 돌발상황이 발생하더라도, 그러니까 교수님들이 과제물을 갑자기 많이 내주시거나, 가족에게 어떤 문제가 발생하여 며칠 수업을 빠지게 되거나, 그 외에 이런저런 일들이 발생하여 며칠 공부를 못하게 되더라도 스트레스 없이 높은 성적을 받을 수가 있었다.

미리 계획을 세워두고 철저하게 준비하는 것의 가치는 로알 아문센Roald Amundsen과 로버트 팔콘 스코트Robert Falcon Scott의 사례를 통해서도 분명하게 확인할 수 있다. 그들은 남극에 도달하는 세계 최초의 사람이 되겠다는 같은 목표를 가지고 있었지만, 접근방식은 크게 달랐다.[4] 아문센이 여러 가지 발생 가능한 문제들까지 고려하여 준비했다면, 스코트는 최상의 상황을 가정하여 준비했다. 예를 들어 아문센은 남극 탐험에 온도계를 네 개 가지고 갔지만, 스코트는 한 개만을 가지고 갔다. 그러나 그 한 개의 온도계가 망가지자 크게 화를 냈다. 탐험대원들이 먹을 식량으로 스코트는 1톤을 준비했지만, 아문센은 3톤을 준비했다. 스코트는 귀환길을 위한 보급품을 비축해두고, 그 비축장소를 표시하기 위해 한 개의 깃발만을 꽂아두었다. 만약에 조금이라도 길을 잘못 든다면 스코트의 탐험대는 보급품을 찾을 수 없을 터였다. 반면에 아문센은 귀환길을 위한 보급품을 비축해두고, 그 비축장소를 표시하기 위해 스무 개의 깃발들을 1마일 간격으로 넓게 꽂아두었다. 길을 조금 잘못 들더라도 얼마든지 보급품을 찾을 수 있도록 말이다. 남극점 탐험을 위해 스코트는 별다른 사고가 발생하지 않는 상황을 가정하여 최소한으로 준비했던 반면에, 아문센은 여러 가지 상황에 대비하여 철저히 준비를 한 것이다.

아문센은 자신의 계획에 여러 가지 완충장치들을 마련해둔 반면에, 스코트는 최상의 시나리오를 가정하여 계획을 수립했다. 그 결과 스코트의 탐험대는 피로, 굶주림, 동상 등으로 고생을 하다가 전원 사망했지만, 아문센의 탐험대는 (똑같은 자연조건 속에서) 성공적으로 탐험을 마칠 수가 있었다.

우리의 일에서도 철저한 준비는 매우 중요하다. 짐 콜린스Jim Collins와 모르텐 한센Morten Hansen은 자신들의 책에서 왜 어떤 기업은 급격한 기업환경에서도 빠르게 성장하는 반면에, 어떤 기업은 실패하는지를 설명하면서 아문센과 스코트의 예를 든 바 있다. 그들은 20,400개의 기업들을 분석하여 가장 성공적인 7개의 기업들을 선별해냈다. 그들에 따르면, 가장 성공적인 기업들이라고 해서 특별히 더 뛰어난 미래예측능력을 가지고 있는 것은 아니라고 한다. 대신에 자신들의 미래예측 능력에 한계가 있다는 사실을 인정하고 철저하게 대비를 해둔 기업들이라고 한다.[5]

처음 예상한 시간에 50퍼센트를 더하라

내가 아는 어떤 여성은 자신이 자주 찾는 가게에 가는 최단시간이 5분이라는 이유로 그 가게에 가는 시간을 5분이라고 생각한다. 하지만 대부분의 경우 그 가게에 가는 데 소요되는 실제 시간은 10분에서 15분이다. 사실 가게에 가는 시간이 다소 지연되더라도 그것 자체는 별 문제가 아니다. 하지만 안타깝게도 그녀의 이 같은 사고방식은 인생의 다른 부분에서도 그대로 작용하고 있다. 그녀는 무엇을 하든지 항상 늦고, 그렇게 되는 것에 대해 언제나 스트레스를 받으며, 심지어 죄책감마저 가지고 있다. 잘못된 시간 예측으로 계획을 수립하고, 시한에 늦고, 그 때문에 스트레스를 받는 상황은 그녀의 삶에서 끊임없이 반복되어 결국 건강에도 문제가 생겼다. 그럼에도 그녀는 여전히 그 가게에 가는 시간을 5분으로 생각하고 있고, 다시 말해 회의가 30분 내로 끝날 거라고 생각하고, 중요한 보고서를 일주일 이내로 완성할 수 있다고 생각하고, 어떤 일이든 가능한 최단시간을 실제의 소요시간으로 생각한다. 물론 가끔씩은 예상 시간 내에 도착을 하기도 한다. 하지만 이런 식으로 살다 보니 그녀와 그녀의 주위 사람들이 치러야 하는 비용은 상당히 크다. 만약에 그녀가 자신의 일정을 수립할 때 여유시간이라는 완충장치를 이용한다면, 지금보다 훨씬 더 나은 삶을 살 것이다.

여러분도 어떤 일의 소요시간을 실제보다 더 짧게 예측한 적이 있지 않은가? 아마도 많은 사람들이 이와 같을 것이다. 이와 같은 현상을 설명하는 말로 '계획오류planning fallacy'가 있다. 이 말은 노벨 경제학상 수상자 대니얼 카너먼Daniel Kahneman이 1979년에 처음 사용했다.[6] 그는 사람들이 어떤 일을 행하는 데 소요되는 시간을—심지어 과거에 그 일을 직접 해본 경우에도—실제보다 짧게 예상하는 경향을 나타낸다고 하면서 이를 계획오류라고 일컬었다.

한 실험에서 졸업을 앞둔 37명의 대학생들에게 졸업논문을 완성하기까지 얼마의 시간이 소요될 것으로 예상하느냐는 질문을 제시했는데, 이 질문에는 두 가지 조건이 덧붙여졌다. 첫 번째 조건은 '모든 것이 순조롭게 진행되는 경우'였으며, 이에 대해 학생들은 평균적으로 27.4일 만에 졸업논문을 완성할 수 있을 거라고 답했다. 두 번째 조건은 '모든 것이 엉망이 되는 경우'였고, 이에 대해 학생들은 평균적으로 48.6일 만에 졸업논문을 완성할 수 있을 거라고 답했다. 그런데 이 37명의 학생들이 졸업논문을 완성하는 데 걸린 실제의 시간은 평균 55.5일이었다. 단지 30퍼센트의 학생들만이 자신이 예측한 시간 내에 졸업논문을 완성했다.[7] 사람들은 어떤 일을 계획보다 늦게 완성하는 경우를 반복적으로 겪으면서도, 여전히 자신들의 소요시간 예측이 정확할 거라고 기대하는데, 이는 상당히 이상한 반응이다.[8]

어떤 일의 소요시간을 실제보다 더 짧게 예측하게 되는 이유는 여러 가지가 있다. 그중 하나가 사회적 압박이다. 한 연구에 따르면, 익명성이 보장되는 경우 사람들은 자신이 해야 하는 일의 소요시간을 비교적 정확하게 예측하면서 '계획오류'를 범하는 확률이 크게 낮아졌다고 한다.[9] 이러한 연구결과를 토대로 유추해보면 우리는 우리가 해야 하는 일의 소요시간을 꽤 정확하게 알고는 있지만, 다른 사람들 앞에서 시간이 오래 걸린다는 사실을 솔직하게 인정하지 못한다고 할 수 있다.

이유가 무엇이든, 우리는 우리가 하겠다고 했던 시간보다 늦는 일이 잦다. 회의에 늦게 도착하고, 보고서를 늦게 제출하고, 공과금을 늦게 내는 식으로 말이다. 이와 같은 상황이 초래하는 스트레스는 무척이나 큰데, 완충장치라는 것에 대해 조금만 관심을 갖는다면 스트레스를 크게 줄일 수 있을 것이다.

계획오류로 인한 스트레스와 여러 가지 문제들을 줄이는 한 가지 방법은 여러분이 처음 예측한 시간보다 50퍼센트의 시간을 더하여 어떤 일이나 프로젝트의 계획을 수립하는 것이다(언뜻 50퍼센트의 추가 시간은 지나치다는 생각이 들 수도 있겠지만, 과거를 돌이켜보면 그렇지 않다는 점을 금세 알 수 있을 것이다). 그러니까 여러분이 참석하는 어떤 회의가 한 시간이 걸릴 것 같다는 생각이 들면, 이제부터는 그 회의를 위해 한 시간 반을 빼놓는 것이다. 여러분의 자녀를 어느 장소까지 차로 태워다주는 데 10분이 걸릴 것 같으면, 이제부터는 집에서 15분 전에 출발하는 것이다. 이와 같이 여유시간을 두어 계획을 수립하면 일정에 늦어짐으로써 초래되는 스트레스를 줄일 수 있을 뿐 아니라(미리 여유를 갖고 출발하면 교통정체가 발생하더라도 큰 스트레스를 받지 않는다는 점을 떠올려보라), 어떤 일을 하고도 시간이 조금 남는 경우에는 그 시간을 인생의 보너스처럼 활용할 수 있기 때문에 좋다(이와 같은 인생의 보너스를 즐기는 경우는 극히 드문 일이다).

발생 가능한 시나리오를 미리 상상해보라

와튼 스쿨의 에르완 미셸 케르잔Erwann Michel-Kerjan 교수는 고위 정치인들만이 아니라 모든 사람이 저마다 위기관리 전략을 수립해야 한다고 제안한 바 있다. 그는 세계은행과 공동으로 전 세계에서 가장 취약한 상태에 있는 나라들이 어디인지를 조사하는 연구 프로젝트를 수행했다. 이때 조사대상 85개국 가운데 안정적인 나라 58위로 선정된 모로코의 경우는 그의 제안을 받아들여 실제로 위기대응 계획을 수립하기도 했다.[10]

미셸 케르잔 교수에 따르면, 위기관리 전략을 수립하려는 정부들은 먼저 다음과 같은 다섯 가지 질문을 스스로 해야 한다고 한다. (1) 우리가 당면한 위기들은 무엇이고, 그러한 것들은 어디에 존재하는가? (2) 어느 지역의 사람들과 어떤 자산이 위기에 노출되어 있고, 그 정도는 얼마나 되는가? (3) 그들은 지금 얼마나 취약한 상태에 있는가? (4) 이와 같은 위기가 개인, 기업, 정부에 대해 어느 정도의 재정적 부담을 지우는가? (5) 위기의 발생 가능성을 최소화하고, 경제적 사회적 활력을 제고하기 위해서는 어떤 식으로 투자를 해야 하는가?[11]

이 질문들은 우리의 계획에 완충장치를 도입할 때에도 그대로 적용할 수 있다. 직장이나 가정에서 가장 중요하다고 생각하는 어떤 일을 떠올려보라. 그런 다음 그 일에 대해 다음과 같은 다섯 가지의 질문들을 해보라. (1) 그 일과 관련하여 내가 당면한 위기는 무엇인가? (2) 그 일과 관련된 최악의 시나리오는 무엇인가? (3) 그 일이 초래하는 사회적 영향은 무엇인가? (4) 그 일이 초래하는 재무적인 영향은 얼마나 되는가? (5) 위기의 발생 가능성을 최소화하고, 경제적 사회적 활력을 제고하기 위해서는 어떤 식으로 투자를 해야 하는가? 특히 이 다섯 번째의 질문에 대한 답이 중요한데—그 일을 수행하기 위한 예산을 20퍼센트 증액한다거나, 부정적인 뉴스에 대비하여 홍보담당자를 프로젝트에 참여시킨다거나, 주주들의 요구에 대응하기 위해 이사회를 연다는 등의 대응이 될 수 있다—여기에서의 답을 토대로 예기치 못한 상황에 대응할 수 있는 완충장치를 마련할 수가 있다.

에센셜리스트들은 발생 가능한 모든 시나리오와 상황에 완전하게 대응하기란 결코 불가능하다는 점을 잘 알고 있다. 미래를 예측한다는 것 자체가 불가능한 일이기 때문이다. 하지만 에센셜리스트들은 예기치 못한 상황이 유발하는 스트레스와 문제들을 최소화하기 위해 완충장치를 적절하게 사용할 줄 안다.

Chapter 15 완충장치를 마련하라

Chapter 16

장애물을 없애라
Subtract

없앰으로써 더 많은 것을 얻는다

> 지식을 얻고자 한다면 하루하루 무언가를 더하라.
> 지혜를 얻고자 한다면 하루하루 무언가를 버려라.
> — 노자老子, 사상가

『더 골The Goal』을 보면 알렉스 로고라는 인물이 등장하는데, 그는 적자만 내는 어떤 공장을 3개월 내로 흑자를 내는 곳으로 개선해야 하는 책임을 지고 있는 비즈니스맨으로 나온다.[1] 처음에 그는 그 문제를 어떻게 해결해야 하는지 감을 잡지 못한다. 하지만 그는 어떤 교수로부터 그 공장의 성장을 저해하는 몇 가지 요소들을 해결한다면 단기간 내에 수익성 개선이라는 목표를 이룰 수 있다는 조언을 듣게 된다. 그 교수는 알렉스 로고가 책임지고 있는 공장의 수익성을 저해하는 몇 가지 장애물이 있다는

실행하기

얘기를 하면서, 그러한 장애물을 없애지 않고서는 아무리 노력을 하더라도 수익성 개선이라는 목표를 이루어낼 수는 없을 거라는 말을 해준다.

자신이 책임지고 있는 공장의 수익성을 개선하기 위해 여러 가지 노력을 기울이고 있던 중에, 알렉스 로고는 자신의 아들과 아들의 여러 친구들을 데리고 캠핑을 떠나게 된다. 그는 해가 지기 전에 미리 계획했던 캠핑 장소에 아이들을 데리고 가려고 하지만, 아이들을 통제하는 것은 생각보다 훨씬 더 어려운 일이었다. 어떤 아이들은 빠르게 걸었고, 어떤 아이들은 느리게 걸었는데, 특히 허비라는 아이는 행렬의 맨 뒤로 처졌다. 허비는 행렬의 맨 앞에 있는 아이들보다 무려 몇 킬로미터나 뒤로 처져서 걷고 있었다.

알렉스는 처음에는 행렬의 맨 앞에 있는 아이들을 멈추고 뒤처진 아이들을 기다리도록 하는 식으로 문제를 해결하려고 했다. 이와 같은 방식으로 일시적으로는 아이들의 행렬을 하나로 묶을 수는 있었지만, 다시 걷기 시작하면서 또다시 허비 같은 아이들이 뒤로 한참 처지게 되었다.

이렇게 되자 알렉스는 완전히 다른 접근법을 이용해보기로 했다. 가장 느린 허비를 행렬의 맨 앞에 세우고, 빠르게 걷는 아이들을 행렬의 뒤로 세웠던 것이다. 가장 느린 아이들을 행렬의 앞에 세운다는 것은 일반적인 사고방식에 반하는 것이었지만, 이렇게 하자 아이들은 하나가 되어 행진을 하게 되었다. 뒤로 처지는 아이가 발생하지 않았던 것이다. 이와 같은 방식의 장점으로는 지도자인 알렉스가 모든 아이들을 한눈에 지켜보면서 아이들의 안전을 지켜줄 수 있게 되었고, 모든 아이들이 함께 캠핑 장소에 도착하게 되었다는 점이다. 반면에 이와 같은 방식의 단점으로는 모든 아이들이 허비의 속도에 맞추어 행진을 함으로써 캠핑 장소에 예상보다 늦게 도착했다는 점이다. 그렇다면 알렉스의 선택을 어떻게 바라봐야 할까?

그는 모든 것을 허비의 기준에 맞춤으로써 캠핑 여행의 문제를 최소화할 수 있다고 생각했다. 가장 느린 허비가 행렬의 맨 앞에 서게 되면서, 허비가 평소보다 빠르게 걸으면 행렬 전체의 속도가 빨라지는 효과가 있었다. 이는 놀라운 발견이었다. 아무리 작은 것이라도 허비에게 어떤 개선이 일어나면 행렬 전체에 개선이 일어나는 효과가 있었다. 생각이 여기에까지 이르자 알렉스는 허비의 짐을 다른 아이들이 나누어 들도록 했다(허비는 먹을 것들을 많이 챙겨왔고, 다른 아이들보다 짐이 무거웠다). 이렇게 하자 행렬의 행진속도는 즉각적으로 빨라졌고, 늦지 않게 캠핑장소에 도착할 수 있었다.

캠핑 여행 직후에 알렉스는 이와 같은 방식이 공장의 수익성을 개선하는 작업에도 적용될 수 있겠다는 생각이 들었다. 공장의 모든 것을 개선하는 게 아니라, 공장 내의 '허비'들을 찾아내어 그를 집중적으로 개선하는 편이 더 낫겠다는 판단을 한 것이다. 그는 공장 내의 기계들 가운데 가장 긴 원료투입 대기줄을 가진 기계를 찾아내어 그것의 효율성을 높이기 위한 작업을 행했다. 그러자 그 기계의 후속공정 속도가 높아지면서 전체 공장의 생산성이 개선되기 시작했다.

문제는 이것이다. 여러분의 일, 여러분의 삶에서 '허비'와 같은 요소들은 무엇인가? 정말로 중요한 것들을 향해 나아가는 여러분의 속도를 결정적으로 늦추는 것들 말이다. 이와 같은 요소들을 찾아내어 개선하거나 없애는 것은 본질적인 목표를 이루는 데 매우 중요한 작업이다.

그리고 이 작업은 우연한 발견으로 이루어지는 건 아니다. 즉흥적으로 이곳저곳에서 무언가를 찾아내어 개선하거나 없애는 식으로는 제한적이고 단기적인 성과만을 거둘 뿐이다. 심지어 아무런 성과도 없이 시간과 노력만 낭비할 수도 있다. 전체적인 시스템의 개선을 원한다면—여기서 말하는 시스템은 제조 시스템이 될 수도 있고, 사무 처리과정이 될 수도 있고, 일상에서 행하는 어떤 계획이 될 수도 있다—여러분의 속도를 결정적으로 늦추는 요소들을 체계적인 방식으로 찾아낼 필요가 있다.

비에센셜리스트는 즉흥적이면서도 임기응변식으로 대처하는 모습을 많이 보인다. 위기를 미리 예상하고 대처하는 게 아니라 위기가 발생하는 것을 보고 뒤늦게 대처하기 때문에 그렇다. 하지만 이와 같은 방식으로는 전체적인 시스템의 개선을 기대하기가 어렵다. 게다가 언제나 시간에 쫓기기 때문에 문제해결에 필요한 행동이 아니라 자신의 익숙한 행동에 의존하게 된다. 결국 비에센셜리스트는 점점 더 커다란 시간 압박과 스트레스를 받으며 일을 하게 되며, 이는 종종 더욱 큰 문제로 이어진다. 시간 압박을 받으며 서두르다가 일을 더욱 그르치게 되는 경우는 주위에서 어렵지 않게 발견할 수 있다.

반면에 에센셜리스트의 접근법은 다르다. 당장 눈앞에 보이는 장애물들을 치우는 데 급급한 게 아니라, 전체적인 시스템의 진행을 늦추는 결정적인 요소들을 찾으려고 한다. 에센셜리스트는 이렇게 묻는다.

"본질적인 목표를 이루는 것을 저해하는 요소는 무엇일까?"

비에센셜리스트는 당장 눈앞에 보이는 문제들을 해결하기에 급급하여 여러 가지 해결책들을 남발하는 반면에, 에센셜리스트는 전체적인 시스템을 늦추는 결정적인 요소들을 찾아낸 다음에 그것들에 대해 해결책을 집중한다. 단순히 문제를 해결하는 데서 그치는 게 아니라, 성과를 극대화하는 것까지 고려하는 것이다.

비에센셜리스트	에센셜리스트
여러 가지 해결책을 남발한다.	시스템 개선을 위해 장애물을 제거한다.
바쁘게 일만 많이 한다.	성과를 극대화한다.

더 많이 버리고 더 많이 생산하라

고대 그리스의 철학자 아리스토텔레스는 세 가지의 일에 관해 말했다. 첫 번째의 일은 이론적인 일로서 이것의 목표는 진리를 찾는 것이고, 두 번째의 일은 실질적인 일로서 이것의 목표는 행동을 하는 것이다. 그리고 마지막 세 번째의 일은 생성하는 일이다.[2]

독일의 철학자 하이데거는 이 세 번째의 일을 "앞으로 나아가는 일"이라고 해석한 바 있다.[3] 에센셜리스트들이 하는 일은 바로 이 세 번째의 일이 되어야 한다.

**에센셜리스트는
더 많이 버림으로써
더 많은 것을 얻어낸다.
그리고 더 많이
앞으로 나아간다.**

많은 경우 우리는 결과를 만들어내는 본질적인 행동이 무엇이고 그렇지 않은 행동이 무엇인지를 고민하지 않는다. 그리고 이런 고민을 하더라도 그것은 무언가를 버리기 위한 고민이 아니라 오히려 더하기 위한 고민이다. 더 많은 물건을 팔고자 하는 경우, 우리는 더 많은 판매원들을 고용한다. 더 많은 물건을 만들고자 하는 경우, 우리는 생산설비를 더욱 늘린다. 물론 이와 같은 접근법이 옳을 때도 있다.

하지만 다른 접근법이 더 큰 성과를 내는 경우도 많다. 어떤 노력을 더하고 어떤 자원을 더해야 하는지를 고민하는 게 아니라, 어떤 장애요소들을 버려야 하는지를 고민하는 것이다. 이어지는 부분에서는 장애요소들을 가려내고 버리는 방법을 논하려고 한다.

1. 본질적인 목표가 무엇인지 분명히 하라
이루고자 하는 목표가 무엇인지를 분명히 하기 전에는 장애물이 무엇인지를 판단할 수가 없고, 이때에는 어떤 변화를 추구하더라도 그것이 방향성을 갖지 못한다. 먼저 다음과 같은 질문을 제기하라.

"목표를 이루었다는 것을 어떻게 알 수 있을까?"

이 장의 진행을 위해 여러분의 목표가 목요일 오후 2시까지 15쪽짜리 보고서를 작성하여 고객에게 이메일로 전송해야 하는 거라고 가정해보자. 이처럼 추구하는 목표는 막연한 것이 아니라, 성공 여부를 분명하게 판단할 수 있는 구체적인 것이어야 한다.

2. 앞으로 나아가는 것을 막는 가장 느린 요소를 가려내라

보고서 작성에 들어가기에 앞서 잠시 시간을 내어 다음과 같은 질문들에 대한 답을 찾아보라.

"나와 목표 사이에 있는 장애물로는 어떤 것들이 있는가?" "목표의 완수를 방해하는 것들로는 무엇이 있는가?"

목표의 완수를 방해하는 장애물들을 전부 기록하여 목록을 만들어보라. 여기에는 정보 부족, 나쁜 몸 컨디션, 완벽에 대한 집착 같은 것들이 포함될 수도 있다. 그리고 다음과 같은 질문을 통해 결정적인 장애물을 가려내보라.

"다른 장애물들을 함께 없애는 효과가 있는 결정적인 장애물은 무엇인가?"

언뜻 보기에는 '생산적'이라고 여겨지는 활동도 — 자료를 구하기 위해 많은 사람들에게 이메일을 보내 자료를 요청하는 것, 완벽한 보고서를 만들기 위해 보고서를 계속해서 다듬는 것 등 — 결정적인 장애물이 될 수 있다는 점을 염두에 둘 필요가 있다. 궁극적인 목표는 보고서를 작성하여 고객에게 전송하는 것이라는 점을 기억하라. 궁극적인 목표의 달성을 저해하는 것은 무엇이 되었든 장애물로 판단할 수 있다.

목표의 달성을 저해하는 장애물은 하나가 아닌 경우가 더 많다. 하지만 한 번에 하나씩 가장 결정적인 장애물을 먼저 해결하는 방식으로 접근해야 한다. 가장 결정적인 장애물이 그대로 존재하는 한 다른 장애물들을 해결하더라도 별다른 효과가 나타나지 않을 수도 있기 때문이다. 보고서의 정확한 내용 여부를 판단하는 것을 장애물로 보고 있다면 누군가 해당 분야에 대해 잘 알고 있는 사람에게 보고서의 내용을 검토해달라고 부탁할 수는 있지만, 이 문제 하나를 해결한다고 하여 보고서를 제시간에 작성하는 목표에 크게 다가서는 것은 아니다. 소설『목표』에서 주인공 알렉스 로고는 가장 효율성이 낮은 기계의 문제를 가장 먼저 해결을 했고, 그다음에 두 번째로 효율성이 낮은 기계의 문제를 해결하는 식으로 접근했다. 여러 문제들을 한꺼번에 해결하려고 했던 것이 아니다. 우리 역시 한 번에 하나씩 가장 결정적인 장애물을 먼저 해결하는 방식으로 접근해야 한다.

3. 장애요소들을 해결하라

여러분에게 가장 결정적인 장애물이 완벽에 대한 욕구라고 가정해 보자. 완벽한 보고서를 작성하기 위해 고려해야 하는 사항들은 수십 가지지만, 어쨌든 여러분이 추구하는 본질적인 목표는 고객에게 시간 내에 보고서를 전송하는 것이다. 그렇다면 그 결정적인 장애물을 해결하는 한 가지 방법은 '이 보고서는 완벽해야 한다'는 생각을 '보고서를 마치는 것이 완벽한 것보다 더 우선순위에 있다'는 생각으로 바꾸는 것이다. 이와 같은 생각의 전환을 통해 보고서가 완벽하지 않아도 괜찮다는 점을 자신에게 인식시킬 필요가 있고, 이와 같은 식으로 가장 결정적인 장애물을 해결한다면 목표의 달성에 크게 다가서게 된다.

가장 결정적인 장애요소는 사람이 될 수도 있다. 이를테면 어떤 프로젝트의 진행을 반대하는 상사, 예산안을 승인해주지 않는 재무팀 팀장, 계약서에 사인을 해주지 않는 고객 등을 생각해보라. 장애요소를 해결하는 과정에서 다른 사람들과의 갈등을 최소화하기 위해서는 '달콤한 방법으로 유인하는 방법'을 이용하는 것이 좋다. 장애요소로 작용하는 어떤 사람이 있다면 요청한 일을 끝냈느냐고 자꾸만 채근하지 말고(여러분이 이렇게 묻고 싶을 정도라면 분명히 요청한 일을 끝내지 못했을 것이다), 직접 그 사람을 찾아가 다음과 같은 식으로 물어보라.

"그 일을 처리하시는 데 어떤 문제가 있나요? 제가 그 문제를 해결하는 데 도와드릴 일이 없을까요?"

상대방을 압박하지 말고, 상대방의 편에서 문제를 함께 해결할 수 있다는 의사를 표하라. 이메일을 통해 압박을 가하는 것보다 훨씬 더 긍정적인 반응을 이끌어낼 수 있을 것이다.

내가 대학원에서 공부를 하고 우리 아이들이 아직 아기였을 때, 내 아내는 하루 종일 아기들을 돌보느라 무척이나 힘든 시간을 보내고 있었다. 게다가 힘든 육아로 인한 피로감을 제대로 풀어낼 수도 없는 상황이었다. 당시 나는 부족한 자원의 이용과 관련된 '제약이론'에 대해 공부를 하고 있었기 때문에 그때의 일이 더욱 기억에 남는다. 그때 우리 부부는 행복한 육아를 가로막는 가장 큰 장애요소가 시간 부족이라는 결론을 내렸다. 사실 아주 어린 세 명의 아이들을 기르면서 시간적 여유를 갖기란 거의 불가능한 일이었다. 그래서 우리는 그 장애요소를 해결하기로 하고, 여러 가지 방법들을 찾아보았다. 우선 나는 여러 동아리 활동에서 탈퇴를 하고 수업이 끝나면 집에 일찍 들어와 아내를 돕기로 했고, 하루에 몇 시간씩 육아를 도와줄 사람도 구했다. 이렇게 하자 시간적, 정신적 여유가 생기면서 우리 가족이 함께하는 시간이 훨씬 더 행복하고 만족스럽게 되었다. 더 적게 일을 하면서도 더 좋은 시간을 보내게 된 것이다.

장애요소를 해결하는 일은 반드시 어렵게 할 필요도 없고, 초인적인 힘이 필요한 것도 아니다. 우선은 작은 부분부터 시작하자. 이 일은 산꼭대기에 있는 큰 돌을 산 아래로 굴리는 일과도 같은데, 삽 한 자루로 돌을 파내기만 하면 그 나머지의 일은 거의 저절로 진행되는 경우가 많다.

Chapter 17

조금씩 전진하라
Progress

작은 승리들이 만들어내는 힘

> 더 나은 미래를 향해 조금씩이라도
> 나아가도록 해주는 무언가를 매일 해보라.
> —— 더그 파이어보 Doug Firebaugh, 작가

운전을 하다가 교통경찰에게 붙잡혀 범칙금통지서를 받았던 기억을 떠올려보라. 그때 "이 범칙금통지서는 좋은 것일까 나쁜 것일까?"라고 궁금해했던 적이 있는가? 아마 없었을 것이다. 누구나 범칙금통지서를 나쁜 것으로 생각하니까 말이다. 하지만 캐나다 리치몬드의 한 혁신적인 경찰서에서는 좋은 통지서라는 것을 만들어 사람들에게 발부하고 있다.[1]

범죄를 줄이기 위한 전통적인 방식이 있다. 더욱 엄격한 새로운 법들을 만들고, 범죄자들에게 더 높은 형량을 선고하고, 범죄에 대

실행하기

해 무관용 법칙을 적용하는 것이다. 지금까지 우리는 계속해서 이렇게 해왔고, 그 강도를 더욱 높이고 있는 중이다. 캐나다 리치몬드의 경찰서들 역시 범죄를 줄이기 위한 전통적인 방식을 추구하고 있었는데, 그로 인한 결과 역시 전형적인 것이었다. 재범률 65퍼센트와 점점 더 늘어나는 청소년 범죄율이 그것이었다.

그러다 리치몬드의 한 경찰서의 책임자로 부임한 워드 클래펌Ward Clapham이라는 젊은 경찰이 범죄율을 낮추고자 하는 전통적인 방식에 대해 의문을 제기했다.[2]

왜 경찰의 대응은 언제나 사후적이고, 부정적이고, 시간에 늦는 것일까? 범죄가 발생한 후에 범죄자들을 붙잡기 위해—그리고 더욱 강력한 처벌을 추진하기 위해—경찰력의 대부분을 쓰는 게 아니라, 범죄가 발생하기 이전에 범죄의 발생가능성을 차단하는 데 경찰력을 쓴다면 어떻게 될까? 그러니까 토니 블레어Tony Blair 영국 전 총리의 말을 인용하자면, 이미 발생한 범죄만이 아니라 범죄의 원인들에 대해서도 관심을 갖는다면 어떻게 될까?[3]

이러한 질문들과 고민의 결과로 워드 클래펌은 '칭찬 통지서Positive Ticket'라는 것을 고안해냈다. 이는 범죄를 저지르는 청소년들을 붙잡는 데 역량을 집중하는 게 아니라, 좋은 일을 하는 청소년들—쓰레기를 쓰레기통에 제대로 버리는 행위, 오토바이를 타면서 헬멧을 착용하는 행위, 지정된 장소에서 스케이트보드를 타는 행위, 학교에 제시간에 출석하는 행위 등—을 찾아내어 그들에게 칭찬 통지서를 발부하는 프로그램이었다.

칭찬 통지서에는 벌금 대신에 상이 부여되었는데, 이 통지서를 제출하면 영화관에 무료로 입장을 하거나 피자를 무료로 먹을 수도 있고, 지역 청소년센터에서 주최하는 행사에 입장권으로 사용할 수도 있는 식이었다. 이렇게 함으로써 청소년들을 길거리가 아닌 긍정적인 장소로 유도하여 범죄로부터 멀어지도록 하는 효과까지 거둘 수 있었다.

그렇다면 이와 같은 혁신적인 방식의 성과는 어땠을까? 그것은 놀라운 것이었다. 칭찬 통지서 프로그램을 운용하고 10년이 지나면서 60퍼센트가 넘던 지역의 청소년 재범률이 8퍼센트로 떨어진 것이다.

더 적게 일하면서 더 좋은 결과를 추구한다는 에센셜리즘과 경찰서는 서로 아무런 관련도 없는 것처럼 보이지만, 워드 클래펌의 칭찬 통지서 프로그램은 에센셜리즘의 전형이다.

비에센셜리스트는 뭐든지 크게 시작하려고 한다. 모든 것을 하려고 하고, 모든 것을 가지려고 하고, 모든 것에 자신을 맞추려고 하는 것이다. 그들은 무조건 더 많이 일을 할수록 더 큰 성과를 이루어 낼 수 있다는 잘못된 논리에 의해 움직인다. 그러나 현실은 그렇지 않다.

에센셜리스트들의 방식은 이와는 다르다. 모든 것을 한꺼번에 이루어내기 위해 무조건 크게 시작하는 게 아니라, 일단은 작게 시작하면서 계속되는 성취를 통해 즐거움을 얻는다. 별다른 의미도 없는 커다란 승리를 추구하는 게 아니라, 정말로 중요한 분야에서의 작은 승리들을 추구하는 것이다.

비에센셜리스트	에센셜리스트
커다란 목표를 추구하지만, 작은 성과만을 얻는다.	작게 시작하지만, 커다란 성과를 이루어낸다.
가장 돋보이는 승리를 추구한다.	작지만 계속되는 성취를 통해 즐거움을 얻는다.

　워드 클래펌은 청소년들이 행하는 작으면서도 좋은 일들에 대해 칭찬을 하는 방식으로 큰 성과를 이루어냈다. 한번은 어떤 청소년이 차도에서 어린 소녀를 구해낸 일이 있었는데, 그 광경을 목격하게 된 경찰이 그 청소년에게 '칭찬 통지서'를 발부하면서 이렇게 말했다. "자네는 오늘 훌륭한 일을 해주었어. 우리 시를 위해 엄청난 일을 해준 거야." 그 청소년은 집으로 돌아가 자신의 방 벽에 '칭찬 통지서'를 걸어두었다. 몇 주 후에 그 청소년의 새엄마가 그에게 그 통지서를 가지고 뭐라도 하는 게 낫지 않겠느냐고 말을 했지만, 그는 그 통지서를 간직하겠다고 답했다. 도시를 위해 엄청난 일을 해준 거라는 경찰의 칭찬이 담긴 통지서를 간직하는 편이 그것으로 공짜 피자를 먹는 것보다 훨씬 더 가치 있는 일이라고 판단했던 것이다.

　이와 같은 긍정적인 상황이 해마다 4만 건씩 10년 동안 일어났다고 생각해보라. 청소년 재범률이 획기적으로 줄어든 이유를 알 수 있을 것이다. 수많은 청소년이 좋은 일에 대해 칭찬을 들으면서 좋은 일을 계속해서 하고자 하는 동기를 갖게 되었고, 이러한 분위기가 도시 전반에 걸쳐 확산되면서 자연스럽게 범죄율이 낮아지게 된 것이다.

커다란 목표를 추구할 때 우리는 처음부터 거창한 해법으로 시작하려는 경향이 있다. 내가 아는 어떤 사람은 딸들을 위해 잡지에 나올 만한 화려한 인형의 집을 직접 만들어주겠다고 주위 사람들에게 호언장담을 했다. 그의 비전이나 야망은 무척이나 컸지만 처음부터 무리하게 작업을 시작했다가 금세 포기를 해버렸다. 일이 이렇게 된 데에는 무언가 큰 것을 해내기 위해서는 처음부터 크게 시작해야 한다는 잘못된 고정관념을 가졌기 때문이다. 하지만 거창하게 시작했다가 아무런 성과도 없이 끝나는 일을 우리는 주위에서 쉽게 찾아볼 수 있다. 지금 얘기한 인형의 집처럼 말이다.

여러 연구들에 따르면, 우리 인간에게 가장 강력한 동기부여가 되는 것은 발전이라고 한다. 하나의 성공이 자신감과 확신을 만들어내고, 그것이 추진력이 되어 더 큰 성공으로 계속해서 나아가게 된다는 것이다. 지난 1968년에 「하버드 비즈니스 리뷰」에 실렸던 '한 번 더: 어떻게 직원들에게 동기를 부여할 것인가One More Time: How

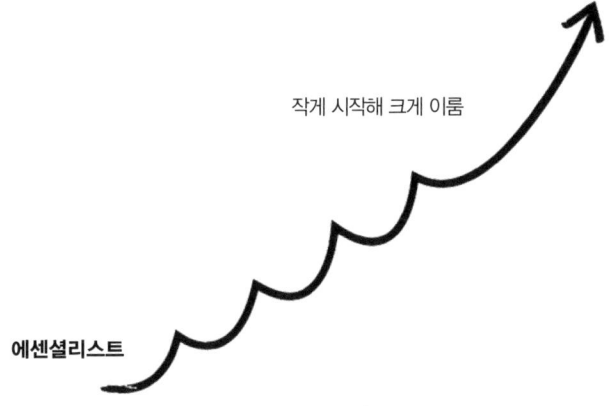

Do You Motivate Employees?'라는 제목의 논문이 있다. 「하버드 비즈니스 리뷰」에 실렸던 가장 인기 있는 논문들 가운데 하나인데, 이 논문에서 프레드릭 허즈버그Frederick Herzberg 교수는 사람들에게 가장 큰 두 가지의 내면적 동기부여 요인들은 성취와 그에 대한 다른 사람의 인정이라는 점을 밝힌 바 있다.[4] 그런가 하면 테레사 에머빌Teresa Amabile과 스티븐 크레이머Steven Kramer는 수백 명의 사람들로부터 익명으로 일기장을 받아서 읽어본 결과 '아무리 작은 발전이라도, 매일의 발전이 사람들의 마음가짐과 성과에 커다란 긍정적 영향을 끼친다'는 결론에 이르렀다. 그들은 이렇게 말했다.

"일을 할 때 유발되는 감정, 동기의식, 지각작용 등에 영향을 끼치는 수많은 것들 가운데 가장 영향력이 큰 것은 의미 있는 일에서 이루어지는 발전이다."[5]

거창하게 시작하여 아무것도 이루어내지 못한 채 시간과 노력만 낭비하는 것보다는, 작게 시작하여 작은 성공들을 이루어내고, 그로부터 추진력을 이끌어낼 필요가 있다. 그렇게 이끌어낸 추진력을 기반으로 다음의 성공을 이루어내고, 또 그다음의 성공을 이루어내고, 이런 식으로 궁극적인 목표에 도달할 수 있는 것이다. 이렇게 목표에 도달한 후에 돌이켜보면 발전의 과정이 매우 순조롭고 별로 힘이 들지도 않았기 때문에 하룻밤 사이에 갑자기 커다란 성공을 이루어낸 것처럼 보일 수도 있다. 이와 관련하여 스탠퍼드 대학교의 교수였던 헨리 아이링 Henry Eyring은 다음과 같이 쓴 바 있다.

"사람과 조직이 어떻게 발전할 수 있는지에 대해 경험을 통해 알게 된 점이 있다. 바로 우리가 자주 하는 일들에서 이루어낼 수 있는 작은 변화들을 실제로 이루어내는 것이다. 꾸준하면서도 반복적인 작은 변화들에 힘이 있다."[6]

나는 미국심리학회 전임 회장인 필 짐바도 Phil Zimbardo 박사와 함께 점심식사를 한 적이 있는데, 짐바도 박사는 스탠퍼드 교수 시절 저 유명한 스탠퍼드 감옥 실험을 주관했던 인물이다.[7]

1971년 여름, 짐바도는 건강한 스탠퍼드 대학생들을 선발하여 그들 가운데 일부에게는 '간수'의 역할을 부여하고 일부에게는 '수감자'의 역할을 부여한 다음, 학생들로 하여금 대학교 내에 임시로 설치한 감옥에서 지내도록 했다. 그렇게 며칠의 시간이 지나자 '수감자' 역할을 맡은 학생들은 우울감과 극심한 스트레스 증상을 보이기 시작했고, '간수' 역할을 맡은 학생들은 엄격하고 가학적인 행동을 하기 시작했다(이 감옥 실험은 상황이 심각해지면서 예정보다 일찍 끝났다). 단지 간수와 수감자의 역할을 부여받고 가상으로 그에 해당하는 대우를 받았을 뿐인데도, 감옥시설 내에서 학생들 간의 관계는 진짜 간수와 수감자의 관계처럼 자리를 잡아가는 모습을 보인 것이다.

　스탠퍼드 감옥 실험은 세계적인 유명세를 타게 되었고, 많은 사람들이 그 실험의 의미에 대해 글을 쓰고 이야기를 해오고 있다. 나 역시 그 실험에 관해 여러 가지 생각을 하게 되었다. 내 경우는 만약에 어떤 상황과 조건에 의해 학생들이 부정적인 행동을 취하게 되었다면, 그 반대로 어떤 상황과 조건에 의해 사람들로 하여금 긍정적인 행동을 취하도록 만들 수도 있지 않을까 하는 생각도 하게 된 것이다.

　실제로 요즘 짐바도는 이와 같은 구상을 바탕으로 '영웅적인 상상 프로젝트Heroic Imagination Project'라는 대규모 사회적 실험을 추진하고 있다.[8] 이 실험의 바탕에 있는 논리는 사람들에게 영웅주의에 대해 가르쳐줌으로써 사람들 사이에서 용기 있는 행동을 취할 가능성을 높일 수 있다는 것이다. 이에 짐바도는 영웅적인 행동을 장려하고 실제로 그러한 행동에 대해 보상을 한다면 영웅적인 행동이 어렵지 않고 자연스럽게 행해지는 사회를 만들 수 있다는 믿음을 가지고 있다.

　우리에게는 선택권이 있다. 옳은 일을 쉽게 할 수 있도록 해주는 시스템을 만드는 데 우리의 역량을 사용할 수도 있고, 아니면 옳은 일을 하기 어려운 구조로 되어 있는 시스템에 순응해 들어갈 수도 있다. 옳은 일을 쉽게 할 수 있도록 해주는 시스템의 전형적인 사례가 바로 워드 클래펌의 칭찬 통지서인데, 우리 인생의 시스템을 설계할 때에도 우리가 당면해 있는 선택들에 대해 똑같은 원리를 적용할 수 있다.

나는 아내 안나와 자녀양육 방법을 결정할 때 이러한 아이디어를 이용했다. 어느 날 문득 우리 부부는 우리 가족의 삶에 텔레비전, 컴퓨터, 태블릿, 스마트폰 같은 기기들이 너무 많이 개입해 있다는 생각을 하게 되었고, 우리 아이들이 무의미한 유희거리에 너무 많은 시간을 낭비할 수도 있겠다는 생각이 들었다. 하지만 여느 가정들이 그렇듯, 이러한 기기들을 이용하는 시간을 줄이는 과정에서 아이들과 상당한 마찰이 일어났다. 텔레비전을 끄거나 스마트폰의 이용시간을 제한하려고 하면 아이들은 불평을 해댔다. 하지만 부모로서 그와 같은 상황을 방치할 수도 없었다. 텔레비전을 보거나 스마트폰을 이용하는 것은 우리 가족에게 있어 본질적인 일은 아니었기 때문이다.

그래서 우리 부부는 토큰 시스템을 도입했다.[9] 매주 초에 아이들에게 열 개의 토큰을 지급하고, 텔레비전이나 스마트폰 이용 시간 30분마다 토큰 하나씩을 아이들에게 받는 방식이었다. 대신에 한 주가 끝나고 토큰이 남는 경우에는 토큰 하나당 50센트의 돈을 아이들에게 지급하기로 했다. 그러니까 우리집 아이들은 그 토큰으로 매주 최대 5달러까지 벌 수도 있었고, 아니면 매주 5시간씩 텔레비전이나 스마트폰을 이용할 수도 있었다. 그리고 독서시간 30분마다 토큰 하나씩을 추가로 지급하기로 했는데, 아이들은 그 토큰을 이용하여 추가로 용돈을 벌거나, 아니면 추가로 텔레비전이나 스마트폰을 이용할 수 있었다. 그러자 놀라운 일이 벌어졌다. 아이들이 텔레비전이나 스마트폰을 이용하는 시간이 90퍼센트나 줄어들었고,

독서를 하는 시간은 그만큼 늘어났다. 무엇보다 아이들의 시간을 관리해주는 그 시스템을 운용하는 데에는 별다른 수고가 필요하지도 않았다. 그 시스템 덕분에 우리 가족이 비본질적인 활동을 하는 시간은 크게 줄어들었고 본질적인 활동을 하는 시간은 크게 늘어났다. 아주 적은 시간과 노력을 투입하여 만든 시스템이 문제를 최소화하며 우리 가족을 올바른 방향으로 이끌어준 것이다.

이와 같은 시스템은 가정만이 아니라 직장에서도 만들어 활용할 수 있다. 이때 중요한 것은 작게 시작하고, 발전을 격려하고, 작은 성공들을 칭찬해주는 것이다. 이어지는 부분에서는 이러한 시스템을 만드는 데 도움이 되는 몇 가지 조언들을 제시하려고 한다.

달성 가능한 작은 성취들에 초점을 맞추라

실리콘밸리에서 유행하는 금언 하나가 있다. "무언가를 해내는 게 완벽한 것보다 더 낫다."가 그것이다.[10] 그렇다고 아무거나 마구잡이로 만들어내라는 의미는 아니고, 내가 생각하기에 이 말은 비본질적인 것들까지 전부 챙기느라 시간을 낭비하지 말고 작은 성취라도 이루어내라는 의미인 것 같다. 실제로 실리콘밸리 사람들 사이에서 이 금언은 '달성 가능한 작은 것들'을 창출해내라는 의미로 사용되고 있다.[11] "잠재 고객에게 유용하고 가치 있으면서 개발 과정이 단순한 제품들로는 무엇이 있을까?"와 같은 질문의 토대가 되는 기본 개념인 것이다.

달성 가능한 작은 성취들은 매우 중요한 의미를 갖는다. 자기 자신에게 다음과 같은 질문을 제기하라.

"우리가 추구하는 본질적인 목표를 이루어내는 데 유용하면서도 가치 있는 가장 작은 단위의 성취는 무엇인가?"

나는 이 책을 쓸 때 이와 같은 접근법을 이용했다. 이 책의 내용을 구상하는 단계에 있을 때, 그러니까 실제로 집필에 들어가기 전에, 나는 내가 가지고 있던 단편적인 아이디어들을(달성 가능한 작은 성취들에 해당되는 것이라 할 수 있다) 트위터에 올려 사람들과 공유했다. 그리고 많은 사람이 수긍을 해주는 아이디어들의 경우는 그를 토대로 짧은 글을 작성하여 블로그에 올려놓았다. 이와 같은 방식으로 나는 다른 사람들의 도움을 받아 어떤 아이디어들이 독자들 사이에서 호응을 얻을지 어렵지 않게 판단을 내릴 수가 있었다.

이는 영화사인 픽사가 애니메이션 영화를 제작하는 방식이기도 하다. 픽사는 처음부터 완성된 대본을 이용하는 게 아니라 스토리보드를—영화의 만화책 버전이라고 할 수 있는—이용하여 영화 제작을 시작한다. 그들은 하나의 장면을 완성하기까지 수백 번의 시도를 하고, 일단 영화가 완성되면 소수의 사람들을 대상으로 시사회를 갖고 어느 부분을 개선해야 하는지 의견을 받는다. 수많은 작은 성취들을 통해 완성에 도달하고, 그런 후에도 여러 가지 개선점들을 찾는 것이다. 픽사를 거쳐 지금은 디즈니에서 영화 제작을 총괄하고 있는 존 라세터John Lasseter는 이렇게 말했다.

"우리는 영화를 완성하지 않습니다. 영화를 풀어놓을 뿐이죠."[12]

작은 준비부터 시작하라

중요한 목표를 이루어내거나 마감시한을 지키는 데에는 두 가지 상반된 방법이 있다. 일찍 시작하여 작은 성취들을 쌓아가는 방법과, 늦게 시작하여 한꺼번에 이루어내는 방법이 그것이다. '늦게 시작하여 한꺼번에 이루어내는' 방법은 그야말로 막판에 밤을 새워가며 일을 몰아서 하는 것을 뜻한다. 반면에 '일찍 시작하여 작은 성취들을 쌓아가는' 방법은 이와는 정반대의 접근법이다.

어떤 프로젝트나 임무에 대해 마감시한 2주 전부터 10분씩이라도 투자를 한다면 마지막 급박한 순간에서도 스트레스를 유발하는 상황을 크게 줄일 수 있다. 아직 마감시한이 한참 남은 프로젝트나 임무가 있다면 그에 대해 다음과 같이 물어보라.

"마감을 잘하기 위해 바로 지금 내가 할 수 있는 아주 작은 작업으로는 무엇이 있을까?"

인기 강연자로도 잘 알려져 있는 한 저명인사는 중요한 강연을 맡게 되면 해당 강연이 있기 여섯 달 전부터 강연 준비를 시작한다고 한다. 즉 처음부터 강연 내용을 모두 확정하는 게 아니라 조금씩 강연 내용을 잡아간다는 것이다. 여러분도 중요한 프레젠테이션 일정이 잡혔다면 그 몇 주 전에 일찌감치 컴퓨터 파일을 만들고 하루에 4분씩 초안을 잡아보라. 아직 일정이 많이 남은 상태에서 하루 4분을 초과하여 시간을 쓸 필요는 없다. 우선은 시작한다는 것이 중요하다.

이보다 더 극단적으로 뉴욕에 살고 있는 내 친구는 회의 일정이 잡히면 15초 정도의 시간만 내어 해당 회의의 목표를 메모해둔다. 그리고 회의에서의 발언을 준비하는 일은 회의 당일 아침에 한다. 그 친구는 회의 당일 이전에 회의에서의 발언을 별도로 준비하지는 않는데, 일찍부터 15초 정도의 시간을 쓰는 것으로 준비가 충분하다고 한다.

성취한 것에 대해서는 분명하게 보상하라
어떤 기금을 모금할 때 거대한 온도계 모양의 형상물을 만들어 기금이 얼마나 모금되었는지를 수많은 사람에게 보여주는 방식이 있다. 이 같은 방식은 사람들에게 상당한 흥미와 동기의식을 부여한다. 그런가 하면 유치원이나 초등학교에서 흔히 사용하는 방식으로 칭찬 스티커가 있다. 아이들이 바람직한 일을 하면 스티커를 하나씩 지급하여 그를 스티커 판에 붙이도록 하는 방식이다. 이때 아이들은 스티커가 하나씩 늘어나는 것을 지켜보면서 커다란 동기의식을 갖게 된다.

목표를 향해 나아가는 과정을 가시적으로 보상하는 방식은 커다란 동기부여의 효과가 있다. 이는 일과 삶에서 여러분의 본질적인 목표를 추구하는 과정에도 마찬가지다.

작게 시작하고 성취의 과정에 대한 분명한 보상을 행한다면, 처음부터 달성 불가능한 거창한 목표를 수립하고 그에 도전하는 것보다 훨씬 더 많은 것을 이루어낼 수 있을 것이다. 그리고 성취의 과정에 대해 보상을 받음으로써 얻는 즐거움이나 만족감은 부수적인 보너스가 된다.

Chapter 18

습관을 만들라
Flow

일상 속 천재성

> 지성인에게 규칙적인 일상은 열정의 증거다.
> ─ 위스턴 휴 오든 Wystan Hugh Auden, 시인·옥스퍼드대 교수

2008년 베이징올림픽 수영종목 금메달리스트인 마이클 펠프스 Michael Phelps는 이미 올림픽 이전부터 늘 같은 방식으로 시합에 임했다고 한다. 우선 그는 시합 시작 두 시간 전에 경기장에 도착한다.[1] 그런 다음 언제나 정해진 방식으로 워밍업을 한다. 혼영으로 800미터, 자유영으로 50미터, 킥보드를 이용하여 600미터, 풀부이를 이용하여 400미터. 이런 식으로 워밍업을 마치면 수영장에서 나와 이어폰으로 음악을 들으며 휴식을 취하고, 마사지를 받는다. 마사지를 받을 때는 절대로 엎드리지 않고 앉아

서 받는다. 이때 펠프스와 그의 코치 밥 보우먼Bob Bowman은 시합이 끝날 때까지 일절 대화를 나누지 않는다.

펠프스는 시합 시작 45분 전이 되면 수영복을 입고, 30분 전이 되면 워밍업 풀에 들어가 600미터에서 800미터의 수영을 하며 다시 한 번 몸을 푼다. 이제 시합 시작 10분 전이 되면 대기실로 들어간다. 대기실에서는 언제나 다른 선수들과 떨어져 앉는데, 앉은 자리의 한쪽에는 고글을 놓고 다른 한쪽에는 수건을 놓고 시간을 기다린다. 그리고 시합 시간이 되면 출발대 앞으로 나오는데, 여기서도 그가 따르는 일련의 정해진 방식이 있다. 우선은 스트레칭을 한다. 다리를 쭉 폈다가 굽히는 동작을 하는데, 언제나 왼다리를 먼저 한다. 스트레칭을 마친 후에는 오른쪽 귀에서 이어폰을 빼내고, 이름이 호명되면 왼쪽 귀에서 이어폰을 빼낸다. 출발대에 오를 때는 항상 출발대의 물기를 제거한 다음—이것도 빼먹지 않는다—왼편으로 오른다. 그리고 출발대에 올라서는 팔을 앞뒤로 흔들며 등 뒤에서 손뼉을 치는 동작을 한다.

이에 대해 펠프스는 다음과 같이 말한 바 있다.

"그냥 정해진 방식입니다. 제 방식이죠. 평생 그렇게 해왔습니다. 그걸 바꾸지는 않을 겁니다."

펠프스는 그의 코치인 보우먼과 함께 이 같은 일련의 방식을 정했다. 펠프스가 따르는 정해진 방식은 이것만이 아니다. 그는 항상 잠자기 직전과 잠에서 깨어난 직후에 이미지 트레이닝을 하는데, 이에 대해 펠프스는 "비디오테이프를 보는 것"이라고 말했다.[2] 실제로 비디오테이프를 재생시키는 것은 아니고, 머릿속으로 자신이 생각하는 완벽한 레이스를 그려보는 것이다. 출발대에서의 준비동작, 매번의 스트로크, 결승점에 도달하는 순간, 물이 흐르는 얼굴로 환호성을 지르는 승리의 순간 등 전체적인 레이스를 머릿속에서 느린 동작으로 재생시켜보는 것이다.

이러한 이미지 트레이닝을 빼먹는 경우는 없다. 그는 오래전부터 매일 완벽한 레이스를 그려본 후에 잠을 잤고, 아침에 잠에서 깨어나자마자 완벽한 레이스를 그려본 후에 하루를 시작했다. 훈련을 하면서 펠프스가 조금 지친다 싶으면 코치인 보우먼은 "비디오테이프를 꽂아!"라고 외치는데, 그럼 펠프스는 자신의 한계를 넘어 힘을 낼 수가 있었다. 펠프스가 생각하는 완벽한 레이스는 그의 머리에 각인되어 있어서 시합에 들어가기 전에 보우먼이 "비디오테이프를 준비하자."라고 말을 하면 펠프스는 자신이 무엇을 어떻게 해야 하는지를 저절로 떠올리며 시합에 대한 마음가짐을 다진다고 했다.

펠프스의 이미지 트레이닝에 대해 코치인 보우먼은 다음과 같이 말했다.

"사람들이 펠프스에게 시합 전에 무슨 생각을 하느냐고 묻는다면 그는 아무것도 생각하지 않는다고 답을 할 겁니다. 그는 그냥 프로그램을 따를 뿐이니까요. 하지만 이것도 정확한 표현은 아닙니다. 그건 습관에 가까운 것이거든요. 시합시간이 다가오는 것도 전부 그의 계획에 있는 것이고, 시합에 임하는 모든 단계에서 그는 승리를 거두는 겁니다. 스트레칭도 계획대로 행해지는 것이고, 워밍업 풀에서 몸을 푸는 과정도 미리 머릿속에서 그려진 대로 행해지는 것입니다. 이어폰에서는 그가 예상하는 음악이 나오죠. 펠프스에게 실제의 시합은 그가 행하는 정해진 방식의 연장선상에 있는 과정으로 그 과정에는 승리도 포함되어 있습니다. 그러니까 그에게 승리란 자연스러운 하나의 흐름이 되는 것입니다."³

많은 사람이 알고 있듯이 마이클 펠프스는 2008년 베이징올림픽에서 무려 여덟 개의 금메달을 따내는 엄청난 기록을 세웠다. 그로부터 몇 년 후에 나는 베이징을 방문할 기회가 있었는데, 그곳에 도착하니 자연스레 펠프스를 비롯한 올림픽 메달리스트들이 떠올랐다. 어떻게 해서 그들은 그토록 놀라운 운동능력을 어렵지 않게 발휘할 수 있었을까? 물론 올림픽에 출전하는 선수들은 이 세상에서 가장 고된 훈련을 가장 열심히 행하는 사람들이다. 이에 대해서는 반론의 여지가 없다. 하지만 수영장을 비롯한 여러 시합장에서 그들은 자신의 일을 힘들이지 않고 해내는 모습을 보인다. 그것은 단순히 고된 훈련의 결과만이라고 보기는 어렵다. 그것은 제대로 만들어진 방식을 끊임없이 반복적으로 행함으로써 얻어지는 결과다.

비에센셜리스트들은 중요한 것들을 얻기 위해서는 무작정 힘들게 노력해야 한다고 생각한다. 고통스럽게 일을 해야 의미 있는 목표를 이룰 수 있다고 믿으면서, 무작정 앞으로 나아가려고만 한다.

하지만 에센셜리스트들의 방식은 다르다. 그들은 이루고자 하는 중요한 목표를 힘들이지 않고 자연스럽게 이루어내기 위해 자기만의 방식을 정하고 그것을 매일같이 반복한다. 물론 어떤 경우에는 에센셜리스트들도 고된 훈련을 감내해야 할 때가 있지만, 목표를 이루기 위한 자기만의 방식이 자리를 잡는다면 자연스럽게 목표에 가까워지면서 힘들이지 않고 목표를 이루어낼 수 있게 된다.

비에센셜리스트	에센셜리스트
목표를 이루기 위해 무작정 힘들게 노력하려고만 한다.	목표를 이루기 위한 올바른 방식을 만들고, 그를 일상적으로 반복한다.
노력하는 과정에서 비본질적인 것을 계속해서 수용한다.	목표에 자연스럽게 가까워지면서 힘들이지 않고 목표를 이루어낸다.

올바른 습관 만들기

잘 만들어진 습관은 목표 달성의 장애물들을 없애는 가장 강력한 도구들 가운데 하나다. 이것이 없다면 목표를 향해 나아가는 과정에서 비본질적인 것들의 교란에 많은 시간을 빼앗기게 된다. 목표 달성을 위한 자기만의 방식을 만들고, 그것을 일상의 습관으로 만든다면 그때부터는 목표 달성을 향해 저절로 나아갈 수 있다. 일정한 단계 후에는 목표를 의식하지 않아도 자연스럽게 목표를 이루는 수준에 도달하는 것이다.

잘 만들어진 습관이 몸에 밴다면 그다음부터는 일일이 행동의 우선순위를 따지느라 고민할 필요가 없다. 우리가 신경 쓸 일은 시작 단계에서 약간의 시간과 노력을 투입하여 제대로 된 방식을 만드는 것이고, 그다음부터는 그러한 방식을 일상적으로 따르기만 하면 된다.

무언가를 반복적으로 실행하는 행위가 어려운 일을 쉽게 만들어준다는 점이 여러 과학적 연구들을 통해 증명되고 있다. 한 연구에 따르면, 우리가 어떤 작업을 반복적으로 행하면 우리 몸의 신경세포들은 전에 없던 새로운 연결체계를 만들어내고, 작업의 반복이 지속될수록 그 새로운 연결체계가 더욱 강력하게 형성되면서 두뇌가 그를 더욱 쉽게 활성화한다고 한다. 일례로 우리가 새로운 단어를 외울 때는 그 의미와 철자를 수십 번 반복하고, 나중에 그를 기억해낼 때도 외울 때와 같은 과정을 거치지만, 이러한 반복이 일정 수준 이상 행해진 후에는 의식적으로 생각하지 않더라도 즉각적으로 단어의 의미와 철자를 떠올리게 된다.[4]

운전을 할 때도 마찬가지다. A라는 지점에서 B라는 지점으로 매일같이 운전을 하다 보면, 어느 시점부터는 경로나 차의 흐름에 대해 별로 의식하지 않으면서도 운전을 하게 된다. 요리의 경우도 특정한 요리를 일정 횟수 이상 반복하면 저절로 할 수 있게 되고, 심리적으로 부담을 느끼던 어떤 일도 일정 횟수가 넘어가면 아무런 부담을 느끼지 않으면서 하게 된다. 어떤 일을 반복적으로 하고 그것이 일정 수준을 넘어서면 그 일은 매우 자연스러우면서도 당연한 일상이 된다.

본질적인 일을 수행하는 능력은 우리 인간의 다른 능력과 마찬가지로 반복적인 훈련에 의해 향상된다. 회사에서 어떤 일을 처음으로 맡았던 때를 생각해보라. 처음에는 모든 것이 어렵고, 불안하고, 일을 잘못 맡았다는 생각마저 든다. 그 일에 집중하는 것만으로도 힘이 소진되고, 좀처럼 결정을 내리지 못하고, 자꾸만 괴로운 마음이 든다. 이는 지극히 일반적인 상황이다. 하지만 그 일을 반복해서 수행하다 보면 어느 순간부터 자신감이 생긴다. 더 이상 불안하거나 괴로운 마음이 들지 않는 것이다. 어느 시점에는 그 일을 더 빠르면서도 더 정확하게 하게 되고, 별다른 힘을 들이지 않으면서 하게 된다. 이와 같이 어떤 일을 반복적으로 수행하면 그것이 일상적인 일로 자리잡게 되고, 그렇게 되면 의식하거나 별다른 힘을 들이지 않아도 할 수 있게 된다.

어떤 일의 반복적인 수행이 가져다주는 또 다른 장점이 있다. 반복적인 수행을 통해 어떤 일이 두뇌의 기저핵 수준으로 옮겨가면, 우리는 다른 새로운 일에 관심을 집중할 수 있는 심리적 여유를 갖게 된다. 어느 하나의 핵심적인 일을 자동적으로 진행되도록 만든 다음에, 온전한 집중력으로 다른 일을 적극적으로 추구할 수 있는 것이다. 이와 관련하여 『습관의 힘 The Power of Habit』의 저자 찰스 두히그 Charles Duhigg는 다음과 같이 언급한 바 있다.

"사실 두뇌를 쓰면 쓸수록 두뇌는 점점 더 적게 일을 한다. 우리의 두뇌는 거의 완전히 작동하지 않는 수준까지 기능을 멈출 수 있다. 그리고 이것이야말로 진정한 이점이라 할 수 있다. 당신이 지니고 있는 모든 두뇌의 힘을 새로운 분야에 전적으로 투입할 수 있기 때문이다."[5]

어떤 일을 반복적으로 수행하는 것이 창의성과 혁신을 죽이는 일이라고 여기는 사람들도 있다. 똑같은 일을 지겹도록 반복하면서 무슨 창의성과 혁신을 기대할 수 있겠냐는 것이다. 심지어 반복이라고 하면 무조건 활기가 없거나 지루한 것을 연상하는 사람들도 있다. 물론 잘못된 반복은 지루함만 유발할 수도 있다. 하지만 반복도 제대로만 하면 역량을 강화하고 두뇌의 작용을 자유롭게 만들어주면서 오히려 혁신과 창의성의 근간이 된다. 제대로 된 방식을 만들고 그를 일상적으로 반복한다면 제한적인 두뇌의 작용을 비슷비

숱한 의사결정과 우선순위의 판단에 매일같이 낭비하는 게 아니라 정말로 중요한 활동에 집중할 수가 있다.

창의성에 관한 미하이 칙센트미하이의 연구를 보면, 창의력이 뛰어난 사람일수록 정해진 방식을 엄격하게 따름으로써 더 많은 시간적 정신적 여유를 활용하게 된다는 내용이 나온다. 그는 이렇게 말하고 있다.

"대부분의 창의적인 사람들은 잠을 자고, 식사를 하고, 일을 하는 자기만의 최적의 시간표를 일찌감치 파악하고, 그 시간표를 철저하게 따른다. 시간표를 어기고자 하는 유혹이 들어도 좀처럼 어기는 일이 없다." 그는 또 다음과 같이 말했다. "그들은 편안한 옷을 입고, 마음이 잘 맞는 사람들하고만 만나고, 자신이 중요하다고 판단하는 일들만을 한다. 물론 그들의 별난 성향이 그들과 함께 일을 해야만 하는 사람들에게는 그리 유쾌한 것이 아닐 수도 있다. 하지만 이와 같은 별난 행동양식은 주변의 요구로부터 그들을 자유롭게 만들어 주고, 그 결과 그들은 정말로 중요한 일들에 집중할 수가 있다."[6]

실리콘밸리에서도 가장 혁신적인 기업들 중 하나로 평가받는 어느 기업의 CEO는 회의를 주관하는 방식이 매우 독특하다. 언뜻 보면 그 방식은 지나치게 단순하고 창의성과는 거리가 먼 것이라는 느낌마저 받는다. 그는 매주 특정 요일을 정해 오전 9시부터 12시까지 무려 세 시간 동안 회의를 갖는다. 일단 회의 일정이 정해지면 취소되는 법도 없고, 시간이 조정되는 경우도 없다. 모든 임직원은 미리 정해진 요일의 오전 9시에 반드시 회의에 참석해야 한다. 해외 영업을 담당하는 임직원들의 경우도 그 회의 일정을 고려하여 해외

출장 스케줄을 짜야 한다. 회의 일정이 월요일로 정해지면 모든 임직원은 월요일 오전 9시에 회의실에 도착해 있어야 하고, 이것은 반드시 지켜야 하는 원칙이다.

처음 이러한 이야기를 들었을 때는 그런 기업도 있나 보다 하고 말았는데, 알고 보니 이와 같은 방식으로 회의를 하는 특별한 이유가 있었다. 이렇게 회의 일정을 정하면 회의에 참석 가능한 사람들이 얼마나 되는지를 일일이 확인해가며 회의 일정을 맞출 필요가 없다. 그러므로 여러 사람의 수고와 시간이 절약되고, 그렇게 절약된 수고와 시간은 다른 중요한 업무에 쓰일 수 있는 것이다. 실제로 그 기업은 시장에서 필요로 하는 창의적인 아이디어들과 상품들을 계속해서 만들어내고 있는 중이다.

올바른 습관의 힘

듀크 대학교의 한 연구에 따르면, 우리가 내리는 선택의 40퍼센트 정도는 무의식적으로 내리는 것이라고 한다.[7] 구체적으로 생각하고 판단하여 내리는 것이 아니라는 뜻인데, 여기에는 위기와 기회가 공존한다. 기회는 본능처럼 작동하는 새로운 능력을 개발할 수 있다는 것이고, 위기는 아무런 생각 없이 자신에게 손해가 되는 선택을 반복적으로 내릴 수 있다는 것이다. 자신이 내리는 선택에 대해 제대로 생각해보지 않는다면 우리는 불필요한 것들을 반복하는 습관에 빠질 수도 있다. 예를 들어 아침에 일어나자마자 이메일 수신함부터 열어보는 것, 매일 퇴근길에 도넛을 사는 것, 회사에서의 점심시간을 일과 삶에 대해 생각하고 재충전을 하는 기회 혹은 동료들과의 관계를 더욱 강화하는 시간으로 쓰는 게 아니라 무의미하게 인터넷 검색을 하는 데 쓰는 것 같은 습관 말이다.

그렇다면 비본질적인 것들을 반복하도록 만드는 습관을 버리고, 대신에 본질적인 것들을 자연스럽게 성취하도록 만드는 습관을 갖기 위해서는 어떻게 해야 할까?

신호가 유발하는 행동을 바꾸라

우리들 대부분은 고치고자 하는 습관이 있다. 정크푸드를 적게 먹으려 하고, 시간낭비를 하지 않으려 하며, 걱정을 적게 하려는 식으로 말이다. 하지만 아무리 사소한 습관이라 하더라도 그것을 고치는 일은 무척이나 어렵다. 고소한 프렌치프라이의 맛, 멋진 사진이 가득한 웹사이트, 불필요한 걱정의 소용돌이, 이러한 것들이 우리를 너무나도 강력한 힘으로 계속해서 잡아당기는 것 같아 도무지 물리칠 수가 없다. 이러한 나쁜 습관을 극복할 수 있는 방법으로는 무엇이 있을까?

『습관의 힘』의 저자 찰스 더히그는 자신의 책에 관한 한 인터뷰에서 다음과 같이 말한 바 있다.

"최근 15년 동안의 연구를 통해 우리는 습관이 어떤 식으로 작동하는지, 습관을 어떻게 변화시킬 수 있는지 알게 되었습니다. 사람의 습관은 신호, 실행, 보상으로 구성됩니다. 두뇌는 어떤 신호를 받으면 해당 신호에 맞는 실행을 선택하는데, 이때의 실행은 물리적인 것, 정신적인 것, 감정적인 것, 뭐든지 될 수 있습니다. 어떤 실행

뒤에는 보상이 오는데, 두뇌는 그 보상을 통해 해당 실행을 앞으로 지속할 가치가 있는지를 판단합니다. 그런데 신호, 실행, 보상, 신호, 실행, 보상, 이와 같은 과정이 거듭되면 나중에는 신호와 보상이 신경학적으로 서로 연결됩니다."[8]

이 얘기는 어떤 습관을 바꾸려고 할 때 행동 자체를 바꾸는 것이 어렵다면, 신호가 유발하는 행동을 바꾸는 것으로도 효과를 볼 수 있다는 것이다. 여러분에게 비본질적인 행동을 유발하는 어떤 신호가 있는 경우 의식적으로 그러한 신호와 여러분이 원하는 본질적인 행동을 연결지어보라. 예를 들어 퇴근길에 어떤 도넛 가게를 보게 되면 도넛 생각이 나면서 자꾸만 도넛을 사들고 집으로 돌아가게 된다고 가정해보자. 그렇다면 앞으로는 그 도넛 가게를 보게 되면 의식적으로 샐러드를 사들고 집으로 돌아가는 것이다. 마찬가지로 아침에 알람 소리를 듣게 되면 곧바로 이메일 수신함부터 확인하는 습관이 있다고 가정해보자. 그렇다면 앞으로는 알람 소리를 듣게 되면 의식적으로 책을 읽는 것이다. 처음에는 도넛을 사지 않거나 이메일 수신함을 신경 쓰지 않는 일이 무척이나 어려울 것이다. 하지만 의식적으로 새로운 행동을 취하는 횟수가 늘어날수록—계속해서 샐러드를 사고 책을 읽을수록—신호와 새로운 행동 사이의 연결이 강화되면서 어느 시점 이후로는 무의식적으로 자연스럽게 새로운 행동을 취하고 있는 자신을 발견하게 될 것이다.

새로운 신호를 만들라
어떤 행동의 변화를 만들어내는 것이 목적이라면 아예 새로운 신호를 만들고 그 신호를 우리가 원하는 행동과 연결짓는 것도 한 방법이다. 나는 이 방법을 이용하여 매일 일기를 쓰는 습관을 정착시켰는데, 효과가 무척 좋았다. 나는 오랫동안 일기를 쓰기는 했지만 규칙적으로 쓴 것은 아니었다. 하루 종일 일기쓰기를 미루다가, 밤이 되면 '내일 아침에 쓰자'라고 생각하고는 그대로 잠자리에 들곤 했다. 하지만 다음 날 아침이 되면 다시 밤까지 미루다가, 밤이 되면 이틀치 일기를 쓰는 것은 조금 힘들 텐데 하는 생각을 하다가 그대로 잠자리에 들기 일쑤였다.

그러던 어느 날, 어떤 사람으로부터 자신은 매일 정해진 시간에 아주 조금씩만 일기를 쓴다는 말을 들었다. 꽤 괜찮은 방식 같았다. 그때 나는 일기를 쓸 시간이 되었다는 것을 알려줄 신호가 있어야겠다는 생각을 했다. 그런 신호가 없다면 그전과 같이 일기쓰기를 자꾸만 미루게 될 것 같았다. 그래서 나는 내가 들고 다니는 가방 안에 일기장과 휴대폰을 나란히 놓아두기로 했다. 저녁에 집으로 돌아와 충전하기 위해 휴대폰을 빼내면서(이건 이미 자리잡힌 습관이었다) 자연스럽게 일기장을 보게 되고, 그것이 신호가 되어 일기쓰기를 하게 될 것이라 여겼던 것이다. 지금은 의식적으로 생각하지 않아도 일기쓰기를 매일같이 하고 있다. 이제 일기쓰기는 자연스러운 일상이 되었고, 은근히 기다려지는 일과이기도 하다. 일기쓰기를 위한 새로운 신호를 생각해낸 것이 벌써 10년 전의 일인데, 그 이후 지금까지 거의 매일 일기를 쓰고 있다.

가장 어려운 일을 먼저 하라

실리콘밸리의 반도체기업인 미크렐Micrel의 창업자 레이 진Ray Zinn 회장은 여러 가지 면에서 실리콘밸리의 다른 사업가들과는 구별되는 인물이다. 우선 실리콘밸리라고 하면 대학을 중퇴한 20대의 젊은이들이 각광받는 곳인데, 레이 진의 나이는 70대 중반을 넘어섰다. 그는 한 명의 동업자와 함께 1978년에 30만 달러의 돈을 투자하여 미크렐을 창업하여 지금까지 해마다 흑자를 내고 있다(생산시설을 정리하는 과정에서 한 해만 적자를 냈을 뿐이다). 주가도 주식공개 이후 한 번도 공모가 아래로 내려간 일이 없다. 레이 진은 이와 같은 회사의 성공 비결로 수익성을 중시하는 기업문화를 들고 있다. 그는 벌써 35년째 회사를 이끌어오고 있는데, 그 기간 동안 철저하게 지킨 시간표가 있다고 한다. 평일만이 아니라 주말에도 아침 5시 30분에 잠자리에서 일어나고(기상시간은 50년이 넘게 지켜오고 있다고 한다), 한 시간 동안 운동을 한 다음 7시 30분에 아침식사를 하고, 8시 15분에 회사에 도착한다. 저녁식사는 6시 30분에 가족과 함께 하고, 10시 정각에 잠자리에 든다. 그는 이와 같은 시간표를 언제나 지켜오고 있는데, 이 시간표대로 활동하는 근간에는 '가장 어려운 일에 가장 먼저 관심을 갖는다'는 원칙이 있다. 레이 진은 이와 같은 시간표와 원칙이 자신의 성공을 가능하게 했다고 말한다. 그는 또 나에게 다음과 같은 말을 해주기도 했다.

"우리에게는 생각해야 할 일이 이미 너무나도 많죠. 그렇다면 일정한 방식을 정함으로써 생각해야 하는 일을 줄이는 게 어떨까요?"

여러분도 일정한 시간표를 정하되, 가장 어려운 일을 아침에 가장 먼저 한다는 원칙을 세워보라. 그리고 그와 같은 행동을 초래하는 신호를 정해보라. 그 신호는 일을 시작하면서 마시는 한잔의 오렌지주스가 될 수도 있고, 휴대전화에 설정해놓은 알람이 될 수도 있고, 아니면 아침에 업무를 시작하기 전에 행하는 다른 어떤 일이 될 수도 있다.

다양한 습관을 섞어보라

매일 똑같은 일을 똑같은 시간대에 행하는 것은 따분한 일이다. 따분함을 예방하는 한 가지 방법은 요일별로 서로 다른 일을 정해놓고 행하는 것이다.

트위터의 공동창업자이자 스퀘어의 창업자인 잭 도어시Jack Dorsey는 요일마다 서로 다른 일을 할 수 있도록 일정표를 짰다. 월요일은 임원회의를 주관하고 '회사의 운영'에 관한 일을 한다. 화요일은 제품개발, 수요일은 마케팅과 커뮤니케이션과 성장에 관한 일을 한다. 목요일은 개발자들 및 협력사들과 관련된 일을 하고, 금요일은 회사의 조직문화에 관한 일을 한다.[9] 이 같은 일정은 자칫 신생기업이 겪을 수 있는 혼란을 덜어주어 그로 하여금 수많은 일들 속에 매몰되지 않고 요일별로 본질적인 업무에 집중할 수 있도록 해준다. 그는 언제나 요일별로 이와 같은 일정을 따르고 있기 때문에 그와 함께 일을 하는 사람들 역시 회의나 면담 일정을 정할 때 그의 일정표를 참고하여 정한다고 한다.

한 번에 하나씩 변화를 추진하라

제대로 된 방식을 정하는 게 중요하다는 생각만으로 자신의 모든 방식을 한꺼번에 전부 바꾸려는 것은 오히려 부정적인 결과를 초래할 뿐이다. 앞장에서 논의했듯이, 큰 결과를 이루어내기 위해서는 먼저 작게 시작할 필요가 있다. 한 번에 하나씩 기존 방식을 살펴보고, 단계적으로 변화를 추진하는 것이다.

이러한 방식이 결코 쉽다는 의미는 아니다. 잘못된 방식이라 해도 이미 우리의 행동양식에 깊이 뿌리를 내리고 있기 때문이다. 분명 우리가 가지고 있는 기존 방식들은 어떤 이유에 의해 만들어진 뒤 오랜 시간을 거쳐 굳어진 것들이다. 그러한 것들을 새로운 방식들로 금세 바꿀 수 있다는 생각은 지나치게 순진한 생각이다. 새로운 능력을 익히는 일은 절대로 쉬운 일이 아니다. 하지만 새로운 능력을 배우고 그를 능숙하게 발휘할 수 있게 된다면 그 자체로 거대한 승리가 된다. 그 새로운 능력은 앞으로 오랫동안 우리의 삶을 이끌어갈 것이기 때문이다. 일을 하는 방식도 마찬가지다. 일단 그것이 습관으로 정착된다면 계속해서 우리에게 좋은 결과물을 가져다 줄 것이다.

Chapter 19

집중하라
Focus

지금 중요한 것은 무엇인가?

> 삶은 오직 현재의 시간에서만 누릴 수 있는 것이다.
> 현재의 시간을 포기하는 사람은 매일의 삶을 충만하게 살 수 없다.
>
> ── 틱낫한 Thich Nhat Hanh, 승려·평화운동가

　래리 겔윅스 Larry Gelwix 코치가 이끄는 미국 하이랜드 고등학교 럭비팀은 미국 고등학교 럭비계에서는 전설의 팀이다. 겔윅스는 팀의 창단 이후 36년 동안 계속해서 하이랜드 고등학교 럭비팀을 이끌어오고 있는데, 그 기간 동안 팀은 418승 10패라는 엄청난 기록을 이루어냈고, 모두 스무 번의 전국대회 우승을 차지했다. 그는 이와 같은 엄청난 성공에 대해 다음과 같이 짧게 말했다.
　"우리는 항상 이깁니다."

실행하기

그와 그의 팀이 이루어낸 기록을 잘 설명해주는 말이라 하겠다. 그러면서 그는 자신이 기대하는 바가 무엇인지 선수들 스스로 깨우치도록 선수들에게 다음과 같은 질문을 제시한다고 했다.

"지금 중요한 것이 뭐지?"

지금 시점에서 가장 중요한 것이 무엇인지를 선수들이 생각하도록 함으로써—다음 주의 시합, 내일의 훈련, 다음번의 작전이 아니라, 바로 지금 중요한 것 말이다—겔웍스는 선수들이 계속해서 이길 수 있도록 이끌어오고 있는 셈이다. 그렇다면 "지금 중요한 것이 뭐지?"라는 그의 질문에 선수들은 어떻게 반응하는 것일까?

첫째, 선수들은 시합 내내 그 질문을 생각하며 경기를 한다. 조금 전의 실수에 대한 후회, 시합의 결과에 대한 걱정 같은 아무런 도움이 되지 않고, 정신력만 소진시키므로 훌훌 털어버리고, 지금 해야 하는 경기에만 집중하는 것이다.

둘째, 겔웍스의 설명에 따르면, "지금 중요한 것이 뭐지?"라는 질문은 선수들로 하여금 자신의 플레이에 집중할 수 있도록 도와주는 효과가 있다고 한다. 선수들이 자신들의 플레이에 집중하느냐, 아니면 상대팀의 플레이에 휘말리느냐는 승패를 결정하는 주요한 요인이라고 하는데, 상대팀의 플레이에 휘말려 집중력을 상실하면 결국은 상대팀이 원하는 방식으로 이끌려가게 된다는 것이다. 이렇게 되면 팀은 분열될 수밖에 없다. 반면에 이곳에서 지금 해야 하는 자신들의 플레이에 집중하면 팀에서 정한 하나의 전략을 중심으로 모든 선수들이 하나로 뭉칠 수 있다. 그렇게 되면 시합은 자연스럽게 의도한 대로 풀려나간다고 한다.

승리와 패배에 대한 래리 겔윅스의 접근법은 본질적으로 에센셜리스트의 그것이다. 그는 선수들에게 다음과 같이 말한다.

"진다는 것과 상대가 이긴다는 것은 분명히 다르다. 상대가 이긴다는 것은 상대가 우리보다 더 잘한다는 것을 의미한다. 상대가 더 빠르고, 더 강하고, 더 실력이 좋은 것이다."

반면에 겔윅스는 지는 것은 전혀 다른 문제라고 말했다. 우리가 집중력을 상실하여 가장 중요한 것들에 집중하지 못했을 때 진다는 것이다. 결국 겔윅스의 발언은 최고의 성과를 내기 위해서는 여기에서 지금 중요한 의미를 갖는 것들에 집중해야 한다는 것이다.

지금이 가장 중요하다

여러분의 경우는 어떤지 생각해보라. 혹시 과거의 실수에 대해 끊임없이 생각하고 있지는 않은가? 영상을 무한반복으로 재생하는 비디오플레이어처럼 말이다. 미래의 일에 대해 걱정하느라 시간과 힘을 낭비하고 있지는 않은가? 자신의 힘으로 변화시킬 수 있는 통제 가능한 일들이 아니라, 자신이 통제할 수 없는 일들에 대해 생각하느라 많은 시간을 쓰고 있지는 않은가? 지금 하고 있는 일에 집중하지 못하고, 다음번 미팅이나 업무, 인생의 다음 단계 같은 것들을 생각하느라 필요 이상으로 바쁘지는 않은가? 물론 과거의 실수에 얽매이거나 미래의 상황을 걱정하는 것은 자연스럽고 인간적인 일이다. 하지만 이와 같은 일에 지나치게 몰두하면 지금 해야 하는 중요한 일에 집중하기가 어려워진다.

고대 그리스어 가운데 '시간'을 의미하는 단어로 '크로노스chronos'와 '카이로스kairos'가 있다. 크로노스는 그리스 신화에 나오는 신의 이름이기도 한데, 머리가 하얀 늙은 남자의 이미지로 그려진다. 이처럼 그리스어 '크로노스'는 흘러가는 시간, 측정 가능한 시간의 의미를 갖는다(시간을 효율적으로 사용해야 한다고 말할 때의 시간이 바로 크로노스다). 그런가 하면 '카이로스'는 전혀 다른 차원의 시간을 뜻한다. '카이로스'의 뜻을 정확하게 나타내기는 어렵지만, 이는 '특정한 때'를 가리킨다. 크로노스가 정량적이라면, 카이로스는 정성적이다. 그리고 카이로스는 우리가 현재의 순간에 완전히 집중해야—현재의 순간에 전적으로 존재해야—경험할 수 있는 개념이다.

실제로 우리는 오직 현재에만 존재한다. 우리가 통제할 수 있는 것은 오직 현재뿐이다. 물론 우리는 과거로부터 배우고 미래를 상상할 수 있다. 하지만 우리가 무언가를 할 수 있는 것은 오직 현재뿐이다.

비에센셜리스트는 과거의 성공이나 실패, 미래의 도전이나 기회에 지나치게 매몰되어 정작 현재의 순간을 자주 놓친다. 과거나 미래의 일 때문에 현재에 집중하지 못하는 것이다. 비에센셜리스트는 온전하게 현재를 살지 못한다.

반면에 에센셜리스트는 현재에 집중한다. 크로노스가 아닌 카이로스의 삶을 사는 것이다. 에센셜리스트는—과거나 미래가 아닌—현재 시점에서 가장 중요한 일에 집중한다.

비에센셜리스트	에센셜리스트
과거나 미래의 상황에 집착한다.	현재에 집중한다.
과거에 중요했던 일, 미래에 중요할 일에 대해 지나치게 생각한다.	지금 중요한 일이 무엇인지를 본다.
불필요하게 미래를 걱정하거나 과거를 후회한다.	현재를 즐긴다.

얼마 전에 주중 점심시간에 아내와 만나 점심식사를 함께 한 일이 있다. 그전에는 주중에 아내와 만나 점심식사를 하게 되면 오전에 있었던 일에 대해 이야기하거나 그날 저녁에 해야 할 일에 대해 이야기하면서, 정작 점심식사를 하는 현재의 순간을 충분히 즐기지 못했다. 하지만 이번에는 달랐다. 아내가 오직 현재의 순간에만 집중하자는 제안을 했던 것이다. 오전에 있었던 미팅을 되새기지도 말고, 저녁에 누가 학원에서 아이들을 데려오고 저녁식사로는 무엇을 먹을지도 정하지 말고, 천천히 점심식사를 하면서 오직 현재에만 집중하자는 것이었다. 나는 아내의 제안을 받아들였다.

테이블에 우리의 음식이 놓이고 그것을 한입 베어물자 전에는 경험하지 못했던 일이 일어났다. 우선은 내가 숨 쉬고 있다는 것이 느껴졌다. 그리고 의식하지도 않았는데 호흡이 점차 느려졌고, 급기야 시간 자체가 천천히 흘러가는 것 같은 느낌이 들었다. 몸은 이곳에 있으면서 생각은 여러 곳을 떠돌던 예전과는 달리, 이번에는 생각과 몸이 온전하게 그곳에 있었다.

이러한 느낌은 그날 오후 내내 나에게 머물러 있었다. 여러 가지 생각에 머리가 복잡해진 게 아니라, 현재 해야 하는 일에 온전하게 집중할 수가 있었던 것이다. 차분하게 현재 해야 하는 일에 집중하자 일은 자연스럽게 풀어졌다. 그전에는 서로 상충되는 주제로 정신이 분산되었지만, 그날 오후에는 현재 시점에서 가장 중요한 일에 정신을 집중할 수 있었다. 그와 같은 상태에 이르자 일을 하는 것이 하나도 힘들지 않았고 오히려 즐거웠다. 정신에도 좋은 것이 영혼에도 좋은 것이라는 걸 온몸으로 깨달았다.

세계 최고의 초밥장인이자, 다큐멘터리 영화 〈지로, 초밥을 꿈꾸다Jiro Dreams of Sushi〉의 주인공 지로 오노는 여든여섯 살이 될 때까지도 초밥을 만들어 손님들을 접대했다. 그에게 있어 초밥을 만드는 일은 하나도 힘든 일이 아니었다.[1] 그의 영화에서 중요한 내용은 그가 어떤 과정과 경험을 거쳐 장인의 경지에 올랐느냐 하는 점만이 아니다. 영화 속에서 그가 일을 하는 모습을 보면 현재에 완전히 몰입해서 살아가는 사람이 어떤 모습인지를 엿볼 수 있다.

에센셜리스트는 이와 같은 방식으로 삶을 살아간다. 그리고 이렇게 하기 때문에 모든 역량을 지금 하고 있는 일에 쏟아낼 수 있다. 그들은 과거나 미래에 힘을 분산하지 않는다. 에센셜리스트들은 힘을 분산하면 지금 하고 있는 일이 힘들어지지만, 힘을 집중하면 지금 하고 있는 일이 쉬워진다는 점을 잘 알고 있다.

가장 중요한 일에 집중하라

스탠퍼드 대학원을 졸업하고 몇 년이 지난 후에 대학원 시절의 친구와 우연히 마주쳤던 일이 있다. 당시 나는 스탠퍼드 대학원에서 진행하던 어떤 일을 위해 한 강의실에서 컴퓨터로 일을 하고 있었다. 그때 그 친구가 나에게 다가와 인사를 건넸다. 몇 분간의 반가운 인사가 끝나자, 그 친구는 나에게 자신은 지금 새로운 일자리를 알아보고 있는 중이라고 말했다. 그는 자신이 원하는 일자리에 대해 설명한 다음 나에게 자신을 도와줄 수 있느냐고 물었다. 나는 내가 도움이 될 수 있는지를 알아보기 위해 그에게 몇 가지를 물었는데, 그때 갑자기 그의 휴대전화로 문자 하나가 들어왔다. 그는 자신의 휴대전화를 내려다보더니 나에게 한마디 말도 없이 답신 메시지를 작성하기 시작했다. 그런 일이 일어났을 때 내가 보통 하는 일이 있다. 그냥 조용히 기다리는 것이다.

10초가 지나고, 20초가 지났다. 그는 계속해서 정신없이 휴대전화에 메시지를 입력하고 있을 뿐이었다. 역시 한마디 말도 없었다. 내가 자기 앞에 서 있다는 사실을 잊어버리고 있는 듯했다. 나는 그와 같은 상황이 얼마나 오래 지속될지 궁금한 마음마저 들었다. 하지만 2분이 꼬박 지나도록 그는 계속해서 자신의 휴대전화를 만지고 있었고, 무안해진 나는 그냥 내 자리로 돌아가 컴퓨터 작업을 다시 했다. 그로부터 5분이 지난 후에 그는 다시 나에게로 와서 내 일을 두 번째로 방해하기 시작했다. 그는 대화를 이어나가기를 원했고, 나에게 자신을 도와달라고 말했다.

처음에 나는 내가 소개해줄 수 있는 몇몇 일자리를 머릿속에 떠올리고 있었다. 하지만 그와 같은 태도를 겪은 후에는 그 친구에게 일자리를 추천해주기가 어렵겠다는 생각이 들었다. 채용면접 자리를 주선해주어도, 그 친구가 아무런 이유 없이 그 자리에 나타나지

실행하기

않을 수도 있겠다는 생각이 들었기 때문이다. 설사 그 친구의 몸은 채용면접 자리에 나타나더라도, 그 친구의 정신은 다른 자리에 있을 수도 있겠다 싶었다.

내가 여기서 지적하고자 하는 것은 한 번에 여러 가지의 일을 하는 멀티태스킹의 문제점들이 아니다. 물론 에센셜리스트는 한 번에 하나의 일만을 한다. 하지만, 나는 멀티태스킹 자체가 나쁘다고 생각하지는 않는다. 게다가 동시에 두 가지의 일을 하는 것은 그리 어려운 일도 아니다. 라디오를 들으며 설거지를 할 수도 있고, 식사를 하면서 대화를 할 수도 있고, 점심식사 메뉴를 고민하면서 책상을 정리할 수도 있고, 텔레비전을 보면서 문자를 보낼 수도 있다.

하지만 동시에 두 가지의 일에 집중하는 것은 불가능한 일이다. 현재에 집중하는 것이 중요하다는 말은 한 번에 하나의 일만을 하라는 의미가 아니다. 현재 시점에서 가장 중요한 한 가지의 일에 집중하라는 것이다. 한 번에 여러 가지의 일을 하는 방식은 에센셜리스트가 피해야 하는 방식은 아니다. 하지만 한 번에 여러 가지의 일에 집중할 수 있다고 자신하는 것은 분명 에센셜리스트가 피해야 하는 방식이다.

현재의 순간에 온전히 존재하는 방법

어떻게 해야 현재의 순간에 온전히 존재할 수 있을까? 이어지는 부분에서는 이를 위한 몇 가지 방법들에 대해 논해보려고 한다.

지금 시점에서 가장 중요한 일이 무엇인지를 따져보라

얼마 전에 나는 뉴욕에서 기업경영자들을 대상으로 에센셜리즘에 대한 교육 프로그램을 진행했다. 그 프로그램은 꼬박 하루에 걸쳐 진행되었는데, 나는 그 프로그램을 진행하는 동안 그것에 완전히 몰입되어 다른 생각은 할 수도 없었다. 그러다 프로그램 진행을 마치고 호텔방으로 돌아온 순간, 내 머릿속에는 내가 해야 하는 오만가지 일들이 떠올랐다. 이메일을 확인하고, 음성 메시지를 들어야 하고, 책도 좀 읽어야 할 것 같고, 몇 주 후에 예정되어 있는 프레젠테이션도 준비해야 할 것 같고, 갑자기 좋은 아이디어들이 떠올라 그것들도 기록해두어야 하고, 이런 식이었다. 그런데 나를 압박하던 것은 해야 할 일의 숫자 그 자체는 아니었다. 다만 전부 다 중요해 보여서 무엇을 먼저 해야 할지 갈피를 잡을 수 없었다. 그러한 상황으로 인해 스트레스가 점차 고조되던 무렵에 나는 모든 것을 멈추었다. 그리고 조용히 눈을 감고 나 자신에게 물었다.

"지금 가장 중요한 것은 무엇이지?"

지금 가장 중요한 것이 무엇인지 몰라 허둥거릴 때에는, 지금 가장 중요한 것이 무엇인지를 판단하는 일이 우선이다!

나는 의자에서 일어나 책상 위와 주변에 있는 것들을 말끔하게 정리했다. 눈에 보이는 사물들이 내가 해야 하는 일들을 상기시키면서 내 생각을 어지럽게 만들고 있었기 때문이다. 나는 휴대전화도 껐다. 그러자 누군가가 나에게 무언가를 요청하는 문자를 보낼수도 있다는 압박감으로부터 해방되었다. 나는 정신을 집중하고 내가 해야 하는 일들을 연필로 종이에 적었다. 그리고 다음과 같은 질문을 제기했다.

"오늘 편안하게 잠자리에 들기 위해서는 무엇을 해야 하지?"

그 시점에서 내게 가장 중요한 일은 아내와 아이들에게 전화를 거는 일이었다. 그런 다음 내일 아침을 위한 몇 가지 준비를 하는 것이었다. 나는 호텔 데스크에 전화를 걸어 아침 모닝콜과 식사를 가져다줄 시간을 알려주었고, 컴퓨터에 몇 가지 슬라이드 자료를 로딩했으며, 셔츠를 다렸다. 나는 그날 밤에 해야 하는 중요한 일들은 여기까지라고 생각했고, 그 외의 일들은 일단은 덮어두었다.

너무나도 많은 해야 할 일들이 떠올라서 무엇을 먼저 해야 할지 갈피를 잡지 못하겠다면, 일단은 아무것도 하지 말고 심호흡을 한번 해보라. 그리고 지금 시점에서 해야 하는 가장 중요한 일이 무엇인지 스스로에게 물어보라. 내일의 시점에서 가장 중요한 일, 한 시간 후의 시점에서 가장 중요한 일이 아니라, 바로 지금 시점에서 해야 하는 가장 중요한 일이 무엇인지 말이다. 가장 중요한 일인지 쉽게 판단이 안 된다면, 지금 해야 하는 많은 일들을 종이에 적어보라. 그런 다음 덜 중요한 일부터 하나씩 지워나가는 것도 한 가지 방법이다.

미래에 중요해질 일들을 생각해보라

미래에 중요해질 일들을 생각해보는 것이 '지금 시점에서 가장 중요한 일이 무엇인지'를 판단하는 데 도움이 된다. 앞에서 소개한 뉴욕의 호텔방에서 나는 지금 당장이 아니라면—내일 이후의 시점에서—중요해질 것 같은 일들을 종이에 적어보았다. "내일 이후 중요해질 일들에는 무엇이 있을까?"라는 질문에 대한 답을 적었던 것이다. 이 과정은 앞으로 해야 할 일들을 정하기 위해서가 아니라, 내 머릿속에 있는 생각을 종이 위에 꺼내놓기 위해 필요했다. 그리고 이렇게 하는 이유는 두 가지 목적이 있었다. 첫째, 나중에 중요해질 일들을 정리하고 잊지 않도록 한다. 둘째, 지금 당장 하지 않아도 되는 일들이 무엇인지 확인한다.

우선순위를 정하라

지금 시점에서 중요한 일들을 종이에 적었다면, 그다음에는 그 일들의 우선순위를 정할 차례다. 나는 그 우선순위에 따라 한 번에 한 가지씩 일을 했고, 이미 한 일은 항목에서 지웠다. 우선순위를 정하고 한 번에 하나씩 집중하여 일을 했기 때문에, 나는 더 만족스럽고 더 빠르게 해야 할 모든 일을 마치고 잠자리에 들 수 있었다.

휴식의 시간을 가져보라

부동산 서비스 기업인 코니시 케리 커머셜/뉴마크 나이트 프랭크 Cornish Carey Commercial/Newmark Knight Frank에서 일하고 있는 제프리 로저스Jeffrey Rodgers 부사장은 잠깐 동안 아무것도 안 하면서 쉬는 것이 얼마나 중요한지를 알게 되었다고 한다. 예전의 그는 퇴근 후에 집에 돌아와서도 일에 관한 생각을 떨쳐내지를 못했다. 우리 모두는 이 상황이 어떤 것인지 잘 알고 있다. 몸은 사무실을 떠났어도 마음은 사무실을 떠돌고, 머릿속에서는 그날 낮에 있었던 일들과 내일 처리해야 할 일들에 대한 걱정이 떠오르는 그런 상황 말이다.

하지만 지금은 집에 도착하면 아무것도 안 하면서 쉬는 시간을 잠깐 갖는다고 한다. 방법은 간단하다. 모든 동작을 멈추고, 눈을 감고, 천천히 호흡을 하는 것이다. 그리고 숨을 내쉬면서 머릿속에 있는 일과 관련된 생각을 몸 바깥으로 밀어내는 이미지를 그린다. 이때부터의 시간은 온전히 가족과 함께할 수 있다고 한다. 그는 이렇게 말했다.

"일을 할 때는 즐기면서 합니다. 가족과 있을 때는 온전히 가족과 함께하죠."

베트남 출신의 승려이자 평화운동가인 틱낫한은 '세계에서 가장 고요한 사람'으로 통한다. 그는 평생에 걸쳐 현재의 순간을 온전히 살아가는 법을 탐구해왔고, 사람들에게 항상 '초심'을 유지하라고 가르치고 있다. 그가 언론에 기고한 글 중에는 다음과 같은 내용이 있다.

"명상을 통한 마음 챙김으로 집에서도 온전한 평온을 얻을 수 있습니다. 온전한 평온 속에서 여러분이 가지고 있는 행복의 상태를 인식한다면, 행복이 찾아올 것입니다."[2]

틱낫한에 따르면, 온전하게 현재를 살아감으로써 모든 것이 달라질 수 있다고 한다. 그는 매일 한 시간씩 다른 승려들과 함께 차를 마시는데, 이 시간에 대해 다음과 같이 설명했다.

"당신이 차를 마신다고 생각해보십시오. 찻잔을 들고서 숨을 들이쉬고, 정신을 몸과 하나로 만들고, 그리고 온전하게 현재의 시간에 존재하는 것입니다. 당신이 온전하게 현재의 시간에 존재하면

Chapter 19 집중하라

당신의 삶도 그 시간에 존재하게 됩니다. 차 한잔으로 말입니다. 그리고 그 순간에 당신은 참된 당신이 됩니다. 당신의 정신은 과거에도, 미래에도, 어떤 프로젝트에도, 어떤 걱정거리에도 머물지 않습니다. 이러한 고뇌로부터 자유로워지는 것이죠. 그리고 그와 같은 상태에서 차를 즐기는 겁니다. 이것이 바로 행복의 순간이고, 평온의 순간입니다."

여러분도 현재의 순간에 완전히 집중해야 경험할 수 있는 카이로스의 순간을 경험해보라. 그리고 어떤 방법으로 그와 같은 순간을 경험할 수 있었는지 기록해두라. 무엇이 카이로스의 순간을 가능하게 했는지 기록해두고, 필요한 때에 그 방법을 이용하여 카이로스의 순간에 몰입해보라.

여러분 자신이 카이로스의 순간을 경험하는 방법을 알게 된다면 더 큰 성과를 이루어낼 수 있을 뿐 아니라, 더 행복한 삶을 살 수 있을 것이다.

Chapter 20

에센셜리스트가 되자
Essentialist Life

에센셜리스트로서의 삶

> 분주한 삶이 가져오는 황폐함을 경계하라.
> ── 소크라테스Socrates, 철학자

처음에 간디는 변호사가 되기 위해 영국에서 공부를 하고 있었다. 부유한 집안 출신의 변호사로 그의 미래는 매우 밝아 보였다. 그는 매일같이 확신을 가지고 하루를 시작했고, 인생의 목표도 분명했다. 법조계에서 확고하게 자리를 잡아 평안한 인생을 산다는 것 말이다. 하지만 다른 나라들을 여행하게 되면서 모든 것이 달라졌다.

마하트마 간디는 남아프리카에서 심각한 인종차별을 겪게 되었고, 그 일을 계기로 인생의 새로운 목표를 갖게 되었다. 전 세계에서 차별과 억압을 몰아낸다는 목표가 그것이었다.

확고한 새로운 목표를 갖게 된 간디는 다른 모든 것들을 자신의 인생에서 배제했다. 그리고 스스로를 '무의 상태'로 되돌리기로 했다.[1] 그는 자신이 직접 짠 투박한 무명옷을 입고 지냈고, 자신을 따르는 사람들에게도 그렇게 하라고 가르쳤다. 그는 3년 동안 신문도 읽지 않았다. 잘못된 신문기사가 그릇된 사고를 유발한다고 생각했기 때문이다. 그는 35년 동안 최소한의 절제된 식사를 하며 지냈다.[2] 그리고 일주일에 하루는 반드시 묵언수행을 했다. 간디의 절제된 삶을 따로 설명할 수 있는 방법이 있을까 싶다. 그가 타계했을 때 그의 소유물로 남아 있던 물건은 채 열 가지도 되지 않았다고 한다.

물론 간디의 삶에서 가장 중요한 행적은 인도의 독립을 위해 일생을 바친 일일 것이다. 그는 일부러 정치지도자로 나서지 않았음에도, 인도의 '국부'로 추앙받고 있다. 게다가 그를 추앙하는 사람들은 인도 바깥에도 많이 있다. 미국 국무부 장관을 지냈던 조지 마셜George Marshall은 간디가 타계했다는 소식을 듣고 이렇게 말했다.

"마하트마 간디는 인류 양심의 대변인이자, 겸손과 기본적인 진리를 제국들보다 더 강력한 것으로 만든 장본인이다."[3]

그런가 하면 아인슈타인은 간디에 대해 다음과 같이 말했다.

"이 정도의 존재가 살과 피를 가지고 지상으로 내려왔다는 사실을 몇 세대 후의 사람들은 거의 믿지 못할 것이다."[4]

마하트마 간디가 진정한 에센셜리스트의 삶을 추구했다는 사실에 이의를 제기하는 사람은 아무도 없을 것이다.

물론 에센셜리스트로서의 삶을 추구하는 우리가 마하트마 간디와 같은 삶의 방식을 그대로 따를 필요는 없다. 우리는 우리 시대에 맞게, 우리만의 방식으로, 우리에게 적합한 범위 내에서 비본질적인 것들을 배제하며 에센셜리스트로서의 삶을 추구할 수 있다. 우리들 누구나 절제되면서도 최고의 성과를 내며 의미를 찾을 수 있는, 그런 삶을 살 수 있는 것이다.

에센셜리스트로 살아가기

에센셜리스트가 되는 것에 대한 두 가지 접근법이 있다. 하나는 그것을 상황에 따라 이따금씩 추구하는 것이고, 다른 하나는 온전하게 에센셜리스트가 되는 것이다. 전자의 경우 에센셜리스트가 되는 것은 이미 할 일이 많은 상태에서 또 하나의 숙제를 더하는 것과도 같다. 반면에 후자의 경우는 말 그대로 에센셜리스트로서의 삶을 그대로 따른다는 것을 뜻한다. 에센셜리즘을 자신의 삶의 방식으로 받아들이고, 모든 것을 그 방식에 따라 행하는 것이다. 진정한 에센셜리스트가 되기 위해서는 당연히 후자의 방식을 추구해야 한다.

에센셜리스트로서의 삶을 추구해야 한다는 가르침은 많은 철학과 종교에서도 찾아볼 수 있다. 고타마 붓다는 왕자로서의 삶을 버리고 수행의 길을 떠났는데, 이러한 수행을 통해 깨우침을 얻어 결국 불교가 세워졌다. 그런가 하면 유대교는 왕자로서의 풍요로운 삶을 버리고 광야에서의 삶을 선택한 모세의 이야기에 그 기원을 두고 있다. 모세는 하느님으로부터 이스라엘 민족을 노예의 상태에서 해방시키라는 사명을 받았고, 그날 이후부터 그는 이 사명을 자신이 추구해야 하는 유일한 목표로 받아들였다. 예언자 무하마드도 에센셜리스트로서의 삶을 살았다. 그는 자신의 신발과 의복을 직접 기웠고, 직접 양젖을 짰으며, 자신을 따르는 사람들에게도 그와 같이 해야 한다고 가르쳤다. 침례자 요한 역시 자신이 수행해야 하는 가장 중요한 사명을 제외한 나머지의 것들에는 거의 신경 쓰지 않았다. 그는 사막에서 잠을 잤고, 낙타의 털로 짠 옷을 입었고, 메뚜기와 야생꿀을 먹으며 지냈다. 오늘날에도 퀘이커교도와 같은 몇몇 종파의 사람들은 가장 본질적인 신앙 추구를 위해 검약의 율법을 실천하고 있다. 생활에 꼭 필요한 것이 아니라면 소유하거나 이용하지 않는 것이다. 그리고 예수 그리스도 본인도 목수로 살았을 때도 그렇고, 목자로 살았을 때도, 재물과 관직을 추구하지 않았고, 따로 물건을 소유하려 하지도 않았다.

에센셜리스트로서의 철학을 자신의 삶에서 실천했던 사람들은 종교계와 세속계 모두에서 시대의 구분 없이 다양하게 찾아볼 수 있다. 그들 가운데 몇몇을 들어보면 달라이 라마, 스티브 잡스, 레프 톨스토이, 마이클 조던, 워런 버핏, 테레사 수녀, 헨리 데이비드 소로 같은 사람들을 들 수 있다(데이비드 소로는 사람은 "나는 단순함을 믿는다. 아무리 현명한 사람이라도 그가 하루에 행해야 한다고 여기는 수많은 사소한 것들을 생각해보면 놀라우면서도 슬픔이 들 정도다. 그러니 그냥 필요한 것과 정말로 필요한 것을 구분하고, 인생의 문제를 단순화하라."라는 글을 남기기도 했다).[5]

종교지도자, 언론인, 정치인, 법률가, 의사, 투자가, 운동선수, 작가, 예술가 등 어느 분야에서든 가장 성공한 사람들을 보면 에센셜리스트인 경우가 많다. 저마다 목표를 추구하는 방식은 다르지만, 성공한 에센셜리스트들에게는 한 가지 공통점이 있다. '더 적게, 하지만 더 좋게'라는 사고방식을 자신의 일과 삶에서 실천했다는 점 말이다. 어느 분야에서든 가장 성공한 사람들은 에센셜리스트로서의 방식을 철저하게 추구했다.

어떤 분야에서 어떤 일을 하든, 우리 역시 이렇게 할 수 있어야 한다. 여기까지 오는 동안 여러분은 에센셜리스트가 되는 방법, 혹은 에센셜리스트로서 살아가는 방법에 대해 많은 내용을 알게 되었을 것이다. 이제 이 장에서는 지금까지 알게 된 방법을 일상적으로 실천하고 진정한 에센셜리스트가 되는 데 도움이 될 수 있는 몇 가지 조언을 하려고 한다.

무엇이 전공이고 무엇이 부전공인가

에센셜리스트의 방식을 가끔씩 이용하는 비에센셜리스트들과, 비에센셜리스트의 길로 가끔씩 빠져드는 에센셜리스트들 사이에는 커다란 차이점이 있다. 이 차이점을 명확하게 알 수 있도록 해주는 질문이 하나 있다.

"어느 쪽이 전공이고, 어느 쪽이 부전공인가?"

사실 우리는 에센셜리스트의 특성과 비에센셜리스트의 특성을 모두 가지고 있다. 문제는 무엇이 우리의 중심을 잡고 있는가, 무엇이 우리의 전공인가 하는 점이다.

에센셜리즘을 자신의 중심에 두고 있는 사람들은 그것을 피상적으로 추구하는 사람들보다 더 큰 성과를 이루어낸다. 게다가 이러

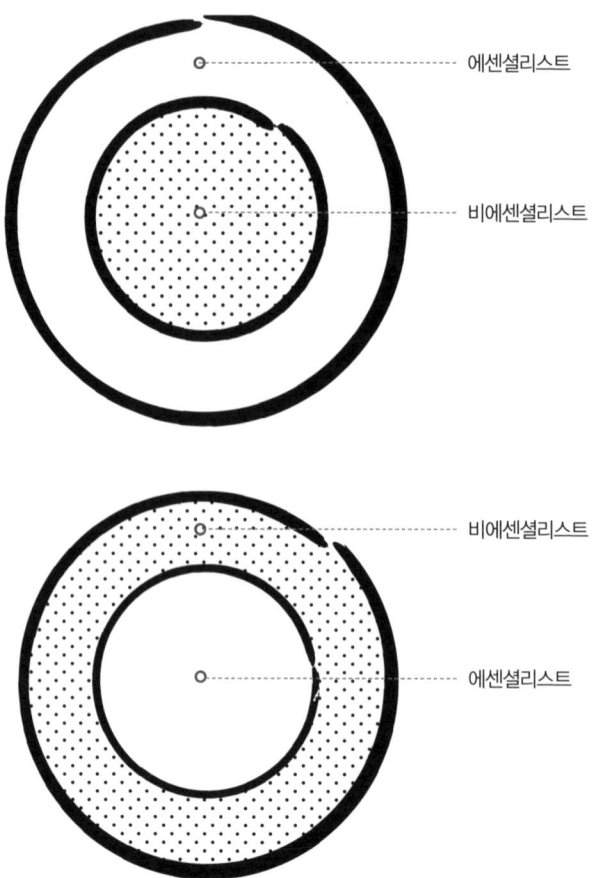

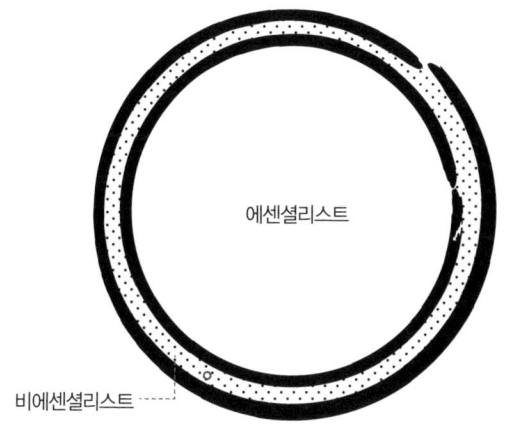

한 성과는 시간이 흐를수록 더 크게 축적되어 훨씬 더 큰 성과로 이어진다. 본질적인 것들을 추구하고 비본질적인 것들을 없애는 방식을 계속해서 반복한다면, 그것은 습관이 되고, 더 나아가 자연스러운 일상이 된다. 시간이 흐를수록 에센셜리스트의 방식은 중심에서 외부로 확장되고, 결국에는 우리의 의식구조를 덮어나가 비에센셜리스트의 방식이 대부분 사라지게 되는 것이다.

사람들은 앞서 1장에서 언급했던 '성공의 역설'에 매우 쉽게 빠져든다. 처음에는 분명한 목표 아래 노력함으로써 성공을 이루어내고, 그러한 성공의 결과 더 많은 선택지들과 기회들을 갖게 된다. 언뜻 생각하기에는 좋은 일 같지만, 많아진 선택지들은 우리를 혼란에 빠뜨린다. 무엇을 목표로 삼아야 하는지 분명한 판단을 내리지 못함으로써 동시에 여러 가지 목표들을 추구하게 되고, 어느 한 가지 목표에 집중하지 못함으로써 어느 분야에서도 이렇다 할 성과를 이루어내지 못하는 것이다. 결과적으로 보면 성공이 실패의 촉매가 되는 셈이다. 이와 같은 상황을 벗어나는 유일한 길은 에센셜리스트의 길이다.

에센셜리스트의 길은 일에서의 성공만을 추구하는 게 아니라, 의미 있고 만족스러운 삶을 살아가는 것도 함께 추구하는 길이다. 일과 삶에서의 지나간 행적을 돌이켜볼 때, 그리 중요하지 않은 작은 성취들까지 일일이 기억해내는가, 아니면 소수의 중요한 성취들만을 기억해내는가?

진정한 에센셜리스트의 길을 따른다면—집과 일터에서 여러분이 하는 모든 것을 에센셜리즘에 기반을 두고 행한다면—세상을 보는 방식과 세상을 이해하는 방식까지도 달라질 것이다. 이 책에서 소개한 에센셜리스트의 방식, 그리고 앞으로 여러분이 개발하게 될 에센셜리스트의 방식이 여러분의 자연스러운 사고방식과 행동양식이 되는 것이다.

다른 사람이 당신의 시야를 막지 않도록 해라. 당신이 원하는 삶을 살아라.

그리스어에 메타노이아metanoia라는 단어가 있는데, 마음을 바꾼다는 뜻을 지니고 있다. 그런데 우리가 마음을 바꾸면 변화는 거기에서 그치는 게 아니다. "사람이 어떤 생각을 가지면, 그 자신도 그렇게 된다."는 금언을 생각해보라.[6] 에센셜리즘의 사고방식이 일단 우리의 마음속에 들어오면, 에센셜리스트의 길이 우리의 길이 된다. 그전과는 다른 사람이 되는 것이다.

에센셜리스트가 되고 난 다음부터는 남들과는 다른 자신을 발견하게 될 것이다. 다른 사람들이 '예'라고 말을 할 때 여러분은 '아니오'라고 말을 할 것이고, 다른 사람들이 어떤 행동을 취할 때 여러분은 생각을 하고 있을 것이다. 다른 사람들이 말을 할 때 여러분은 듣고 있을 것이고, 다른 사람들이 주목받기 위해 빛이 있는 곳으로 몰려들 때 여러분은 앞으로 빛을 받을 곳에서 자리를 지키며 때를 기다리고 있을 것이다. 다른 사람들이 이력서에 적어넣을 경력의 숫자에만 신경을 쓸 때 여러분은 의미 있는 경력을 쌓으려 할 것이고, 다른 사람들이 업무량이 너무 많고 바쁘다며 불평을 할 때 여러분은 전혀 다른 방식의 스케줄을 소화하며 여유로운 미소를 짓고 있을 것이다. 그리고 다른 사람들이 스트레스와 혼돈의 삶을 살아갈 때 여러분은 영향력을 인정받으며 스스로 만족하는 삶을 살고 있을 것이다. 한정된 시간에 너무나도 많은 할 일을 주문하는 오늘날의 사회에서 에센셜리스트로서 살아간다는 것은 여러 가지 면에서 보았을 때 조용한 혁명이라 할 수 있다.

물론 에센셜리스트로서의 삶을 사는 것이 언제나 쉬운 일은 아니다. 내 경우도 끊임없이 갈등을 경험하고 있다. 누군가가 비본질적인 일을 해달라고 부탁을 해올 때 본능적으로는 그 사람의 기분을 맞춰주고 싶은 유혹을 받는다. 좋아 보이는 기회가 다가오면 분명히 그 일을 하기가 어려운 상황에서도 "나는 해낼 수 있어."라는 생각이 든다. 또한 불필요하게 휴대전화 문자와 이메일 수신함을 확인하는 일이 잦다. 나중에 묘비에 '이메일 확인에 부지런했던 사람'이라는 문구가 적힐 거라는 생각마저 들 정도다. 분명 에센셜리스트로 변모한다는 것은 단번에 가능한 일이 아니다.

하지만 계속해서 에센셜리스트의 방식을 추구한다면 그 길을 따르는 것은 점점 더 쉬워진다. '아니오'라고 말을 하는 일이 덜 불편하게 느껴지고, 판단은 더욱 명확해지고, 비본질적인 것들을 없애는 일은 자연스럽고 본능적인 것이 된다. 지금의 나는 내가 내리는 선택에 대해 더 큰 통제력을 행사하고 있다는 느낌을 가지고 있고, 분명히 그전과는 다른 삶을 살고 있다. 마음을 열어 에센셜리스트의 방식을 완전하게 받아들인다면 분명 여러분에게도 이와 같은 변화가 일어날 것이다.

에센셜리스트의 방식은 내가 하려는 것이 아니라, 내가 되려는 것이다. 물론 처음에는 일부의 선택에 대해 제한적으로 적용을 했고, 그러다 그것이 삶의 방식이 되었고, 이제는 내 삶의 본질로 자리를 잡았다. 나는 지금도 계속해서 내 삶에서 없애거나 덜어내야 할 것들을 발견하고 있는 중이다. 더 만족스러운 삶을 위해서 말이다.

에센셜리스트로서 살아간다는 것이 구체적으로 어떤 것인지 내 경우를 예로 들어 소개해보겠다.

- 사교모임에 나가는 것보다 자녀들과 함께 노는 편을 택한다.
- 이 책을 쓰기 위해 해외로부터의 컨설팅 의뢰를 거절했다.
- 일주일에 하루는 하루 종일 가족과 함께 지내는데, 이날은 휴대전화 문자, 이메일, SNS 같은 것들을 확인하지 않는다.
- 이 책을 쓰는 여덟 달 동안 새벽 5시에 일어났고, 아침부터 낮 1시까지는 오직 글쓰는 일만을 했다.
- 자녀들과 캠핑을 가기 위해 업무마감 시한을 뒤로 미룬 적이 있다.
- 출장을 갈 때면 텔레비전이나 영화를 보지 않고, 여유 시간이 생기면 생각을 하거나 휴식을 취한다.
- 오늘의 스케줄 가운데 가장 중요한 일을 우선적으로 하고, 그 일을 마치기 전까지 다른 일들은 예정에 있다 하더라도 손대지 않는다.
- 소설을 읽다가도 다른 중요한 일이 생기면 책읽기를 멈추고 중요한 일을 먼저 처리한다.
- 지난 10년 동안 거의 매일 일기를 쓰고 있다.
- 아내와 데이트 약속이 있는 경우에는 강연 요청을 거절할망정 데이트 약속을 지킨다.
- 페이스북 하는 시간을 절약하여 아흔세 살 드신 내 할아버지에게 자주 전화를 한다.
- 얼마 전에는 스탠퍼드 대학의 강의 요청을 거절했다. 이 책의 홍보 및 강연을 하는 시간, 그리고 가족과 함께 지내는 시간을 고려하면 추가적인 시간을 낼 수 없었기 때문이다.

여기에는 내 생활방식의 일부만을 소개한 것인데, 결국 에센셜리스트가 된다는 것은 자신의 선택에 달려 있는 문제이다. 그리고 이러한 사실을 자각한다면 그 자체로 엄청난 발전이 된다.

영국에서 다니던 로스쿨을 그만둔 이후, 나는 앞으로 무엇을 할까 고민하고 있었다. 나는 아내와 함께 그야말로 수백 가지의 분야를 살펴보고 있었다. 그러던 어느날, 우리는 운전을 하며 집으로 돌아가고 있었는데, 갑자기 이런 생각이 떠올랐다.

"스탠퍼드 대학원에 진학하면 어떨까?"

무엇을 하면 어떨까 하는 질문은 그 무렵 수도 없이 던졌는데, 이번에는 달랐다. 전과는 다른 확신이 들었고, 그것이야말로 내가 꼭 선택해야 하는 길이라는 생각이 들었다.

다른 길에 대해 생각을 할 때는 확신을 갖지 못했지만, 스탠퍼드 대학원으로의 진학은 그렇지가 않았다. 다른 분야의 길을 걷는다는 생각을 하게 되면 몇 분 만에 그것은 나와 맞는 길이 아니라는 판단이 들었지만, 스탠퍼드 대학원으로의 진학은 확신이 들었다. 나는 곧바로 스탠퍼드 대학원에 지원을 했다. 입학 여부에 대한 응답을 기다리는 동안에 다른 많은 기회들이 나를 찾아왔고, 그중에는 상당히 매력적으로 보이는 것들도 있었다. 하지만 나는 그러한 기회들에 대해 전부 '아니오'라고 대답을 했다. 스탠퍼드 대학원으로부터 긍정적인 응답을 받은 것도 아니었는데, 나는 불안하지도 않았고 걱정되지도 않았다. 오히려 편안한 마음으로 조용히 응답을 기다리고 있었다.

사실 나는 스탠퍼드에만 두 번 지원을 했었다. 그리고 두 번이나 지원을 했던 이유는 그것이야말로 내가 선택해야 하는 가장 중요한 일이라는 판단이 들었기 때문이다. 그것은 올바른 때에 올바른 길을 선택한 거였고, 그때 이미 에센셜리스트의 방식을 확신에 찬 태도로 따르고 있던 셈이었다.

그때 에센셜리스트의 방식을 따르지 않았다면 '스탠퍼드가 아니면 안 된다'는 태도도 없었을 것이다. 그리고 그때 다른 길을 선택했더라면 내 논문이「하버드 비즈니스 리뷰」에 실리는 일도 없었을 것이고, 지금 여러분이 읽고 있는 이 책도 나오지 않았을 것이다. 그리고 여러분에게 에센셜리스트로서의 삶에 대한 조언을 하지도 못했을 것이다.

에센셜리스트가 되는 길은 긴 여정이지만, 그것이 가져다주는 결과는 끝이 없다. 이제 소수의 본질적인 것들을 추구하는 방식, 즉 에센셜리스트의 방식이 우리의 삶에 가져다줄 수 있는 긍정적인 변화들에 대해 이야기해보자.

더 큰 명확성

앞서 1장에서 이야기했던 옷장의 비유를 기억하는가? 인생의 옷장을 계속해서 깔끔하게 정리된 상태로 유지하기 위해서는 무엇이 더 중요한지에 대한 판단을 끊임없이 내려야 한다. 스케줄에 올라 있는 일들을 전부 다 하기 위해 애를 쓰는 게 아니라, 최우선순위의 일들을 결정하는 데 더 큰 관심을 가져야 하는 것이다. 이러한 과정을 반복하면서 경험이 축적되면 가장 본질적인 일과 두 번째로 본질적인 일 사이에도 얼마나 큰 차이가 있는지를 점점 더 명확하게 인식하게 된다. 그리고 결국은 본질적인 것들을 선택하고 그러한 것들을 수행하는 일이 점점 더 쉬워지게 된다.

더 큰 통제력

에센셜리스트의 길을 따를수록 비본질적인 일들을 배제하는 결정을 내리는 데 더 큰 확신을 갖게 된다. 무엇을 해야 하는지 결정할 때 다른 사람들의 영향을 점점 덜 받게 되는 것이다. 우리가 우리 인생의 우선순위를 결정하지 않는다면 다른 사람들이 우리를 대신하여 그것을 결정해줄 거라는 점을 기억하라. 우리가 우리 자신의 우선순위를 결정하겠다는 결심하면 그렇게 할 수 있다. 우리는 힘을 가지고 있으며, 선택은 우리 자신의 몫이다.

더 큰 즐거움

진정으로 중요한 것들을 추구하는 인생은 즐겁다. 내 경우만 하더라도 본질적인 것에 집중하는 삶 덕분에 많은 즐거운 기억을 가지고 있으며, 만약에 다른 선택을 내렸더라면 그러한 즐거운 기억도 없었을 것이다. 나는 더 많이 웃었고, 내가 내린 선택의 가치를 분명하게 인식하고 있다. 그만큼 더 즐거운 삶을 살고 있는 것이다.

　진정한 에센셜리스트인 달라이 라마는 이렇게 말한 바 있다.

　"단순한 삶을 산다면 반드시 만족이 따라올 것입니다. 단순함은 행복에 있어 대단히 중요한 것입니다."

의미를 추구하는 인생을 살자

에센셜리스트의 삶은 의미를 추구하는 삶이다. 정말로 중요한 인생을 추구하는 것이다.

본질적인 것을 추구하는 일이 얼마나 중요한지를 일깨워주는 이야기가 하나 있다. 세 살짜리 딸을 하늘나라로 떠나보낸 어떤 아빠의 이야기다. 자신의 딸이 겨우 세 살에 죽게 되자, 그 아빠는 슬픔 속에서 딸의 모습을 담고 있는 비디오들을 다시 돌려보기로 했다. 그런데 그 비디오들에는 무언가 중요한 게 빠져 있었다. 그는 딸과 함께 다녔던 여행지들과 명소들을 전부 동영상으로 찍어두었고, 그래서 동영상 자체는 무척이나 많았다. 여기에 문제 될 것은 없어 보였다. 그런데 그 많은 동영상에—여행지에서 보았던 멋진 풍경, 재미났던 일, 함께 먹었던 음식, 각 지역의 명소들—클로즈업으로 잡힌 딸의 모습이 없다는 사실을 알게 되었다. 동영상에 주변의 것들만을 담기에 바빠 가장 소중한 것을 분명하게 담아내지 못했던 것이다.

이 이야기는 나에게 두 가지 중요한 가르침을 주었다. 첫 번째 가르침은 내 인생에서 내 가족의 역할이 매우 중요하다는 점이다. 궁극적으로는 다른 그 무엇도 내 가족과 비교했을 때는 중요하지 않다. 두 번째 가르침은 내 인생의 남아 있는 시간이 슬프도록 짧다는 점이다. 내 인생에서 남아 있는 시간이 매우 짧다는 자각은 너무나도 오싹해서, 잘못된 선택을 거부할 때 비롯되는 두려움 정도는 쉽게 밀쳐낸다. 오싹함 때문에 오히려 더 과감해질 수 있는 것이다. 나에게 남아 있는 시간은 너무나도 짧고 소중한 것이기 때문에—사실 시간의 소중함은 말로 표현할 수가 없다—그 시간을 사용해야 하는 일을 결정할 때는 지나치다 싶을 정도로 선택적이 된다. 내가 알고 있는 어떤 사람은 다른 나라를 여행할 때면 그 나라의 공동묘지를 들른다고 하는데, 처음에 그 이야기를 들었을 때는 이상한 사람이라고 생각했다. 하지만 지금은 그와 같은 행위가 자신의 철학이나 신념을 계속해서 유지하는 좋은 방법이 될 수 있겠다는 생각이 든다.

에센셜리스트는 후회가 없는 삶을 추구한다. 정말로 중요한 것을 가려내고, 그것에 시간과 노력을 투자했다면 자신의 선택에 후회는 없을 것이다. 자신이 선택한 삶을 자랑스러워하게 되는 것이다.

목적과 의미가 있는 인생을 추구할 것인가, 아니면 단 한 번뿐인 인생을 회한이 가득한 눈으로 돌아보며 지낼 것인가? 이 책의 내용 가운데 이것 하나만은 반드시 기억해주기 바란다. 당신의 인생에서 어떤 결단, 어떤 도전, 어떤 갈림길을 마주하게 되었다면 스스로에게 다음과 같은 질문을 제기하라.

"본질적인 것은 무엇인가?"

그리고 본질적인 것 이외의 것들은 전부 배제하라.

"본질적인 것은 무엇인가?" 이 질문에 대한 진짜 대답을 찾을 준비가 되었다면, 여러분은 에센셜리스트의 길을 따를 준비가 된 것이다.

부록

세상을 바꾸는
에센셜리스트의 리더십

> 생각이 깨어 있고 헌신적인 소수의 몇몇이
> 세상을 바꾼다는 것을 절대로 의심하지 말라.
> 지금까지 세상을 바꾼 것은 언제나 그런 사람들이었다.
> ― 마거릿 미드 Margaret Mead, 인류학자

커뮤니티 서비스 기업 링크드인의 최고경영자 제프 웨이너는 "더 적은 것들을 더 잘해야 한다"는 것을 자신의 경영철학으로 삼고 있다. 일반적으로 실리콘밸리의 신생 벤처 기업들은 더 많은 것들을 사업 포트폴리오에 넣으려고 하지만, 제프 웨이너는 가장 잘하는 소수의 것들에 집중하기 위해 정말로 좋아 보이는 기회들까지도 과감히 포기한다. 그는 자신의 철학을 직원들과 공유하기 위해 FCS라는 두문자어를―그는 이것을 포커스라고 부른다―직원들에게 제시하고 있다. FCS, 즉 포커스에서

'F'는 '더 적은 수의 것들을 더 잘한다Fewer things done better', 'C'는 '제때에 적절한 사람에게 적절한 정보를 제공한다Communicating the right information to the right people at the right time', 'S'는 '신속하면서도 내실 있는 의사결정을 한다Speed and quality of decision making'는 것을 각각 의미한다.

에센셜리스트 조직

사고방식과 행동양식으로서 에센셜리즘은 기업이나 조직을 움직이는 좋은 방식이자, 우리의 인생을 이끌어나가는 좋은 방식이다. 실제로 이 책에 소개하는 많은 방법론과 개념들은 기업경영자들과 함께 일하는 과정에서 배우게 된 것들이다.

지금까지 나는 500명 이상의 기업경영자들로부터 직접 자료와 정보를 수집했다. 그들이 이끈 조직과 팀은 1,000개가 넘는다. 나는 그들에게 언제 조직을 하나로 이끌 수 있었는지, 그때의 경험은 어땠는지, 중간관리자들은 어떤 역할을 수행했는지, 그 결과 어떤 성과를 이루어냈는지 등을 물어보고 답을 구했다. 뿐만 아니라, 나는 언제 조직이 분열되었는지, 그러한 때의 경험은 어땠는지, 당시 중간관리자들은 어떤 식의 행동을 취했는지, 그와 같은 상황이 성과에 어떤 영향을 끼쳤는지 등을 조사했고, 앞에서 구한 일련의 답과 비교해보기도 했다.

이와 같은 활동을 통해 나는 놀라운 사실을 알게 되었다. 조직구성원들이 조직의 목표를 명확하게 인식할수록, 개인 및 조직 전체의 성과는 매우 높게 나타났다. 반면에 조직의 목표가 무엇인지, 조직구성원들의 역할이 무엇인지 명확하게 제시되지 않는 경우, 구성원들은 혼란, 스트레스, 좌절, 그리고 결과적으로는 실패를 겪었다. 어떤 기업의 부사장은 단호한 어투로 다음과 같이 말하기도 했다.

"명확성은 성공과 동격입니다."

성공적인 조직을 만드는 일, 그리고 의미 있는 인생을 사는 일에서 '더 적게, 하지만 더 좋게'라는 원칙이 유용한 이유도 바로 여기에 있다. 오늘날 기업조직을 둘러싼 환경은 매우 빠르게 변하고 있고, 기회도 풍부하게 존재한다. 이때 조직이 하나가 되어 움직일 수 있다면 풍부한 기회는 긍정적인 것이 된다. 하지만 조직구성원들이 조직의 목표가 무엇인지 제대로 인지하지 못한다면, 그 많은 기회들도 별 의미가 없다. 오히려 제한된 시간과 자원으로 너무 많은 것들을 추구하는—한꺼번에 너무 많은 일들을 하려고 하는—비에센셜리스트 조직이 되어 성장이 정체되는 결과로 이어질 위험이 있다. 에센셜리스트인 리더는 이와는 다른 선택을 한다. 조직구성원들에게 명확한 목표를 제시하고, 직원선발, 업무방향, 역할, 커뮤니케이션, 책임 등등 그야말로 모든 부분에서 '더 적게, 하지만 더 좋게'라는 원칙을 추구한다. 이와 같은 방식으로 조직을 하나로 만들고, 자신의 조직을 한 단계 더 성장시키는 것이다.

에센셜리스트의 리더십

이미 여러분은 비에센셜리스트의 사고방식이 어떤 문제점들을 지니고 있는지도 알게 되었고, 에센셜리스트의 사고방식이 어떤 긍정적인 효과를 유발하는지도 알게 되었을 것이다. 그런데 에센셜리즘은 개인적인 차원에서만 작용하는 게 아니다. 여러분이 어떤 조직을 이끌고 있는 사람이라면—세 명의 동료들로 구성된 팀이든, 500명의 임직원들로 구성된 기업이든, 학교나 지역사회에서 조직된 단체든—앞으로 해야 할 작업은 에센셜리즘의 행동양식과 사고방식을 여러분의 리더십에 적용하는 것이다. 물론 이렇게 행하는 최종적인 결정은 여러분 자신이 내리는 것이지만 말이다.

	비에센셜리스트	에센셜리스트
생각	모든 사람이 무엇이든 해야 한다.	더 적게, 하지만 더 좋게.
인재선발	무조건적으로 사람을 선발하여 숫자만 늘린다.	철저하게 선택적으로 인재를 선발하고, 조직의 성과를 해치는 사람은 선발하지 않는다.
전략	좋아 보이는 것은 무엇이든 추진한다.	"단 한 가지만을 할 수 있다면 무엇을 해야 할까?"라고 자신에게 질문하면서 비본질적인 것들은 전부 버린다.
권한이양	역할의 구분이 모호하고, 결정이 수시로 바뀐다.	개개인의 역할과 목표를 구체적으로 지정해준다.
커뮤니케이션	배타적인 전문용어를 사용하고, 말을 많이 한다.	무엇이 본질적인 것인지를 판단하기 위해 주로 듣는다.
책임	한꺼번에 많은 책임을 지게 되어 너무나 바빠진다. 그러다가 핵심적인 목표를 놓치고, 무엇을 해야 하는지 모르는 상태에 이르기도 한다.	장애물들을 없애고 작은 승리들을 이루기 위해 무엇을 해야 하는지 함께 의견을 교환하고 결정한다.
결과	다양한 일들을 하면서도 각각의 분야에서 성과를 거의 내지 못하는 분열된 조직이 된다.	단합된 역량을 발휘하며 계속해서 다음 단계로 성장을 이루어내는 조직이 된다.

도표에서 볼 수 있듯이, 리더십의 여러 요소들에 대해 에센셜리즘의 행동양식과 사고방식을 적용하는 것에는 많은 장점들이 있는데, 이어지는 부분에서는 이에 대해 좀더 심층적으로 논해보려고 한다. 에센셜리스트인 리더가 되기 위해서는 이러한 장점들에 대해 명확하게 알고 있을 필요가 있다.

철저하게 선택적으로 인재를 선발하라

비에센셜리스트는 인재를 선발할 때 한꺼번에 많은 수의 사람들을 즉흥적으로 선발하고, 그렇게 선발한 사람들을 대상으로 재교육을 하거나 재배치를 하느라 너무나도 많은 시간을 또다시 쓰게 된다. 기업이 빠른 속도로 성장하는 경우에는 한꺼번에 많은 수의 사람들을 채용하는 것이 합리적인 것처럼 보일 수 있다.

하지만 한 사람을 잘못 채용하는 것은 한 사람이 부족한 상태에서 일을 하는 것보다 훨씬 더 큰 비용이 든다. 그리고 많은 수의 사람들을 잘못 채용하는 것은(한 사람의 잘못된 채용은 종종 다수의 잘못된 채용으로 이어진다. 그 한 사람이 계속해서 잘못된 사람들을 조직으로 끌어들이기 때문이다) 가이 가와사키 Guy Kawasaki가 언급한 '바보 폭발'로 이어진다. 가이 가와사키는 기업 내에서 바보 폭발이 일어나 갑자기 무능한 인재들이 많아지면 위대한 기업도 무능한 기업으로 주저 앉는다고 경고했다.[1]

반면에 에센셜리스트는 철저하게 선택적으로 인재를 선발한다. 에센셜리스트는 자신의 조직에 필요한 완벽한 인재를 선발하기 위한 분명한 원칙을 가지고 있으며—아무리 많은 이력서를 읽어봐야 하고, 아무리 많은 면접을 진행해야 하고, 아무리 오랜 기간 채용과정을 유지해야 하더라도 원칙을 포기하지 않는다—그렇지 않은 인재를 떨어뜨리는 데 조금도 주저하지 않는다. 그 결과, 에센셜리스트가 이끄는 조직은 모든 구성원들이 자신의 역할을 훌륭하게 수행하고, 시너지 효과를 창출한다. (에센셜리스트들이 어떤 식으로 인재를 선발하는지에 대한 사례를 9장에서 소개한 바 있다.)

목표가 완전하게 명확해질 때까지 토의하라
비에센셜리스트인 리더들은 목표가 명확하지 않고, 확고한 전략도 없다. 그러면서 이들은 한꺼번에 너무나도 많은 목표들을 추구하고, 너무나도 많은 업무를 수행한다. 결국 이런 리더들이 이끄는 조직은 분주하게 움직이기는 하지만, 어느 분야에서도 이렇다 할 성과를 이루어내지 못하게 된다.

해당 조직은 비본질적인 것들에 시간을 낭비하고, 정말로 중요한 것들은 그대로 지나친다. (지난 10장에서 명확한 목표와 핵심적인 의지의 중요성에 대해 논한 바 있다.) 오늘날 많은 기업들은 조직의 '통일된 방향성'에 대해 강조하고 있고, 실제로도 하나의 방향성을 갖는 조직이 더 큰 성과를 이루어낸다. 본질적인 목표는 분명한 방향성을 만들어내지만, 지나치게 많은 목표들은 방향성을 모호하게 만들 뿐이다.

명백하게 권한을 이양하라
비에센셜리스트는 다른 사람들이 해야 할 일을 명확하게 정해놓지 않는데, 이와 같은 방식으로는 권한이양이 되지 않는다. 민첩하고 유연한 조직을 만들기 위한 방식으로 종종 쓰이지만, 결과적으로 만들어지는 것은 민첩하거나 유연한 조직과는 거리가 멀다. 사람들은 자신에게 부여된 책임이나 평가기준이 무엇인지 잘 모르고, 원칙 없이 의사결정을 내리며, 역할이 모호하게 규정되어 있는 경우에는 아예 두 손을 들고 포기하거나, 더 나아가 자신이 바쁘고 중요한 사람이라는 인상을 주기 위해 조직이 추구하는 목표와는 상관이 없는 일들을 닥치는 대로 하기에 이른다.

반면에 에센셜리스트는 권한이양에는 명확성이 핵심이라는 점을 잘 이해하고 있다. 이들은 팀원들의 책임을 모호하거나 지나치게 넓게 규정해놓지 않으며, 팀원들 각자에게 기대되는 역할이 무엇인지를 명확하게 정해놓는다. 팀원들로서는 조직의 성공을 위해 자신은 무엇을 해야 하고, 다른 사람들은 무엇을 해야 하는지를 분명하게 알게 되는 것이다. 내가 컨설팅을 했던 한 기업의 CEO는 자신이 다른 임원들이 맡아야 할 책임을 모호하게 정해놓았는데, 그 때문에 기업의 성과가 좋지 않게 나타나고 있다는 사실을 받아들였다. 그 CEO는 기업의 역량을 회복하기 위해 조직구성원들의 책임을 명확하게 규정하고 업무를 재배치했으며, 그 자신은 전체 조직의 기능적인 책임을 명확하게 담고 있는 네 개의 보고서를 통해 조직의 성과를 관리하기 시작했다.

사업가이자 벤처캐피탈리스트인 피터 티엘Peter Thiel은 관습파괴자라 불릴 만한 사람이다. 사업가로서 그는 '더 적게, 하지만 더 좋게'라는 철학을 극단의 수준까지 추구했는데, 그가 페이팔PayPal을 경영하던 시절에는 직원들 각자에게 단 하나의 최우선 업무를 선택하고 그 업무에 대부분의 개인 역량을 투입하게끔 했다. 피터 티엘과 함께 페이팔에서 일했던 키스 라보이스Keith Rabois는 당시의 일에 대해 다음과 같이 말하고 있다. "피터는 모든 사람이 단 하나의 최우선 업무를 결정하고 그것에 대해 철저하게 책임질 것을 주문했습니다. 어떤 직원과 얘기를 할 때에도 해당 직원이 책임지고 있는 업무와 관련된 것 이외에는 거의 언급을 하지 않았습니다. 인사고과표에도 각각의 직원에게 회사에 가장 큰 기여를 할 거라고 판단되는 하나의 업무를 정해 기입해놓도록 했죠."² 피터 티엘은 직원들에게 책임만 부여한 게 아니라 그에 부합되는 권한까지 이양해주었다. 직원들은 회사에 가장 큰 기여를 할 수 있다고 판단해 각자가 정한 최우선 업무를 위해서라면 정해진 범위 내에서 거의 전적인 권한을 행사할 수 있었다.

제때에 적절한 사람에게 적절한 정보를 제공하라

비에센셜리스트는 다른 사람들이 잘 알아들을 수 없는 은어를 사용해 이야기하기를 좋아하는데, 그 결과 다른 사람들은 그가 말하는 것이 정말로 무엇인지를 잘 모르게 된다. 또한 비에센셜리스트인 리더들은 지나치게 모호하게 이야기해서 다른 사람들이 구체적인 행동을 취하기 어렵게 만들거나, 이야기의 핵심을 너무 자주 바꾸어서 사람들을 당황하게 만드는 경우가 많다. 반면에 에센셜리스트인 리더들은 제때에 적절한 사람에게 적절한 정보를 제공한다. 이들은 간결하게 이야기하고, 다른 사람들이 자신에게 집중하고 의미를 잘 이해하고 있는지를 확인해가면서 일을 진행한다. 이들은 의미를 명확하게 전달하려 하는데, 이렇게 하기 위해 다른 사람들은 잘 알아들을 수 없는 은어의 사용을 피하고 이야기의 핵심은 일관되게 유지한다. 이 때문에 에센셜리스트인 리더들과 함께 일하는 사람들은 세상의 온갖 잡음 속에서도 본질적인 것이 무엇인지를 분명하게 알고 있다.

의미 있는 진전을 이루기 위해 자주 확인하라

비에센셜리스트인 리더들은 팀원들 사이에 책임의식을 불어넣어주지 못한다. 그 주된 이유는 쉽게 짐작할 수 있겠지만, 한꺼번에 많은 목표들을 추구하느라 리더로서 각 목표의 진전을 직접 챙기고 확인하기가 어렵기 때문이다. 실제로 비에센셜리스트인 리더들은 목표를 제시한 후에는 그 진전 여부를 직접 챙기지 않고, 팀원들 역시 그와 같은 상황을 예상한다. 결국 비에센셜리스트가 이끄는 조직의 팀원들은 실패에 대한 긴장감이 낮고, 업무를 대충 처리하려 들며, 중요한 일보다는 쉬운 일을 골라서 하려는 경향을 보인다. 비에센셜리스트인 리더가 제시한 목표는 그 당시에만 중요성이 강조될 뿐, 얼마 후에는 새로운 목표가 제시되고 강조될 거라는 사실을 경험적으로 알고 있기 때문이다.

반면에 에센셜리스트인 리더들은 한 번에 하나씩 정말로 중요한 목표 위주로 일을 추진하기 때문에 목표의 진전을 직접 챙기고 확인하며, 결국은 목표를 이루어낸다. 이들은 목표의 진전을 자주 챙기면서 각 단계마다 진전을 이루어내는 사람들에게는 적절한 보상을 하고, 문제를 겪고 있는 사람들은 문제를 해결할 수 있도록 도와준다. 에센셜리스트인 리더들은 이와 같은 식으로 조직의 동기의식을 높이면서 의미 있는 진전을 이끌어낸다. (17장에서 작은 승리들이 어떤 힘을 발휘하게 되는지에 대해 논한 바 있다.)

'더 적게, 하지만 더 좋게'라는 원칙으로 이끌어나가는 조직은 시너지 효과가 나타나면서 전보다 더 큰 역량을 발휘하게 되고, 결국은 진정으로 큰 성취를 이루어내게 된다.

열악한 상황에 처해 있는 인도 여성들의 인권을 위해 활동하는 여러 단체들을 조직하고, 인디라 간디 평화상을 수상했으며, 힐러리 클린턴Hillary Clinton이 자신의 영웅들 중 하나라고 일컫기도 했던 인도의 엘라 바트Ela Bhatt 여사는 에센셜리스트의 전형이자 비전을 제시할 줄 아는 리더이다. 그런 엘라 바트 여사가 우리들에게 전한 말이 있다.

여러 가지 미덕들이 있지만, 단순함은 제가 가장 좋아하는 미덕입니다. 저는 단순함이야말로 사람들과 이 세상이 겪고 있는 대부분의 문제들을 해결할 수 있다고 믿는 편입니다. 인생의 길이 단순하다면 사람들은 그렇게 자주 거짓말을 할 필요도 없고, 다투거나 훔칠 필요도 없고, 질투하거나, 분노하거나, 학대하거나, 누군가를 죽일 필요도 없을 것입니다. 모든 사람은 충분하게 소유하게 될 테고, 그럼 몰래 모아놓을 필요도 없고, 사기를 치거나, 도박을 하거나, 미워할 필요도 없을 것입니다. 성격이 아름다워지면, 사람 역시 아름다운 사람이 됩니다. 이것이 바로 단순함의 가치입니다.[3]

'어떻게 하면 더 적은 것을 추구하면서 더 의미 있는 삶을 살아갈 수 있을까?'를 고민하는 에센셜리스트만이 세상을 바꿀 수 있다. 그리고 이것이야말로 에센셜리스트로서의 리더가 갖는 가치가 잘 드러나는 부분이다.

각 주

NOTES

Chapter 1 에센셜리스트

1. 「하버드 비즈니스 리뷰」 블로그 2012년 6월 28일자로 'If You Don't Prioritize Your Life, Someone Else Will'이라는 제목으로 내가 올렸던 글에서 다루었던 내용이다. http://blogs.hbr.org/2012/06/how-to-say-no-to-a-controlling/
2. 「하버드 비즈니스 리뷰」 블로그 2012년 8월 8일자로 'The Disciplined Pursuit of Less'라는 제목으로 올렸던 글에서 처음으로 언급한 표현이다. http://blogs.hbr.org/2012/08/the-disciplined-pursuit-of-less/ 이 책의 내용 가운데 여러 부분은 「하버드 비즈니스 리뷰」 블로그에 올렸던 글에도 나오는 것임을 밝혀둔다.
3. Jim Collins, How the Mighty Fall: And Why Some Companies Never Give In(New York: HarperCollins, 2009).
4. Peter Drucker, "Managing Knowledge Means Managing Oneself," Leader to Leader Journal, no. 16(Spring 2000), www.hesselbeininstitute.org/knowledgecenter/jouranl.aspx?ArticleID=26.
5. Shai Danziger, Jonathan Levav, and Liora Avnaim-Pessoa, "Extraneous Factors in Judical Decisions," Proceedings of the National Academy of Sciences 108, no 17(2011): 6889-92.
6. Bronnie Ware, "The Top Five Regrets of the Dying," Huffington Post, January

21, 2012, www.huffingtonpost.com/bronnie-ware/top-5-regrets-of-the-dyin_b_1220965.html. 이 이야기를 처음으로 인용한 것은 「하버드 비즈니스 리뷰」 블로그에 2012년 6월 28일자로 'If You Don't Prioritize Your Life, Someone Else Will'라는 제목으로 올렸던 글이다. http://blogs.hbr.org/2012/06/how-to-say-no-to-a-controlling/
7. Ibid., "The Disciplined Pursuit of Less."
8. Ibid., "The Disciplined Pursuit of Less."
9. Bruce Rosenstein, Living in More Than One World: How Peter Drucker's Wisdom Can Inspire and Transform Your Life(San Francisco, CA.: Berrett-Koehler, 2009).
10. 'Race to Nowhere: The Dark Side of America's Achievement Culture'는 비키 에벌리스(Vicki Abeles)에 의해 2011년에 제작된 다큐멘터리 영화인데, 이 영화는 학교에서 비본질적인 것들을 몰아내자는 취지에서 제작된 것이다. 학생들에게 불필요한 과제의 부담과 스트레스를 줄여주자는 취지로 같은 이름의 운동이 전개되고 있는데, 관심이 있는 사람은 그들의 웹사이트 www.racetonowhere.com을 방문해보기 바란다.
11. 이와 같은 취지의 주장이 많은 이들에 의해 제기되었는데, 에밀리 고브로(Emile Gauvreau) 같은 사람은 다음과 같은 말을 한 바 있다. "원하지도 않는 수준의 돈을 벌고, 필요하지도 않은 물건들을 사고, 좋아하지도 않는 사람들의 기분을 맞춰주기 위해 노력하는 등 자신들이 혐오하는 일을 하는 데 인생을 낭비하는 이상한 사람들이 있는데, 나 역시 그러한 사람들의 무리에 속해 있었다." (Jay Friedenberg, Artificial Psychology: The Quest for What It Means to Be Human[New York: Taylor and Francis, 2010], 217)
12. Mary Oliver, "The Summer Day," in New and Selected Poems, vol. 1(Boston: Beacon Press, 1992), 94.

Chapter 2 선택하라

1. M. E. P. Seligman, "Learned Helplessness," Annual Review of Medicine 23, no. 1 (1972): 407-12, doi: 10.1146/annurev.me.23.020172.002203.
2. William James, Letters of William James, ed. Henry James(Boston: Atlantic Monthly Press, 1920), 1:147;quoted in Ralph Barton Perry, The Thought and Character of William James(1948; repr., Cambridge, MA: Harvard University Press, 1996), 1:323.

각주

Chapter 3 **구분하라**

1. John Carlin, "If the World's Greatest Chef Cooked for Living, He'd Starve," Guardian, December 11, 2006, http://observer.theguardian.com/foodmonthly/futureoffood/story/0,,1969713,00.html.
2. Joseph Moses Juran, Quality-Control Handbook(New York: McGraw Hill, 1951).
3. 「하버드 비즈니스 리뷰」 블로그에 2012년 5월 29일자로 'The Unimportance of Practically Everything'이라는 제목으로 올렸던 글에서도 이러한 내용을 언급한 바 있다.
4. Richard Koch, The 80/20 Principle: The Secret of Achieving More With Less(London: Nicholas Brealey, 1997); The Power Laws(London: Nicholas Brealey, 2000); The Natural Laws of Business(New York: Doubleday, 2001); The 80/20 Revolution(London: Nicholas Brealey, 2002); The 80/20 Individual(New York: Doubleday, 2003); Living the 80/20 Way(London: Nicholas Brealey, 2004).
5. Richard Koch, The 80/20 Individual(New York: Doubleday, 2003), 20.
6. Mary Buffett and David Clark, The Tao of Warren Buffett: Warren Buffett's Words of Wisdom(New York: Scribner, 2006), no. 68.
7. Ibid., "The Unimportance of Practically Everything."
8. 워싱턴주 시애틀에서 열렸던 빌 앤 멀린다 게이츠 재단의 한 행사에서 네이선 미어볼드가 연설을 했는데, 연설이 끝난 후에 나는 미어볼드와 만나 몇 분간 대화를 나눌 수 있었다. 그는 자신이 그와 같은 발언을 했으며, 여전히 그렇게 믿고 있다고 확인해주었다.
9. John Maxwell, Developing the Leader Within You(Nashville, TN: T. Nelson, 1993), 22-23.

Chapter 4 **균형을 맞춰라**

1. "30-Year Super Stocks: Money Magazine Finds the Best Stocks of the Past 30 Years," Money magazine, October 9, 2002.
2. "Herb Kelleher: Managing in Good Times and Bad," interview, View from the Top, April 15, 2006, www.youtube.com/watch?v=wxyC3Ywb9yc.
3. M. E. Porter, "What is Strategy?" Harvard Business Review 74, no. 6(1996).

4. Erin Callan, "Is There Life After Work?" New York Times, March 9, 2013.
5. Judith Rehak, "Tylenol Made a Hero of Johnson & Johnson," New York Times, March 23, 2002, www.nytimes.com/2003/03/23/your-money/23iht-mjj_ed3_.html.
6. Michael Josephson, "Business Ethics Insight: Johnson & Johnson's Values-Based Ethical Culture: Credo Goes Beyond Compliance," Business Ethics and Leadership, February 11, 2012, http://josephsoninstitute.org/business/blog/2012/02/business-ethics-insight-johnson-johnsons-values-based-ethical-culture-its-credo-goes-beyond-compliancer-than-compliance-based-rules-culture/.
7. 1992년 오하이오 주립대학교에서 있었던 토머스 소웰(Thomas Sowell)의 강연 중에 언급된 내용이다.
8. Stephanie Smith, "Jim Collins on Creating Enduring Greatness," Success, n.d.,www.success.com/articles/1003-jim-collins-on-creating-enduring-greatness.
9. David Sedaris, "Laugh, Kookaburra," The New Yorker, August 24, 2009, www.newyorker.com/reporting/2009/08/24/090824fa_fact_sedaris.

Chapter 5 생각의 공간을 마련하라

1. Frank O'Brien, "Do-Not-Call-Mondays."
2. Scott Doorley and Scott Witthoft, Make Space: How to Set the Stage for Creative Collaboration(Hoboken, NJ: John Wiley, 2012), 132.
3. Richard S. Westfall, Never at Rest: A Biography of Issac Newton(Cambridge: Cambridge University Press, 1980), 105.
4. Jeff Weiner, "The Importance of Scheduling Nothing," LinkedIn, April 3, 2013, http://www.linkedin.com/today/post/article/20130403215758-22330283-the-importance-of-scheduling-nothing.
5. Robert A. Guth, "In Secret Hideaway, Bill Gates Ponders Microsoft's Future," Wall Street Journal, March 28, 2005, http://online.wsj.com/article/0,.SB111196625830690477,00.html. 나 역시 이 책으로부터 직접적으로 큰 도움을 얻었음을 여기에서 밝혀두고자 한다.
6. 다음은 그 책들의 영문판 제목들이다. Zen; the Reason of Unreason; The Wisdom of Confucius; the Torah; the Holy Bible; Tao, to Know and Not Be

Knowing; The Meaning of the Glorious Koran; An Explanatory Translation;
As a Man Thinketh; The Essential Gandhi; Walden, or, Life in the Woods; the
Book of Mormon; The Meditation of Marcus Aurelius; the Upanishads.

Chapter 6 제대로 살펴보라

1. Nora Ephron, "The Best Journalism Teacher I Ever Had," Northwest Scholastic Press, June 18, 2013, www.nwscholasticpress.org/2013/06/18/the-best-journalism-teacher-i-ever-had/#sthash.ZFtUBv50.dpbs.
2. Aviation Safety Network's Aviation Safety Database, http://aviation-safety.net/database/.
3. 영화 〈해리 포터와 죽음의 성물〉 1부 중에서.
4. Clive Staples Lewis, The Screwtape Letters(San Francisco, CA.: HarperCollins, 2001), 138.
5. "Young Firm Saves Babies' Lives," Stanford Graduate School of Business, June 7, 2011, www.stanford.edu/group/knowledgebase/cgi-bin/2011/06/07/young-firm-saves-babies-lives/.

Chapter 7 노는 것도 중요하다

1. Mihaly Csikszentmihalyi, Flow, the Secret to Happiness, TED talk, February 2004, video, www.ted.com/talks/mihaly_csikszentmihalyi_on_flow.html.
2. Sir Ken Robinson, Bring on the Learning Revolution!, TED talk, February 2010, video, www.ted.com/talks/sir_ken_robinson_bring_on_the_revolution.html.
3. Stuart Brown, Play Is More Than Just Fun, TED talk, May 2008, video, www.ted.com/talks/stuart_brown_says_play_is_more_than_fun_it_s_vital.html.
4. Stuart Brown, Play: How It Shapes the Brain, Opens the Imagination, and Invigorates the Soul(New York: Avery, 2009), 29.
5. Jaak Panksepp, Affective Neuroscience: The Foundations of Human and Animal Emotions(Oxford: Oxford University Press, 1998), 297.
6. Janos Plesch, Janos: The Story of a Doctor, trans. Edward FitzGerald(London: Gollancz, 1947), 207.

7. Supriya Ghosh, T. Rao Laxmi, and Sumantra Chattarji, "Functional Connectivity from the Amygdala to the Hippocampus Grows Stronger after Stress," Journal of Neuroscience 33, no. 38(2013), abstract, www.jneurosci.org/content/33/17/7234.abstract.
8. Edward M. Hallowell, Shine: Using Brain Science to Get the Best from Your People(Boston: Harvard Business Review Press, 2011), 125.
9. Ibid., p. 113.

Chapter 8 충분히 잠을 자라

1. K. Anders Ericsson, Ralf Th. Krampe, and Clemens Tesch-Romer, "The Role of Deliberate Practice in the Acquisition of Expert Performance," Psychological Review 100, no. 3(1993): 363-406, http://graphics8.nytimes.com/images/blogs/freakonomics/pdf/DeliberatePractice(PsychologicalReview).pdf.
2. Charles A. Czeisler, "Sleep Deficit: The Performance Killer," interview by Bronwyn Fryer, Harvard Business Review, October 2006, http://hbr.org/2006/10/sleep-deficit-the-performance-killer.
3. Ullrich Wagner et al., "Sleep Inspires Insight," Nature 427(January 22, 2004): 352-55.
4. Nancy Ann Jeffrey, "Sleep is the New Status Symbol For Successful Entrepreneurs," Wall Street Journal, April 2, 1999, http://online.wsj.com/article/SB923008887262090895.html.
5. Erin Callan, "Is There Life After Work?," New York Times, March 9, 2013, www.nytimes.com/2013/03/10/opinion/sunday/is-there-life-after-work.html?_r=0.

Chapter 9 까다롭게 선택하라

1. Derek Sivers, "No More Yes. It's Either HELL YEAH! or No," August 26, 2009, http://sivers.org/hellyeah.
2. "Box CEO Levie at Startup Day," GeekWire, September 24, 2012, http://www.youtube.com/watch?v=W99AjxpUff8.
3. 「하버드 비즈니스 리뷰」 블로그에 2012년 8월 8일자로 'The Disciplined Pur-

각주

suit of Less'라는 제목으로 올렸던 글에서 언급된 내용이다. http://blogs.hbr.org/2012/08/the-disciplined-pursuit-of-less/

Chapter 10 **명확하게 목표하라**

1. "If I Read One More Platitude-Filled Mission Statement, I'll Scream," Harvard Business Review, October 4, 2012.
2. Gary Hamel and C. K. Prahalad, "Strategic Intent," Harvard Business Review, May 1989, http://hbr.org/1989/05/strategic-intent/ar/1. 본질적인 목표에 관한 아이디어는 이들로부터 얻은 것임을 밝혀두고자 한다. 처음에 이들은 한 차원 더 높은 발전과 성장이라는 장기적인 목표를 추구하던 일본기업들을 중심으로 전략적 목표라는 개념을 풀어냈다. 나는 이 개념이 오늘날의 개인들과 기업들에게도 매우 유용하다는 생각을 갖게 되었고, 그것을 본질적인 목표라는 개념으로 소개하고 있다.

Chapter 11 **용기를 내라**

1. Juan Williams, Eyes on the Prize: America's Civil Rights Years, 1954-1965(New York: Penquin Books, 2002), 66.
2. Mark Feeney, "Rosa Parks, Civil Rights Icon, Dead at 92," Boston Globe, October 25, 2005.
3. Donnie Williams and Wayne Greenhaw, The Thunder of Angels: The Montgomery Bus Boycott and the People who Broke the Black of Jim Crow(Chicago: Chicago Review Press, 2005), 48.
4. "Civil Rights Icon Rosa Parks Dies at 92," CNN, October 25, 2005.
5. 신시아 코비는 이 이야기를 여러 매체를 통해 해왔지만, 이 책에 실린 부분은 2012년에 가졌던 그녀와의 직접적인 인터뷰를 통해 들은 이야기이다.
6. Stephen R. Covey and Roger and Rebecca Merrill, First Things First(New York: Simon and Schuster, 1995), 75.
7. http://wps.prenhall.com/hssaronsonsocpsych6/64/16428/4205685.cw/-/4205769/index.html.
8. Howard Gardner, "Creators: Multiple Intelligences," in The Origin of Creativity, ed. Karl H. Pfenninger and Valerie R. Shubik(Oxford: Oxford University Press, 2001), 132.

9. 「하버드 비즈니스 리뷰」 블로그에 2012년 6월 28일자로 'If You Don't Prioritize Your Life, Someone Else Will'이라는 제목으로 올렸던 글에서 다루었던 내용이다. http://blogs.hbr.org/2012/06/how-to-say-no-to-a-controlling/
10. In 1993 Interview re: Paul Rand and Steve Jobs, dir. Doug Evans, uploaded January 7, 2307, www.youtube.com/watch?v=xb8idEf-lak, 이 인터뷰에서 스티브 잡스가 폴 랜드와의 일화를 소개하고 있다.
11. Carol Hymowitz, "Kay Krill on Giving Ann Taylor a Makeover," Business Week, August 9, 2012, www.businessweek.com/articles/2012-08-09/kay-krill-on-giving-ann-taylor-a-makeover#p2.

Chapter 12 그만둘 일은 그만두라

1. "Concorde the Record Breaker," n.d., www.concorde-art-world.com/html/record_breaker.html; Peter Gillman, "Supersonic Bust," Atlantic, January 1977, www.theatlantic.com/past/docs/issues/77jan/gillman.htm.
2. "Ministers Knew Aircraft Would Not Make Money," Independent.
3. Peter Gillman, "Supersonic Bust."
4. Michael Rosenfield, "NH Man Loses Life Savings on Carnival Game," CBS Boston, April 29, 2013, http://boston.cbslocal.com/2013/04/29/nh-man-loses-life-savings-on-carnival-game/.
5. Daniel Kahneman, Jack L. Knetsch, and Richard H. Thaler, "Anomalies: The Endowment Effect, Loss Aversion, and Status Quo Bias," Journal of Economic Perspective 5, no. 1(1991): 193-206, http://users.tricity.wsu.edu/~achaudh/kahnemanetal.pdf.
6. Tom Stafford, "Why We Love to Hoard... and How You Can Overcome It," BBC News, July 17, 2012, www.bbc.com/future/story/20120717-why-we-love-to-hoard.
7. 「하버드 비즈니스 리뷰」 블로그에 2012년 8월 8일자로 'The Disciplined Pursuit of Less'라는 제목으로 올렸던 글에서 다루었던 내용이다. http://blogs.hbr.org/2012/08/the-disciplined-pursuit-of-less/.
8. Hal R. Arkes and Peter Aykon, "The Sunk Cost and Concorde Effects: Are Humans Less Rational Than Lower Animals?" Psychological Bulletin 125, no. 5(1999): 591-600, http://americandreamcoalition-org.adcblog.org/transit/sunkcosteffect.pdf.

9. James Surowiecki, "That Sunk-Cost Feeling," The New Yorker, January 21, 2013, www.newyorker.com/talk/financial/2013/01/21/130121ta_talk_surowiecki.
10. Daniel Shapero, "Great Managers Prune as Well as Plant," LinkedIn, December 13, 2012, http://www.linkedin.com/today/post/article/20121213073143-314058-great-managers-prune-as-well-as-plant.

Chapter 13 인생의 편집인이 되라

1. Mark Harris, "Which Editing Is a Cut Above?"New York Times, January 6, 2008. 1980년에 영화 〈평범한 사람들〉은 최우수 작품상을 받았으나, 편집상 수상 후보작으로는 선정되지 못한 바 있다.
2. Harris, "Which Editing."
3. "Jack Dorsey: The CEO as Chief Editor," February 9, 2011, video, uploaded February 15, 2011, www.youtube.com/watch?v=fs0R-UvZ-hQ.
4. Stephen King, On Writing: A Memoir of the Craft, 10th Anniversary ed.(New York: Pocket Books, 2000), 224.
5. 이와 관련된 내용은 「하버드 비즈니스 리뷰」 블로그에 2012년 4월 30일자로 'The One Thing CEOs Need to Learn from Apple'이라는 제목으로 올렸던 글에 더 자세히 나와 있다.
6. King, third foreword ro Ibid., xix.
7. Alan D. Williams, "What is an Editor?" in Editors on Editing: What Writers Need to Know About What Editors Do, 3rd rev. ed., ed. Gerald Gross(New York: Grove Press, 1993), 6.

Chapter 14 제한하라

1. 약간의 내용은 각색되어 있음을 밝혀둔다.
2. 2013년 스탠퍼드 로스쿨에서 있었던 클레이튼 크리스텐슨(Clayton Christensen)의 강연에 기반을 둔 내용이다.
3. Henry Cloud and John Townsend, Boundaries: When to Say Yes, How to Say No(Grand Rapids, MI: Zondervan, 1992), 29-30.
4. 여러 매체에서 이 이야기를 인용하고 있는데, 최초의 출처가 어디인지는 정확히 확인할 수 없었다.

Chapter 15 완충장치를 마련하라

1. Guy Lodge, "Thatcher and North Sea Oil: A Failure to Invest in Britain's Future," New Statesman, April 15, 2013, www.newstatesman.com/politics/2013/04/thatcher-and-north-sea-oil-%E2%80%93-failure-invest-britain%E2%80%99s-future.
2. Dale Hurd, "Save or Spend? Norway's Commonsense Example," CBN News, July 11, 2011, www.cbn.com/cbnnews/world/2011/july/Save-or-Spend-Norways-Common-Sense-Example-/.
3. Richard Milne, "Debate Heralds Change for Norway's Oil Fund," FT.com, June 30, 2013, www.ft.com/cms/s/0/8466bd90-e007-11e2-9de6-00144-feab7de.html#axzz2ZtQp4H13.
4. Roland Huntford, The Last Place on Earth: Scott and Amundsen's Race to the South Pole(New York: Modern Library, 1999).
5. Jim Collins and Morten T. Hansen, Great by Choice: Uncertainty, Chaos, and Luck-Why Some Thrive Despite Them All(New York: Harper Business, 2011).
6. Daniel Kahneman and Amos Tversky, "Intuitive Prediction: Biases and Corrective Procedures," TIMS Studies in Management Science 12(1979): 313-27.
7. Roger Buehler, Dale Griffin, and Michael Ross, "Exploring the Planning Fallacy: Why People Underestimate Their Task Completion Times," Journal of Personality and Social Psychology 67, no. 3(1994): 366-81, doi:10.1037/0022-3514.67.3.366.
8. Roger Buehler, Dale Griffin, and Michael Ross, "Inside the Planning Fallacy: The Causes and Consequences of Optimistic Time Predictions," in Heuristics and Biases: The Psychology of Intuitive Judgement, ed. Thomas Gilovich, Dale Griffin, and Daniel Kahneman(Cambridge: Cambridge University Press, 2002), 250-70.
9. Stephanie P. Pezzo, Mark V. Pezzo, and Eric R. Stone, "The Social Implications of Planning: How Public Predictions Bias Future Plans," Journal of Experimental Social Psychology 42(2006): 221-27.
10. Global Facility for Disaster Reduction and Recovery, "Protecting Morocco through Integrated and Comprehensive Risk Management," n.d., www.gfdrr.org/sites/gfdrr.org/files/Pillar_1_Protecting_Morocco_through_Integrated_and_Comprehensive_Risk_Management.pdf.

각주

11. Wharton Center for Risk Management and Decision Precesses, "Informed Decisions on Catastrophe Risk," Wharton Issue Brief, Winter 2010, http://opim.wharton.upenn.edu/risk/library/WRCib20101_PsychNatHaz.pdf.

Chapter 16 장애물을 없애라

1. Eliyahu M. Goldratt, The Goal: A Process of Ongoing Improvement(Great Barrington, MA: North River Press, 2004), ch. 13, p. 94.
2. Sigmund Krancberg, A Soviet Postmortem: Philosophical Roots of the "Grand Failure"(Lanham, MD: Rowman and Littlefield, 1994), 56.
3. en.wikipedia.org/wiki/poiesi

Chapter 17 조금씩 전진하라

1. 이번 장의 여러 내용은「하버드 비즈니스 리뷰」블로그에 2012년 6월 12일자로 'Can We Reverse The Stanford Prison Experiment?'라는 제목으로 올렸던 글에서 먼저 다루었던 내용들이다.
2. 이에 관한 내용은 워드 클래펌(Ward Clapham)과의 직접적인 인터뷰를 통해 얻은 자료를 토대로 작성했다.
3. Speech at the annual Labour Party Conference, September 30, 1993; "Not a Time for Soundbites: Tony Blair in Quotations," Oxford University Press Blog, June 29, 2007, http://blog.oup.com/2007/06/tony_blair/#sthash.P1rl60Hy.dpuf.
4. Frederick Herzberg, "One More Time: How Do You Motivate Employees?" Harvard Business Review, September-October 1987, www.facilitif.eu/user_files/file/herzburg_article.pdf.
5. Teresa M. Amabile and Steven J. Kramer, "The Power of Small Wins," Harvard Business Review, May 2011, http://hbr.org/2011/05/the-power-of-small-wins/.
6. "The Lord Will Multiply the Harvest," An Evening with Henry B. Eyring, February 6, 1998. http://www.lds.org/manual/teaching-seminary-preservice-readings-religion-370-471-and-475/the-lord-will-multiply-the-harvest?lang=eng.

7. Ibid., "Can We Reverse The Stanford Prison Experiment?"
8. http://heroicimagination.org/.
9. 우리 부부는 이 아이디어를 글렌 라샴(Glenn Latham)의 책 "The Power of Positive Parenting"으로부터 얻었다.
10. 페이스북 본사에 이 문구가 적혀 있다.
11. Eric Ries in an interview at Venture Hacks, March 23, 2009, "What if the Minimum Viable Product?" http://venturehacks.com/articles/minimum-viable-product.
12. Peter Sims, "Pixar' Motto: Going from Suck to Nonsuck," Fast Company, March 25, 2011, www.fastcompany.com/1742431/pixars-motto-going-suck-nonsuck.

Chapter 18 습관을 만들라

1. Michael Phelps and Alan Abrahamson, No Limits: The Will to Succeed(New York: Free Press, 2008).
2. Charles Duhigg, The Power of Habit: Why We Do What We Do in Life and Business(New York: Random House, 2012).
3. Phelps and Abrahamson, No Limits.
4. "Plasticity in Neural Networks," in "The Brain from Top to Bottom," n.d., http://thebrain.mcgill.ca/flash/d/d_07/d_07_cl/d_07_cl_tra/d_07_cl_tra.html.
5. "Habits: How They Form and How to Break Them," NPR, March 5, 2012, www.npr.org/2012/03/05/147192599/habits-how-they-form-and-how-to-break-them.
6. Mihaly Csikszentmihalyi, Creativity: Flow and the Psychology of Discovery and Invention(New York: Harper Perennial, 1997), 145.
7. David T. Neal, Wendy Wood, and Jeffrey M. Quinn, "Habit: A Repeat Performance," Current Directions in Psychological Science 15, no. 4(2006): 198-202, http://web.archive.org/web/20120417115147/http://dornsife.usc.edu/wendywood/research/documents/Neal.Wood.Quinn.2006.pdf.
8. In an interview with Dan Pink, http://www.danpink.com/2012/03/the-power-of-habits-and-the-power-to-change-them/.
9. Stacy Cowley, "A Guide to Jack Dorsey's 90-Hour Workweek," CNNMoneyTech, November 14, 2011, http://money.cnn.com/2011/11/13/technology/dorsey_techonomy/index.htm.

각주

Chapter 19 집중하라

1. Jiro Dream of Sushi, dir. David Geld(2011).
2. "Oprah Talks to Thich Nhat Hanh," O magazine, March 2010, www.oprah.com/spirit/Oprah-Talks-to-Thich-Nhat-Hanh/3.

Chapter 20 에센셜리스트가 되자

1. Eknath Easwaran, preface to The Essential Gandhi: An Anthology of His Writings on His Life, work, and Ideas, ed. Louis Fischer(1962; repr., New York: Vintage, 1990), xx.
2. "Gandhiji's Philosophy: Diet and Diet Programme," n.d., Mahatma Gandhi Information Website, www.gandhi-manibhavan.org/gandhiphilosophy/philosophy_health_dietprogramme.htm.
3. library.thinkquest.org/26523/mainfiles/quotes.htm.
4. Albert Einstein, "Mahatma Gandhi," in Out of My Later Years: Essays(New York: Philosophical Library, 1950).
5. Henry David Thoreau to H. G. O. Blake, March 27, 1848, in The Portable Thoreau, ed. Jeffrey S. Cramer(London: Penguin, 2012).
6. 잠언 23:7.

부록

1. Guy Kawasaki, "From the Desk of Management Changes at Apple," MacUser, December 1991; "How to Prevent a Bozo Explosion," How to Change the World, February 26, 2006, http://blog.guykawasaki.com/2006/02/how_to_prevent_.html.
2. Keith Rabois, answer to "What Strong Beliefs on Culture for Entrepreneurialism Did Peter/Max/David Have at PayPal?" Quora, n.d., www.quora.com/PayPal/What-strong-beliefs-on-culture-for-entrepreneurialism-did-Peter-Max-David-have-at-PayPal/answer/Keith-Rabois.
3. 2013년 8월, 엘라 바트(Ela Bhatt) 여사와의 전화와 이메일을 통한 인터뷰를 토대로 작성했다.

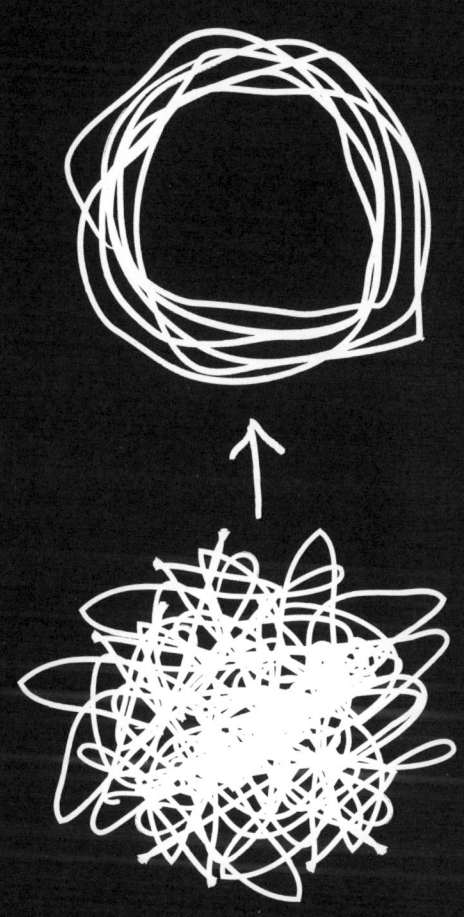

옮긴이 김원호

서강대학교 화학공학과를 졸업했고 고려대학교 경영대학원에서 마케팅 석사학위를 받았다. 삼성물산 상사부문 프로젝트 사업부에서 근무했으며, 현재는 번역가로 활동하고 있다. 역서로는 『불황을 넘어서』, 『전쟁 반전쟁』, 『경제심리학』, 『누구를 위한 미래인가』, 『코카콜라의 진실』, 『월마트 방식』, 『IBM 부활의 신화』, 『기업 스파이 전쟁』 외 다수가 있다.

에센셜리즘
본질에 집중하는 힘
Essentialism

1판 1쇄 발행 2014년 9월 19일
1판 19쇄 발행 2025년 9월 5일

지은이 그렉 맥커운
옮긴이 김원호

발행인 양원석
편집장 최두은
영업마케팅 윤송, 김지현, 최현윤, 백승원, 이현주
펴낸 곳 ㈜알에이치코리아
주소 서울시 금천구 가산디지털2로 53, 20층 (가산동, 한라시그마밸리)
편집문의 02-6443-8844 도서문의 02-6443-8800
홈페이지 http://rhk.co.kr
등록 2004년 1월 15일 제2-3726호

ISBN 978-89-255-5337-5 (13320)

※ 이 책은 ㈜알에이치코리아가 저작권자와의 계약에 따라 발행한 것이므로
  본사의 서면 허락 없이는 어떠한 형태나 수단으로도 이 책의 내용을 이용하지 못합니다.
※ 잘못된 책은 구입하신 서점에서 바꾸어 드립니다.
※ 책값은 뒤표지에 있습니다.